초임 유치원 교사를 위한

교직실무

심성경 · 백영애 · 이선경 · 함은숙 · 변길희

학지사

머리말

2007년 교육부는 유치원·초등·중등 교사자격 취득을 위한 세부기준을 고시하고『교직실무』를 필수 교직소양 교과목으로 지정하였다. 이에 따라 예비 유아교사들은 초·중등 교사와 동일한 세부기준에 따름으로써 유치원 교직의 특성과 무관한 학습을 해야 하는 어려움이 있었다. 이러한 가운데 교육부가 2017년 교직실무 교과목에 대한 세부 개선안을 고시하였으며, 유치원 교직실무의 정체성, 독특성, 효율성을 고려하면서 예비유치원 교사들이 유치원 교사직에 자긍심을 가질 수 있도록 도울 수 있는 교재의 필요성에 대한 절실함으로 본서를 집필하게 되었다.

유치원 교육현장에서 교사가 담당하는 직무는 유아를 교육하는 일 이외에도 다양한 영역의 일을 수행해야 하므로 그 업무범위가 광범위하고 복잡하다. 이에 교직실무는 유치원 교사의 직무수행을 실제적으로 돕는다는 점에서 매우 중요한 의미를 지니는 과목이다. 그러나 많은 교직실무 저서들이 학부 학생들이 이해하기에 너무 어렵고 필요 이상으로 방대한 내용을 다루고 있는 것은 아닌지 생각되었다. 또한, 교직실무 교과에서 다루어야 할 내용에 대해 정립이 되어 있지 않다고 생각되었다. 이에 꼭 필요한 내용을 충실히 다루면서도 핵심을 제시하여 강의하는 사람과 배우는 학생 모두가 이해하기 쉽고 편안한 교재를 집필하고자 하는 욕심을 갖게 되었다.

저자들은 유아교육을 전공하고, 대학에서 유치원 교사를 양성하면서 유치원이나 어린이집의 교사와 원장으로 근무한 경력이 있다. 이에 유치원 현장에서 꼭 필요한 직무에 대해 실제적인 이해를 가지고 있다. 이를 바탕으로 저자들은 본서를 집필하면서 예비 유아교사들이 유치원에 초임으로 부임했을 때 직무에 대한 정확한 이해와 실무 능력을 갖추어 수월하게 직무를 수행할 수 있도록 구체적이면서도 이해하기 쉽도록 집필하는 것에 주안점을 두었다. 또한, 유치원 교사의 독특한 직무를 책임감 있게 수행할 수 있도록 세부적으로 안내하였고, 나아가 유치원 교사의 직무가 다양하고 복잡한 데 비해 전문성 인정에 있어서는 논란이 있음을 고려하여 예비교사들이 유치원 교직에 대한 자긍심을 갖게 도울 수 있도록 노력하였다.

본서는 학부 학생들을 위한 교직실무 강의를 위한 것으로, 한 학기 강의교재라는 현실적인 조건에 맞추어 다음과 같이 총 4부 11장으로 구성되었다.

1부는 유치원 교직실무의 이해로 1장 유치원 교직실무의 개념 및 내용, 2장 유치원 교직실무 교과목의 성격 및 본서의 기본 입장에 대한 내용을 제시하였다. 2부는 교직 윤리 및 전문성·사회적 관계 관리로 3장 교직윤리의 개념과 필요성, 유치원 교사 헌장 및 강령, 유치원 교사의 윤리적 딜레마에 대한 교직윤리를 제시하였고, 4장은 전문성 및 사회적 관계 관리에 대해 살펴보았다. 3부는 학급 경영에 대한 내용으로 5장 학급운영의 개념과 원리 및 학급운영의 실제를 다루었으며, 6장 사회변화와 유아교육 등 유아생활 지도, 7장 유아, 교사, 유치원에 대한 평가, 8장 전화상담, 면담을 통한 학부모 관리, 9장 행사 및 현장학습의 내용을 제시하였다. 4부는 인사 및 문서 관리로 10장 유치원 교원의 임용, 복무, 보수에 대한 인사관리의 내용을, 11장은 출석부, 생활기록부, 투약 보고서, 사고 보고서, 공문서의 작성을 위한 문서관리의 내용을 제시하였다.

이상의 내용들을 통해 모든 예비 유아교사가 유치원 교직실무에 대한 바른 이해와 직무 수행능력을 함양하는 데 도움이 될 수 있기를 기대한다.

각자의 바쁜 일정에도 시간을 조율해 가며 여러 사람이 공동으로 집필한다는 것이 쉽지 않은 일이나 서로를 배려하고 교재에 대한 의견을 나누며 집필하는 과정이 즐거웠다. 그러나 교직실무 강의를 위한 최선의 교재를 집필하고 싶었던 처음의 마음과는 달리 아직은 부족한 상태로 세상에 내놓게 되어 아쉬운 마음도 크다. 좀 더 여러 번 검토하여 만족스럽게 다듬고 싶다는 바람도 있으나 부족한 부분은 지속적으로 보완해 거듭 새롭게 발전시켜 나가고자 한다. 본서가 유아교육 현장의 요구에 맞는 새로운 교직실무교재로서 기여할 수 있기를 소망한다.

본서가 나오기까지 애써 주신 창지사 김기섭 대표님을 비롯한 임직원 여러분께 감사드린다. 또한, 항상 따뜻한 배려와 사랑으로 늘 든든한 버팀목이 되어 주는 가족들, 특히 열심히 노력하며 잘 성장해서 큰 위안이 되어 주는 우리 아이들에게 진심으로 고마운 마음을 전한다. 끝으로 이 책이 나오기까지 서로 격려하며 작업할 수 있었던 우리들 스스로에게도 칭찬과 감사의 마음을 전하고 싶다.

2018년 3월

저자 일동

목차

1부

유치원 교직실무의 이해

1장 유치원 교직실무의 개념 및 내용

아이들과 온종일 함께한 지 7개월에 접어들면서 전보다 시야가 많이 넓어졌고, 책임감이 커졌다. 아이들과 잠깐 만났던 실습생 때와는 달리 아이의 보호와 교육을 모두 책임지는 교사로서 의무감이 더 커졌다. 유아들 앞에서 한 번의 수업을 하기 위해 일주일 동안 고민하고 계획안을 짜서 모의수업을 하는 실습생과 교사는 하늘과 땅 차이라는 것을 깨달았다. 부모들과의 연락, 유아의 안전, 유아간의 다툼 말리기, 전반적인 생활 지도, 그 밖의 수업 준비나 서류 등 내가 신경써야 할 일들이 많이 늘어났다. 훌륭한 교사가 되기 위해 내가 맡은 책임을 열심히 수행하려 하루하루 애쓰는 중이다. 정말 '유치원에서 살아남기'처럼 초임 교사는 '생존기'를 보낸다. 제일 어려운 것은 내가 모르는 일들, 즉 한 번도 해 보지 않았던 것을 시작해야 한다는 부담감이다(행사 준비, 서류정리 등). 내가 해 보지 않았던 일들은 두렵기도 하고 나를 힘들게도 하지만 무작정 모른다고 물어보기만 할 수는 없는 상황이다. 내가 직접 부딪혀 보고 실수도 하면서 배우는 중이다. 무슨 일이든 시작이 있어야 진행이 되는 법. 실수를 두려워할수록 앞으로 나아가기 어렵다. 하루하루 정신없이 바쁘게 지나가는 초임 교사일수록 더 열심히 달리고 누구보다 많은 노력을 해야 한다는 것을 느꼈다.

초임 교사 K의 저널

유치원 교사는 유아를 위한 교육활동의 계획 및 실행뿐 아니라 환경 구성 및 문서 관리, 유아와 교사 자신에 대한 평가, 학부모 관리, 행사의 계획 및 진행 등 수많은 업무를 수행한다. 이 장에서는 유치원 교사가 실제로 수행해야 하는 교직실무의 개념과 직무 내용을 살펴보고자 한다.

1. 유치원 교직실무의 개념

교직실무는 교직에서 직책을 맡아 실제로 수행해야 하는 직무를 뜻하므로, 유치원 교직실무란 유치원 현장에서 교사가 실제 수행의 책임을 갖는 직무를 의미한다고 할 수 있다. 또한, 직책에 따라 맡겨진 업무를 직무라고 볼 때 유치원 교사의 직무는 유치원에서 교사로서의 직책에 따라 책임을 가지고 수행하여야 할 일 모든 업무를 의미한다. 따라서 유치원 교직실무란 유치원에서 교사로서의 직책에 따라 수행의 책임을 갖는 업무라고 정의할 수 있다.

「유아교육법」 제21조 4항에 '교사는 법령이 정하는 바에 따라 원아를 교육한다' 라고 명시되어 있는 바, 유치원 교사의 가장 중요한 직무는 유아를 교육하는 것이라고 할 수 있다. 유치원 현장에서는 유아를 교육하는 일뿐 아니라 훨씬 다양한 업무의 수행이 교사에게 요구된다. 즉, 유치원에서 교사의 직책을 가지고 실제로 맡아서 해야 하는, 유치원 교직실무는 매우 광범위하고 복합적이다.

2. 유치원 교직실무의 내용

김은영(2006)이 현직 사립유치원 교사를 대상으로 하여 조사, 분석한 바를 기초로 유치원 교사의 직무 내용을 살펴보면, 다음과 같이 10개 영역에 걸쳐 정리해 볼 수 있다.

1) 교수-학습 준비

교수-학습 준비 영역은 교수-학습의 준비를 위해 수행하는 모든 직무를 포함한다.

직무 구분	직무 내용
교육계획	연간·월간·주간교육 계획하기, 일일교육활동 계획하기, 현장학습 계획하기
교재·교구 준비	교재·교구 제작하기, 교재·교구 보수하기, 교재·교구 정리하기
환경 구성	실내 흥미영역 배치하기, 주제에 따른 흥미영역 구성하기, 흥미영역 외 교실 환경 구성하기, 교실 외 환경 구성하기, 실외 흥미영역 구성하기
수업 준비	수업 준비를 위한 정보 검색하기, 교수자료에 대한 정보 얻기, 교수자료 준비 및 점검하기, 개별 수준에 따른 수업 정보 수정하기
수업 협의	다른 교사와 수업에 관해 협의하기, 학급 내 교사 간 역할 분담하기, 공동시설 사용 협의하기

2) 교수-학습 실제

교수-학습 실제 영역은 교수-학습의 실행 과정에서 수행하는 모든 직무를 포함한다. 특히 교수-학습 실제영역에서 유아 간 상호작용 격려하기, 개별 유아와 긍정적 상호작용하기, 유아의 요구에 반응해 주기 등이 중요한 직무 중의 하나이다.

직무 구분	직무 내용
등·하원 지도	등원 지도하기, 귀가 지도하기
자유선택활동 지도	실내자유선택활동 지도하기, 놀잇감의 안전한 사용 지도하기, 놀잇감 정리·정돈 지도하기, 놀이평가 지도하기, 실외놀이 활동 지도하기, 놀이안전지도하기, 발달과 수준에 따른 개별 지도하기
생활 지도	바르게 인사하기 지도하기, 자기 물건 정리 지도하기, 바른 언어사용 지도하기, 차례 지키기 지도하기, 아껴 쓰기 지도하기, 부적응 행동 관리하기, 친사회적 행동 격려하기, 교우관계 지도하기, 문제 상황 개입하기, 유아의 독립성 격려하기, 자조기술 발달 격려하기, 정서적 안정 돕기, 영양교육하기, 급·간식 준비 및 정리 지도하기, 식습관 지도하기, 식사 전후 청결 지도하기, 급·간식 도우미 지도하기, 화장실 사용 지도하기

직무 구분	직무 내용
대·소집단 활동 지도	대집단 활동 운영하기, 소집단 활동 운영하기, 전이 활동하기, 학기 초 유아 오리엔테이션 진행하기
현장학습 지도	현장학습 전후 활동 지도하기, 현장학습 지도하기

3) 교수-학습 평가

교수-학습 평가 영역은 교수-학습의 평가를 위해 수행하는 모든 직무를 포함한다.

직무 구분	직무 내용
유아 평가	표준화 검사하기, 놀이관찰 기록하기, 대·소집단 활동 관찰기록하기, 흥미영역 평가하기, 유아 포트폴리오 제작하기, 평가결과 환류하기
수업(교사) 평가	일일교육계획안 평가란 기록하기, 교원능력개발 평가 연수하기, 실행하기, 평가결과 환류하기
유치원 평가	유치원 평가 준비하기, 계획하기, 실행하기

4) 전문성 관리

전문성 관리 영역은 교사의 전문성 향상을 위해 수행하는 모든 직무를 포함한다.

직무 구분	직무 내용
연수 참여	누리과정 연수(온라인 연수) 참여하기, 원내 연수 참여하기, 자격 연수 참여하기, 직무 연수 참여하기, 기타 외부 연수 참여하기
참관	외부 수업 참관하기, 외부 시설 참관하기
연구관련 활동	학술대회 참여하기, 연구회 활동하기, 연구 참여하기
장학	전공과 관련된 상위학교 진학하기, 신입교사 오리엔테이션 진행하기, 교생 지도하기, 교육청 장학 지도받기, 동료장학 실시 및 받기, 자기 장학하기

직무 구분	직무 내용
전문가로서 활동	교사로서의 윤리의식 실천하기, 교사의 법적 권리와 의무 이행하기, 소속기관의 팀 구성원으로 협동하기, 다른 전문가와 네트워크 만들기

5) 유아보호

유아보호 영역은 유아들을 보호하기 위해 수행하는 모든 직무를 포함한다.

직무 구분	직무 내용
건강	유아 시진하기, 지역 의료기관과 협약하기, 유아 건강검진에 대한 계획 세우기, 교사 건강검진 받기, 전염성 질환 예방 대책 세우기, 적절한 휴식 취하도록 지도하기, 투약하고 확인 기록하기, 아픈 유아 간호하기, 식단 짜기
청결	유아 씻기기, 배변 실수 처리하기, 실내온도·습도·채광·조도 조절하기, 유아 개인용품 청결하게 관리하기, 놀잇감 청결 유지하기, 교실 청소하기, 교실 외의 시설 청소하기
안전 (생활안전)	항상 주시하기, 유아 안전에 관한 교육받기, 원내 안전규칙 세우기, 안전과 관련된 법규 따르기, 위험물에 대한 안전 관리하기, 차량 탑승하여 안전지도하기, 유아 안전관련 보험 가입하기, 아동학대의 징후가 있는지 살펴보기, 응급상황 시 역할분담 계획하기, 응급상황 훈련하기, 응급상황에 대비해 부모나 주 양육자 전화번호 관리하기, 응급 시 의료처치에 대한 부모 동의서 받기, 응급처치 물품과 기능 익히기, 응급처치 자격증 따기, 응급처치하기, 사고가 났을 경우 적법한 절차 따르기

6) 학부모 관리

학부모 관리 영역은 유아의 교육에 대해 부모 및 가족과 연계하기 위해 수행하는 모든 직무를 포함한다.

직무 구분	직무 내용
부모와의 연계	학기 초 학부모 오리엔테이션하기, 부모-교사협의회하기, 학부모와 수시로 정보 교환하기, 학부모 지원 요청하기, 학급별 SNS 개설 및 관리하기

직무 구분	직무 내용
부모상담	전화상담하기, 개별·집단상담하기
부모교육	부모참여 수업하기, 학부모 워크숍하기, 육아관련 지식 제공하기(부모교육하기)
가족지원	부모 간의 교류 제공하기, 지역사회 자원에 대한 정보 제공하기, 다양한 방법으로 가족 지원하기

7) 행사 관리

행사 관리 영역은 유치원 행사를 치르기 위해 수행하는 모든 직무를 포함한다.

직무 구분	직무 내용
행사 준비	행사계획하기, 행사 준비를 위한 정보 수집하기, 행사역할 분담하기, 행사관련 유인물 제작 및 발송하기, 행사관련 물품 준비하기, 행사관련 프로그램 준비하기, 행사관련 환경 구성하기
행사 진행	행사 진행하기
행사 마무리	행사 뒤 정리하기, 행사 평가하기

8) 사무 관리

사무 관리 영역은 유치원 운영을 위한 사무와 관련해 수행하는 모든 직무를 포함한다.

직무 구분	직무 내용
문서 관리	교육 과정 운영과 관련된 문서 작성하기, 원아 관리와 관련된 문서 작성하기, 교원 관리와 관련된 문서 작성하기, 재무 관리와 관련된 문서 작성하기, 교육청 요청 자료 작성하기, 각종 보고서 작성하기, 제 증명서 발급하기, 유인물 제작 및 발송하기 각종 문서 관리하기, 회의록 관리하기, 각종 신청서 관리하기, 공문 처리하기
물품 관리	재고 조사하기, 물품 구입계획 수립하기, 물품 구입하기
기타	전언통신하기, 우편물 확인하기, 예금 관련 업무하기, 회계 관련 업무하기, 원아모집 업무하기, 홈페이지 관리하기, 학급 편성하기, 버스노선 작성하기

9) 시설 관리

시설 관리 영역은 시설 설비와 관련해 수행하는 모든 직무를 포함한다.

직무 구분	직무 내용
안전 관리	실내·외 안전점검 의뢰하기, 수시로 실내·외 시설 안전 점검하기, 실내 소독 계획 및 의뢰하기
기자재 관리	기자재 바른 사용법 익히기, 기자재 점검하기, 기자재 보수하기, 기자재 보수 신청하기

10) 사회적 관리

사회적 관리 영역은 대인관계나 지역사회와의 관계를 위해 수행하는 모든 직무를 포함한다.

직무 구분	직무 내용
대인관계	경조 활동 참여하기, 교사 친목행사 참여하기, 교사 간 업무 협조하기, 졸업생 관리하기, 학부모와 상호 소통하기
지역사회와의 관계	지역사회 행사 참여하기, 지역사회 인사들과 좋은 관계 맺기, 지역사회를 위해 봉사하기

이처럼 유치원 교사의 직무는 교수-학습 활동의 계획과 실행, 그리고 평가 등 유아를 위한 교육활동 수행을 주 직무로 하되 유아의 발달 특성상 유아의 보호와 부모 관련 직무 역시 그 비중이 매우 크며, 시설의 안전 관리나 행사 관리 업무의 부담도 큼을 알 수 있다.

생각해 보세요

활동 1 **유치원 교사의 직무 중 가장 흥미 있는 직무를 기록해 보세요.**

예 교수-학습 실제에서 자유선택활동지도

1) ______________________________

____

그 이유는 ______________________________

2) ______________________________

____

그 이유는 ______________________________

활동 2 **유치원 교사의 직무 중 가장 어렵다고 생각되는 직무를 기록해 보세요.**

예 교수-학습 평가에서 유치원 평가

1) ______________________________

____

그 이유는 ______________________________

2) ______________________________

____

그 이유는 ______________________________

참고문헌

김은영(2006). 유치원 교사의 직무 분석. 이화여자대학교 대학원 박사학위논문.

2장 유치원 교직실무 교과목의 성격 및 본서의 기본 입장

4학년이 되어 드디어 유치원에 교육실습을 나가게 되었다. 3학년 때도 유치원에 참관 및 관찰을 나가긴 했지만 실습을 나가보니 너무 힘들고 어려운 점이 많았다. 유아의 개인차라는 말이 책에서는 쉽게 이해되었지만 실제 현장에서 유아들 간의 개인차는 정말 천차만별이었다, 다른 유아보다 발달이 늦은 유아, 다른 유아들과 함께 놀이하지 못하는 유아, 부끄러움이 많은 유아 등 예비교사가 생각하기 힘든 다양한 경우가 존재했다. 개인차에 관한 이론적 지식은 현장에서 별 도움이 되지 못했다.
그리고 교육실습생이어서 부모님과 직접 상호작용할 일은 없었지만 학부모와의 관계 또한 많은 에너지를 필요로 하는 부분인 것 같았다. 담임선생님과 통화를 자주 원하는 학부모와의 관계로 인해 스트레스를 받는 담임선생님을 보면서 얼마나 자주 전화를 해야 하는지, 전화해서 무슨 이야기를 해야 하는지 벌써부터 고민이 되었다. 그 외에도 무엇보다 실제 현장에서 중요한 것은 함께 생활하고 원을 이끌어가는 교사들과의 관계인 것 같다. 행사 준비를 하면서 업무분담에 이견이 생겨서 교사 간 분위기가 약간 미묘해지는 경우도 있었다. 학교에서 생활하는 것과 다르게 교직 생활에서 어떠한 갈등이 생기는지, 또 어떻게 그 갈등을 원만히 풀어나갈 수 있는지도 알아야 될 것 같다…. 예비교사가 알아가야 할 것들… 초임 교사가 알아야 할 것들…

예비교사 N의 저널

본 장에서는 유치원 교사 양성 과정에서의 교직실무 교과목의 성격을 알아보고, 유치원 교직 적응의 어려움에 따른 본서의 기본 입장에 대해 밝히고자 한다.

1. 유치원 교직실무 교과목의 성격

2007년 교육부는 교사자격 취득을 위한 세부기준을 고시하며(교육부 고시 제2007-161호, '07. 12. 31.) 특수교육과 교직실무를 교직소양 필수과목으로 지정하였다. 이에 따라 교직실무는 유치원 교사 자격증 취득을 위해 필수적으로 이수해야 하는 교과목이 되었으며, 2017년에는 교직실무 과목을 직무수행 중심으로 운영하도록 기본 교수요목을 개정하였다(교육부, 2017).

유치원 및 초등, 중등, 특수학교 등의 교사자격 취득을 위한 세부기준 중 교직실무 관련 내용	
현행	개선안
교직소양과목 중 교직실무는 교직윤리, 사회변화와 교육, 학생문화, 학급관리와 학생 지도 등 교사로서 학습 지도 영역 이외의 직무 수행에 필요한 영역을 포괄하여 주제별로 운영하고, 학교폭력예방의 이론과 실제는 학교폭력의 이해, 학교폭력의 예방, 학교폭력의 대처 방안 등 학교 현장에서 활용 가능한 실제적인 내용을 중심으로 운영하여야 한다.	· 교사로서 직무를 수행하면서 교직윤리, 사회변화와 교육, 진로교육, 학교·학급경영, 학사인사·행정실무 등 다양한 분야에서 필요한 지식과 기술을 습득하며 교직을 실질적으로 이해할 수 있도록 한다. · 교직윤리 영역은 교직 수행에 필요한 올바른 국가관, 교직관 등의 형성에 필요한 사항을 포함한다. · 사회변화와 교육 영역은 교육정책의 변화를 중심으로 자유학기제, 진로탐색 등의 계획 수립, 운영의 실제를 다루는 내용, 다문화 사회로의 이행에 따른 교사의 역할을 포함하여 운영한다. · 진로교육은 학생의 진로를 탐색·설계할 수 있도록 지역사회와 연계하여 진로수업, 진로상담, 진로체험, 진로정보 제공 등의 활동을 포함하여 운영한다.

유치원 교사양성 과정의 교직실무는 개정된 교수요목을 기본으로 하여 교직윤리, 사회변화와 교육, 학교·학급 경영, 학사·인사·행정실무의 영역을 내용으로 다루어야 한다. 단, 이 개선안에 의하면 진로교육이 한 영역으로 제시되어

있으나, 유아교육의 경우 초·중등교육과 달리 진로교육이 별도로 이루어지는 것이 아니라 누리과정의 사회관계 영역에 포함되어 통합적으로 접근되므로 진로교육을 별도로 다루는 것은 부적절하다고 하겠다.

2. 본서의 기본 입장

유치원 교사가 교직 생활을 하면서 어려워하는 부분은 유아를 가르치고 돌보는 일보다 학부모와의 관계, 교직원 간의 관계에서 오는 갈등인 경우가 많다. 특히 원장(원감)과 교사, 사무원, 버스 운전기사 등 구성원 사이에서 일어나는 갈등은 주로 업무분장의 불명확성이나 불공평에 기인하기 쉽다. 즉, 유치원 내 구성원의 역할이 명확하지 않아 사무 관리나 행사 준비 등에 있어 갈등이 발생되기 쉬우며, 교사 스스로 자신의 직무에 대한 정확한 인식이 부족한 경우 갈등의 수준이 높을 수밖에 없다.

특히 초임 교사의 경우 교직 적응의 어려움은 매우 크다. 대부분의 초임 교사의 경우 임용 첫날부터 경력교사와 똑같은 역할을 수행하도록 요구받는다. 즉 초임 교사도 경력교사와 차이 없이 교수, 학급운영, 유아들의 동기유발, 부모와의 상호작용, 기타 행정업무 등 모든 업무에 대해 전체적인 책임을 지며(Brock & Grady, 2000), 이 모든 업무를 도움 없이 스스로 해내도록 기대된다. 그러나 경험이 부족한 초임 교사의 경우, 갑작스럽게 무거운 책임감을 지니게 됨으로써 대부분 불안함과 두려움 속에서 첫해를 시작하게 된다. 이런 과정에서 초임 교사는 여러 가지 어려움에 직면하고 능력의 한계를 느끼면서 교사로서의 준비가 부족하다고 생각하게 되고 좌절감을 느낀다. 초임 교사들이 겪게 되는 적응의 어려움을 살펴보면 다음과 같다(서정림, 2005; 조운주 외 1998; 강상이, 2002).

첫째, 초임 교사가 가지고 있던 비현실적인 '낙관주의'에 대해 도전받게 된다. 즉, 직전교육기간 동안 유치원 교사의 직무에 대해 누구나 할 수 있고 그렇게 어려운 일이 아니라는 비현실적인 낙관주의를 발달시켜왔으나, 직전교육을 통해 배운 이론의 현장 적용에 어려움을 느끼게 된다. 유아지도와 통제의 어려움, 무한한 시간과 정력을 요구하는 교직의 소모적인 특성, 유아의 개인차를 적절히 다루는 능력의 부족 등으로 교사로서의 자질과 능력에 대한 회의를 갖게 되면서 직전교육에서 형성된 이상과 신념을 무너뜨리게 된다.

둘째, 자기 이해 측면에서, 유치원 교사에 대한 낮은 사회적 인식으로 회의나 자격지심과 같은 어려움을 느끼고 있으며, 또한 학급운영 및 유아에 대한 책임이 전적으로 자신에게 있다는 것에 대해 심리적 부담감을 느끼게 된다.

셋째, 지식과 기술 측면에서는 아동발달에 대한 이해, 이론을 실제 수업에 접목시키기, 제한적인 활동 아이디어, 학급운영 및 교수기술 면에서 공통적으로 어려움을 느끼고 있다.

초임 교사들은 교사로서 교실현장에서 실제적으로 사용하는 기술과 직전교육을 통해 자신들이 학습하면서 가졌던 이상 사이에는 커다란 차이가 있다는 것을 인식하기 시작하면서 당혹감을 느끼고, 수많은 시행착오를 거치면서 자신의 무력함을 탓하게 된다.

넷째, 생태적 측면에서는 과다한 업무로 인한 수업 준비시간의 부족과 학부모와의 관계 형성에서 겪는 어려움, 인적·물적 지원의 부족이 초임 교사들의 적응을 어렵게 한다.

교사로서의 첫 일 년은 '교사'로서 살아가는 태도와 인식을 형성하는 중요한 시기이다. 즉, 이 기간을 어떻게 보내느냐에 따라 교사로서의 바른 정체성이 형성되며, 만족감을 가지고 계속해서 교직에 머무르게 될 뿐만 아니라, 전문인으로서의 성장과 발전을 할 수 있게 된다(이지현, 2002). 따라서 교육 현장을 반영한 유치원 교직에 대한 실질적 이해와 실무 능력을 갖추도록 돕는 것은 초임 교사의 성공적인 교직 적응은 물론 교사로서의 전문성 향상을 위해서도 매우 중요한 일이라고 할 수 있다.

이에 본 서는 특히 초임 교사의 유치원 교사로서의 직무에 대한 정확한 이해와 실무 능력을 갖출 수 있도록 돕는 것을 목적으로 하였다. 이에, 김은영(2006)을 기초로 정리한 유치원 교사의 10가지 영역별 직무 내용을 기초로 하되 시설 관리 영역은 제외하고, 사회적 관리 영역과 전문성 관리 영역은 한 장으로 통합하여 간략하게 다루었다.

교수-학습의 준비와 실제 등 교육활동 수행 관련 직무는 학급운영으로 통합하여 제시하고, 교수-학습 평가, 학부모 관리, 행사 영역은 별도로, 사무 관리 영역에서는 문서 관리 직무만을 한 장으로 구성하여 초임 교사가 가능한 시행착오 없이 직무를 수행해 갈 수 있도록 도움을 주고자 하였다. 또한, 생활 지도의 경우는 학급운영에 포함되는 내용 외에 초임 교사에게 특히 어려울 수 있는 문제 행동이나 갈등 상황에 대한 지도 등의 업무에 초점을 두어 살펴보았고, 교직실무 교수요목(교육부, 2017)을 반영하여 사회변화에 따른 유아교사의 역할과 건강과 안전에 관한 유아보호 관련 내용을 제시하였다. 한편 교사의 전문성 향상과 사회적 관계 관리는 한 장으로 통합하여 기술하였다.

즉, 유치원에서의 첫 1년의 교직 수행을 위해 우선적으로 알아 두어야 할 직무를 중심으로 초임 교사의 시각에서 이해하기 쉽도록 내용을 구성하였다.

생각해 보세요

활동 1 좋은 교사가 되려면 유아들에게 인정받는 것이 중요할까요? 학부모에게 인정받는 것이 중요할까요? 기록해 보세요.

활동 2 좋은 교사가 되기 위해 중요하다고 생각하는 것을 기록해 보세요.

활동 3 유아들에게 유치원 교사는 어떤 존재라고 생각하는지 기록해 보세요. 자신이 되고 싶은 유치원 교사는 어떤 교사인지 기록해 보세요.

유치원 교사는____________________와 같은 존재이다.

____________________교사가 되고 싶다.

참고문헌

강상이(2002). 교사발달측면에서 본 유치원 초임 교사의 어려움에 관한 연구. 교원대학교 대학원 석사학위논문.

교육부(2017). 교원 자격검정 실무 편람. 세종: 교육부.

김은영(2006). 유치원 교사의 직무 분석. 이화여자대학교 대학원 박사학위논문.

서정림(2005). 유아 교사의 초임 교직적응경험의 의미 탐색. 중앙대학교 대학원 석사학위논문.

이지현(2002). 초등학교 초임 교사의 교직적응과 지원체제에 관한 연구. 서울교육대학교 교육대학원 석사학위논문.

조운주, 이은화, 이현옥, 박은혜, 임승렬(1988). 초임 교사를 위한 입문교육 프로그램 모 형개발에 관한 기초연구. 한국교사교육, 15(1), 220-239.

Brock, B. L. & Grady, M. L.(2000). *From first-year to first-rate: Principals guiding beginning teachers*. California: Crowin Press, Inc.

2부

교직 윤리 및 전문성 · 사회적 관계 관리

3장 교직윤리

우리 반의 한 유아가 교실에서 자위행위 하는 걸 봤다. 학교에서 어떻게 지도해야 한다는 걸 배우긴 했지만 처음엔 좀 놀랐다. 몇 일간 관찰했는데 지속적으로 같은 행동이 나타나서 교사회의시간에 이 문제에 대해 토의를 했다. 회의에서 찾은 지도방법대로 아이가 그러한 행동을 보일 때마다 다른 놀이를 하도록 유도하는 등 관심을 다른 곳으로 돌릴 수 있도록 노력했다. 그 와중에 학부모 상담이 있어서 이 이야기를 어머님께 하면서 집에서는 어떤지 묻고 지도방법에 대해 이야기 나눴다. 그런데 다음날 전화를 하셔서 '그런 민망한 얘기를 유치원 선생님 모두가 알도록 교사회의에서 하신 거예요? 그런 문제는 비밀로 해야 하는 것 아닌가요.'라며 항의를 하셨다. 순간 너무 당황스러웠고 유아의 자위행위에 대해 다른 교사들과 논의하는 것이 잘못한 것인지 고민이 되었다.

경력교사 L의 저널

교직윤리는 교사가 교직 생활에서 지켜야 하는 실천의 규범으로(박은혜 외, 2015), 이는 유아의 인권뿐 아니라 가정의 복지 및 교육의 질과 직접적으로 관련되어 있다는 점에서 그 중요성이 매우 크다. 이 장에서는 유치원 교사의 교직윤리의 개념과 필요성, 유치원 교사 헌장과 윤리강령에 대해 살펴보고자 한다.

1. 교직윤리의 개념과 필요성

교직은 학생을 지도하는 직무를 수행하는 직업이며, 윤리는 사람으로서 마땅히 지키거나 행해야 할 도리나 규범이다. 이러한 정의에 기초할 때 교직윤리는 교사가 그 직무수행과 관련하여 스스로 또는 관련된 다른 사람들에 대하여 지키거나 행해야 할 도리나 규범이라 할 수 있으며, 교직은 다른 어떤 전문직 보다 훨씬 더 높은 수준의 윤리기준에 따르도록 요구된다.

유아는 스스로 의사를 결정하고 자신의 생각을 분명히 표현하는 데 한계가 있으므로 유아의 인권을 보호하고 전인적 발달을 위해 교육에 최선을 다하기 위하여 유아교사에게는 높은 수준의 윤리 수준이 요구된다. 즉, 스스로를 보호하는 방어 능력이 부족한 유아를 담당한다는 점에서 유치원 교사는 다른 전문직 또는 초·중등 교사보다도 더 높은 수준의 윤리의식을 필요로 한다고 하겠다.

교사의 윤리와 도덕적 규범을 담고 있는 것을 교직 윤리강령이라고 한다. 교직 윤리강령은 교사가 직무를 수행하는 과정에서 상대하는 사람들에게 최상의 이익이 된다고 판단되었을 때 자신의 전문적 판단에 따라 행동하도록 한다. 따라서 유치원 교사가 교사직을 수행하는 과정에서 유아, 학부모, 동료 교사 간에 윤리적인 측면과 관련된 다양한 딜레마 상황에 직면하게 될 경우 유아의 인권을 존중하고 교육적 가치를 지향할 수 있도록 슬기로운 판단과 대처를 하는 데 기준이 되는 윤리강령을 필요로 한다.

2. 유치원 교사 헌장 및 강령

유치원 교사 헌장은 유치원 교사가 교직을 수행하는 과정에서 스스로 실천하기를 기대하는 규범이다. 또한, 유치원 교사 강령은 교사와 유아, 교사와 가정, 교사와 사회와의 관계에서의 역할과 책임, 직무수행 과정에서의 책무를 제시한 것이다. 이는 유치원 교사가 딜레마에 직면했을 때 의사결정을 도와주는 지침으로써의 역할을 한다(박은혜 외, 2015). 우리나라의 유치원 교사 헌장 및 강령을 제시하면 다음과 같다.

유치원 교사 헌장

유아교육은 유아의 삶에 초석이 되며, 우리 사회와 국가의 미래를 결정한다. 우리는 국민의 생애초기 교육을 책임지며 사회로부터 존경받는 교사로서 자신을 연마하고 소명의식을 가지고 유아교육자로서 가야 할 길을 밝힌다.

1. 우리는 유아를 사랑하고 개성을 존중하며 전인발달을 지원하고 평화로운 교실문화를 조성한다.
2. 우리는 미래지향적이며 질 높은 교육을 계획하고 실천하여 교육자로서의 책임을 다한다.
3. 우리는 가정에 대한 이해와 연대를 강화하여 교육복지 사회구축에 공헌한다.
4. 우리는 사회의 변화와 요구에 적극 부응하여 유아교육의 혁신과 발전을 위해 노력한다.
5. 우리는 교육자로서의 품위를 유지하고 부단한 자기개발을 통해 유아교육 전문가로서의 위상을 갖춘다.

유치원 교사 강령

01 유치원 교사와 유아

핵심개념: 사랑, 평등, 개성, 존중, 전인교육, 안전과 보호

1. 우리는 유아를 사랑하며 유아의 인격을 존중한다.
2. 우리는 유아의 개인적·가정적 배경에 관계없이 모든 유아를 평등하게 대한다.
3. 우리는 유아의 개성을 존중하며 개인의 흥미와 잠재력에 적합한 교육을 제공한다.
4. 우리는 유아의 전인발달을 지원하는 교육과 환경을 제공한다.
5. 우리는 유아의 안녕을 위협하는 가정적·사회문화적·경제적 상황을 적극적으로 파악하고 유아를 보호하기 위해 노력한다.

02 유치원 교사와 가정

핵심개념: 가족에 대한 이해, 권리보호, 협력, 지원

1. 우리는 유아를 교육하고 지원하기 위해 가정과 연계하고 협력관계를 구축한다.
2. 우리는 교육적 목적으로 수집한 가족 정보에 대해 기밀을 유지하고 가족의 사생활을 보장한다.
3. 우리는 유치원에서 일어난 안전사고나 위험 상황에 대해 가족에게 충분히 설명한다.
4. 우리는 가족에게 유치원을 개방하며 필요한 정보를 제공한다.
5. 우리는 유치원 운영에 관련된 중요한 의사결정 과정에 부모를 참여시킨다.
6. 우리는 가족에게 필요한 지역사회 자원에 대한 정보를 구축하고 이를 가족에게 적극 제공한다.

03 유치원 교사와 사회

핵심개념: 사회에 대한 이해, 교원의 지위 향상, 유아교육 위상 강화, 교직문화, 지역사회와의 협력

1. 우리는 사회의 흐름을 파악하고 이를 교육에 반영하고자 노력한다.
2. 우리는 유아에 관련된 법률과 정책을 이해하고, 이를 개선하기 위한 활동에 적극 참여한다.
3. 우리는 교직 관련 단체와 전문가 협회를 통해 교권 확립을 위한 활동에 참여한다.
4. 우리는 유치원 교육을 사회에 널리 알려 유아교육의 위상을 높인다.
5. 우리는 교직원 간의 상호존중과 협력을 통해 건전한 교직문화를 형성한다.
6. 우리는 유치원과 연계하여 지역사회의 생활과 문화 향상에 기여한다.

04 유치원 교사의 책무

핵심개념: 직업의식과 긍지, 인성(열정, 개방성, 창의성, 자율성), 교사로서의 품위, 연구와 자기개발

1. 우리는 교육전문가로서의 직업의식을 갖는다.
2. 우리는 건전한 국가관과 확고한 교육관을 가지고 교직에 종사한다.
3. 우리는 유아에게 최적의 교육을 제공하기 위해 열과 성을 다한다.
4. 우리는 건전한 언행과 생활태도로 유아에게 모범이 되도록 한다.
5. 우리는 열린 사고와 개방적 태도를 가지고 전문성 향상에 매진한다.
6. 우리는 다양한 분야의 전문가와 교류하고 새로운 지식과 정책을 비판적으로 수용한다.

3. 유치원 교사의 윤리적 딜레마

윤리적 딜레마는 행위자가 두 가지 이상의 선택해야 할 문제에 대해 모두를 선택할 수 없는 상황으로, 택일을 해야 하지만 최선의 방법이나 적절한 반응이 불확실한 상황을 말한다(Amstrong, 1988). 또한, 두 가지 이상의 상충하는 윤리적 갈림길에서 한 방향을 선택해야 할 때, 혹은 선택하고자 하는 각 대안들이 한 사람 혹은, 여러 사람들에게 바람직하지 못한 결과를 초래하게 될 때를 윤리적 딜레마라고 한다(Lowenbeg & Dolgoff, 1966). 유아교육현장에서 윤리적 딜레마 상황은 흔히 발생하며, 유치원 교사는 이러한 윤리적 딜레마에 처할 경우 가장 윤리적인 행동으로 대처해야 할 책임이 있다.

유치원 교사가 유아교육현장에서 경험하는 윤리적 딜레마 상황을 유아와의 관계, 가정과의 관계, 동료 및 기관과의 관계 그리고 지역사회 및 사회와의 관계로 나누어 제시하면 〈표 3-1〉과 같다(조형숙, 2009).

〈표 3-1〉 유아교육현장에서 경험하는 윤리적 딜레마 상황

유치원 교사와 유아와의 관계	
영역	내용
유아의 흥미와 발달에 적합한 교육계획 및 실행 시 갈등	· 유아 안전사고 위험 · 원장의 반대 · 교사의 편리함 추구 · 교사가 취약한 분야 경시 · 교사의 교육계획에 대한 욕심 · 시간적 여유의 부족 · 자료의 불충분 · 유아의 발달 특성에 대한 불안정 혹은 지나친 기대 · 교육주제 변경에 대한 융통성 부족 등
유아에 대한 공평한 사랑	· 유아에 대한 부정적 시각 · 유아를 부정적으로 단정, 판단하는 태도 · 차별대우 등
유아에게 적합한 문제 행동 지도	· 문제 행동 지도에 대한 동료 교사의 조언 · 반복적인 문제 행동을 하는 유아로 인한 갈등 등
유아의 가정 환경과 문화 및 언어적 특성을 배려한 교육 및 지원	· 다른 유아들의 편견 염려 · 유아의 상처에 대한 고려 · 다문화가정에 대한 지식의 부족 등
유아에 대한 복합적이고 객관적이며 정확한 평가	· 유아에 대한 단편적이고 외양에 치우친 편견 · 부모에게 보여 주기 위한 평가 · 다면적인 평가 부족 등
아동학대 및 방임의 징후가 있는 유아에 대한 관심 및 지원	· 부모에 의한 방임과 학대로 추측되는 아이들에 대한 교사의 대처 역할 혼란 등
교사다운 교사의 모습 유지하기	· 부정적인 언어습관 · 일의 피곤함 누적 · 유아들에게 화풀이 · 자기반성의 시간 부족 등
교사의 전문성 발달을 위한 지식기반 유지	· 지식개발을 위한 시간의 부족 · 안일한 마음 · 재정지원 미비 등

유치원 교사와 가정과의 관계	
영역	내용
기관에서의 유아의 문제 행동에 관한 진실한 정보 제공	· 부모가 자녀의 문제 행동을 인정하지 않는 경우 · 부모의 자녀에 대한 높은 기대 수준 · 민감한 부모 등
부모 역할 지원	· 부모의 교사에 대한 지나친 기대 심리 · 가정상황 파악의 어려움 · 부모의 자녀에 대한 무관심 · 부모교육에 대한 실제적 지식과 능력의 부족 · 부모의 오해에 대한 염려 등
기관에서 일어나는 일에 대한 진실한 공개	· 전염병 발생 사실에 대한 솔직한 공개의 어려움 등
부모와의 사적 관계 형성 혹은 개인적인 기대하지 않기	· 교사의 인간적인 기대 심리 · 부모의 권유를 뿌리치지 못하는 교사의 성격 등
유아와 가족의 사생활 및 사적 정보의 보호	· 가족의 비밀이야기를 재미로 생각하는 것 등
유아에 대한 객관적이고 정확한 평가 자료의 제공	· 부모에게 객관적이고 진실한 평가자료 제공에의 걱정 · 짧은 경험과 지식부족에 따른 평가의 자신감 결여 · 부정적인 교사라는 인식에 대한 염려 등

유치원 교사와 동료 및 기관과의 관계	
영역	내용
동료 교사와 업무 분담 및 협력적 관계 유지	· 자신의 학급 유아만 챙기는 경우 · 맡은 일에 대한 책임 전가 · 독립적인 스타일의 동료 교사 · 일의 처리 속도가 늦은 동료 교사에 대한 비판 등
동료 교사의 개인적 특성 수용 및 존중	· 동료 교사와 호흡이 잘 맞지 않는 경우 · 자기주장만 고집하는 경우 · 선입견 등
동료 및 기관장의 비윤리적 행위에 대한 건설적인 해결방안 도모	· 부당한 교사 면직 · 동료 교사의 비윤리적 행동 등
동료 및 기관과의 신뢰적이고 따뜻한 분위기 조성을 위한 노력	· 말이 와전되어 생기는 불신적인 분위기 · 개인적인 상황이 배려가 안되는 기관의 분위기 등
기관 주변의 위해 요소에 대한 주의 및 안전을 위한 노력	· 원의 재정 부족으로 인한 환경개선의 어려움 등

유치원 교사와 지역사회 및 사회와의 관계	
영역	내용
기관 시설물 및 행사의 지역사회와의 공유	· 일의 확대로 인한 교사 업무의 증가 · 추가비용에 대한 부담 · 원장의 거절에 대한 염려 등
지역사회와의 지속적인 연계활동을 위한 노력	· 기관의 비협조적인 자세 · 교사와 지역기관의 유아를 보는 시각의 차이 등
유아교육 관련법 및 정책 제정 시 적극적 참여	· 참여의 중요성에 대한 인식부족 · 정책변화에 대한 기대 부족 · 관련법에 대한 이해 부족 등
기관운영이 법에 위배되는 경우 건설적인 해결 도모	· 원장의 비수용적인 자세 · 원장과의 관계 염려 · 현실적인 운영상태의 어려움 등
기관 및 지역사회 아동들의 요구와 권리를 위한 노력	· 교사의 바쁜 업무로 인한 여유 부족 · 지역사회 아동 관련 지식과 교사의 힘의 한계 등

출처: 조형숙(2009).

조형숙(2009)이 제시한 자료를 기초로, 유치원 교사가 딜레마 상황에 처했을 때 윤리강령에 근거하여 문제를 해결할 수 있는 의사결정의 순서를 정리해 보면 [그림 3-1]과 같다. 즉, [그림 3-1]에 의하면 윤리강령에 근거한 의사결정의 순서는 다음과 같다.

첫째, 딜레마 상황을 파악한다.

둘째, 딜레마 상황에서 충돌하고 있는 윤리적 영역(유아교사와 유아, 가정, 동료 및 기관, 지역사회 및 사회와의 관계)이 무엇인지 분석한다.

셋째, 윤리강령에서 딜레마 상황의 해결을 위한 판단 근거를 찾는다.

넷째, 판단 근거에 따라 딜레마 상황을 구성하고 있는 두 가지의 상충되는 접근방안 중 하나를 선택한다.

다섯째, 선택한 접근방안에 따라 구체적인 해결방안을 모색한다.

여섯째, 구체적인 해결방안을 적용한다.

만일 해결방안을 적용한 결과, 문제가 해결되지 않았을 경우에는 다른 구체적인 해결방안을 모색하여 적용한다.

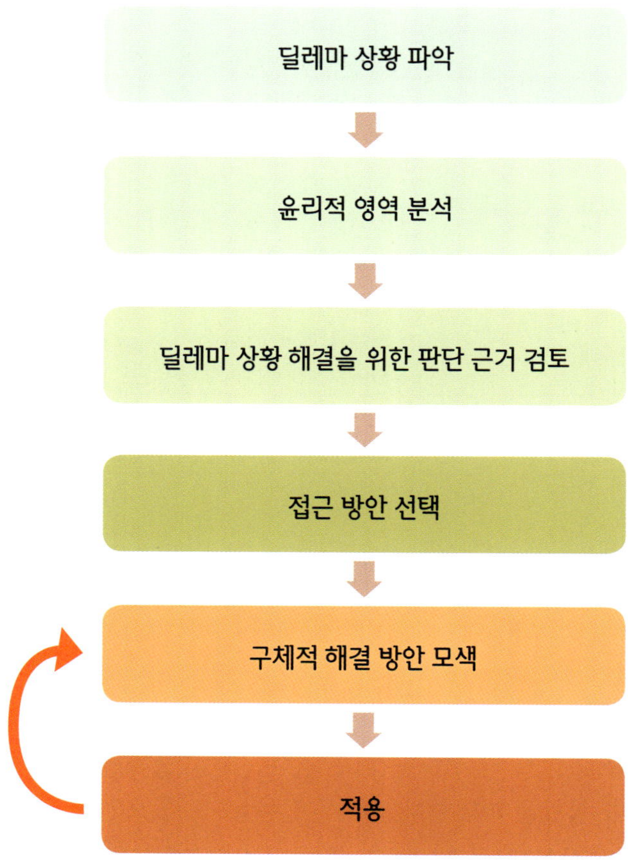

[그림 3-1] 윤리강령에 근거한 의사결정 순서

윤리강령에 근거한 의사결정 순서에 따라 문제를 해결하는 과정을 편식지도 시의 딜레마를 예로 들어 그림으로 제시해 보면 [그림 3-2]와 같다.

딜레마 상황 파악	음식을 골고루 먹도록 지도할 것인가? ⇔ 좋아하는 반찬만 먹으려는 유아의 요구를 받아들일 것인가?
윤리적 영역 분석	유치원 교사 강령 항목 중: 유치원 교사와 유아
딜레마 상황 해결을 위한 판단 근거 검토	· 우리는 유아를 사랑하며 유아의 인격을 존중한다. · 우리는 유아의 개성을 존중하며 개인의 흥미와 잠재력에 적합한 교육을 제공한다. · 우리는 유아의 전인발달을 지원하는 교육과 환경을 제공한다.
접근 방안 선택	유아의 인격과 개성을 존중하되 전인발달을 지원하는 교육과 환경을 제공해야 하므로 유아의 신체적 건강을 위해 음식을 골고루 먹도록 지도하는 접근방안을 선택한다.
구체적인 해결 방안 모색	유아가 싫어하는 재료(예: 호박)를 이용하여 좋아하는 요리활동(전 만들기)하기와 조리법을 달리한 음식(가지무침 대신 가지튀김)을 제공해 보는 방안을 모색한다.
적용	• 호박전 만들기 요리활동을 계획하여 실시한다. • 조리사 선생님에게 도움을 요청하여 가지튀김을 제공한다.

[그림 3-2] **윤리강령에 근거한 의사결정 순서에 따른 문제해결 과정**

생각해 보세요

활동 1 ( )안에 알맞은 말을 넣으세요.

유치원 교사 강령은 교사와 (__________), 교사와 (__________), 교사와 (__________), 교사의 책무를 기준으로 제시한 것으로 유치원 교사가 딜레마 상황에 직면했을 때 의사결정을 도와주는 지침으로써의 역할을 한다.

활동 2 윤리적 딜레마 상황을 설정한 후 윤리강령에 근거한 의사결정과 문제해결과정을 적어 보고 동료들과 이야기 나누어 보세요.

딜레마 상황 파악		↔
↓		
윤리적 영역 분석		
↓		
딜레마 상황 해결을 위한 판단 근거 검토		
↓		
접근 방안 선택		
↓		
구체적 해결 방안 모색		
↓		
적용		

참고문헌

박은혜, 김은심, 김난실, 곽아정, 최혜진, 이혜경(2015). 유치원 교사를 위한 교직실무. 서울: 창지사.

조형숙(2009). 유아교사의 교직윤리 관련 딜레마에 나타난 갈등 요인. 유아교육학논집, 13(2), 243-276.

Amstrong, W. S.(1988). Moral dilemmas. Basil Blackwell Inc., NY. 1-3. Australian Early Childhood Association. (2005). ECA code of ethics. http: www. early childhood australia. org. au/codr-of-ethics. html(Printed at Aug. 10, 2005).

Loewenberg, F. M & Dolgoff, R.(1966). Ehtical decisions for social work practice. fifth edition, F. E pecock publishers, Inc.

4장 전문성 및 사회적 관계 관리

연수를 준비하면서 특별히 어려운 점은 없었지만 내가 유아교사로서 잘하고 있는가에 대한 의문은 계속되었던 것 같다. 그래서인지 1급 정교사 연수를 받으면서 가장 먼저 들었던 생각은 1급 정교사가 무엇일까? 어떻게 하는 것이 1급 정교사의 모습일까? 하는 것들이었다. 유아교사로서의 경력이 많아지면서 수업을 하거나 유아들을 대할 때 이전보다 조금 수월해진 부분도 있지만 그런 것들을 명확하게 비교해 볼 수 있는 기회는 없었기 때문이다. 그래서 이번 연수를 통해 내실을 다지고, 이론적인 부분에서도 전문성을 길러야겠다는 생각들을 가지고 연수에 참여했었다. 연수를 받으며 알고 있었던 이론들에 대해 한 번 더 살펴보고 생각하며, 내가 그동안 아이들을 교육하면서 이론적인 부분들이 잘 녹아 있었는지 되돌아보는 시간이 되었다. 그 시간들을 통해 막연하게 스스로 잘하고 있다고 다독이던 부분들에 대해 구체적으로 확신할 수 있었고, 내가 놓치고 있던 부분들에 대해서도 알 수 있었다. 이러한 계기를 통해 앞으로 유아들을 교육할 때 조금 더 체계적이고 부끄럽지 않은 교사가 되도록 노력할 것이다.

경력교사 L의 저널

유아교사는 초임 근무 시부터 지속적으로 자신의 전문성을 관리하기 위해 노력하여야 한다. 교사 자신의 시간 관리 능력은 전문성 신장을 위한 기본적 요인이며, 장학 역시 수업의 향상과 개선을 가져온다는 점에서 교사로서의 전문성 관리에 중요한 역할을 한다. 이에 이 장에서는 시간 관리와 장학, 사회적 관계 관리에 대해 살펴보고자 한다.

1. 전문성 관리

1) 시간 관리

시간을 효율적으로 사용하는 전략을 익히는 것은 자신의 시간을 효과적으로 활용할 수 있어 주어진 일들을 시간 내에 할 수 있을 뿐만 아니라 전문성 신장을 위해 투자할 수 있는 시간의 여유를 갖게 될 수 있다는 점에서 매우 효율적이다. 시간 관리를 위한 전략을 살펴보면 다음과 같다.

(1) 일의 우선순위를 정한다

우선순위를 결정하는 데는 긴급성과 중요성이라는 두 가지 기준이 적용된다. 이때 긴급성과 중요성은 교사 개인의 가치관과 원칙, 필요에 따라 달라질 수 있다.

▶ **긴급성과 중요성에 따라 내가 해야 할 일을 기록해 보자**

	긴급함	긴급하지 않음
중요함		
중요하지 않음		

▶ 위에 기록한 내가 해야 할 일들을 우선순위별로 3가지 정도 나열해 보자

1순위	
2순위	
3순위	

(2) 월간, 주간, 일일 계획을 세운다

① 월간계획

각 달에 이루어질 중요한 일정과 행사를 계획하여 기록한다.

② 주간계획

한 주를 단위로 한 주간계획표는 매우 유용하게 활용된다. 주간계획표에는 일일계획표가 포함되는 경우가 많은데, 이처럼 주간계획표와 일일계획표가 함께 있을 경우 일주일과 하루의 계획을 한눈에 파악할 수 있어 편리하다.

- 자신의 기본적인 일정들로 칸을 채운다.
- 효율적인 시간 관리를 위해 형성하고자 하는 생활 습관을 적는다.
- 컴퓨터나 TV시청을 많이 하는 편이라면 컴퓨터 이용 시간을 체크하고, 꼭 시청해야 하는 프로그램을 기록한다.

③ 일일계획

일일계획은 각 날짜별로 약속이나 그날 해야 할 일들을 적어 놓은 것이다. 해야 할 일은 가능한 한 구체적으로 세분화하여 기입하며, 이미 처리한 것들은 줄을 그어 지우고 새로 해야 하는 일이 생기는 대로 기존의 목록 밑에 추가한다. 이러한 방법은 일일계획표가 체크리스트의 기능까지 할 수 있도록 한다.

▶ 오늘부터 매일 아침에 일일계획을 세워보자

날짜			
오늘 할일			

(3) 당장 시작한다

'미루는 습관'은 시간 관리를 방해하는 가장 큰 요인으로, 미루는 습관을 극복하는 것은 시간 관리를 성공으로 이끌게 한다. 그러나 계획 완수에 대한 강박관념은 사고를 경직시키고 불안감을 가중시켜 일의 효율이 떨어지게 할 수 있으므로 적절한 완급조절이 필요하다. 미루지 않기 위한 전략은 다음과 같다.

① 과제를 작은 단위로 나누어 미리미리 해결한다

일을 한 번에 전체적으로 마무리하려고 하지 않는다. 과제를 세분하여 할 수 있는 선에서 조금씩 하는 것이 무리 없이 전체 과제를 완결시킬 수 있도록 돕는다. 해야 할 일이 많은 경우, 심리적인 부담감이 많으므로 중요하면서도 빨리 끝낼 수 있는 일을 먼저 함으로써 해야 할 일의 수를 줄여 심리적 부담감을 덜 수 있다.

② 선호하는 일이 덜 선호하는 일의 보상이 되게 한다

선호하는 일이 덜 선호하는 일의 보상이 되도록 하는 '프리맥(premack)의 원리'를 활용한다. 가령, 과제를 30분 안에 완성한 다음에 맛있는 파스타를 먹으러 가는 식으로, 덜 선호하는 일을 먼저 한 후 좋아하는 일로 보상이 되게 하는 것이 효율적이다.

③ 지겹고 귀찮은 일을 재미있는 일과 함께하도록 계획한다

지겹고 귀찮거나 어려운 일을 해야 할 때 좋아하는 친구와 함께 한다든지 하여 즐겁게 일할 수 있도록 계획, 실행한다.

▶ **내용을 읽고 ○, ×를 괄호 안에 넣어보세요.**

성공적인 계획을 세우기 위한 **스마트(SMART)**한 원칙
Specific (구체적이고 명확하게)
Measurable (측정할 수 있게)
Achievable (성취 가능하게)
Realistic (현실적으로)
Time-oriented (시간 단위의)

1. Specific (구체적이고 명확하게)
   - 실력 있는 교사가 될 거야. (×)
   - 전공도서를 한 달에 1권씩 읽을 거야. (○)
2. Measurable (측정할 수 있게)
   - 날씬해질 거야. ( )
   - 1달에 2kg씩 3개월 동안 몸무게를 줄일 거야. ( )
3. Achievable (성취 가능하게)
   - 새해엔 더 친절한 사람이 될 거야. ( )
   - 새해엔 내가 먼저 웃는 얼굴로 인사할 거야. ( )
4. Realistic (현실적으로)

   전제: 하루 일정상 독서 가능 시간이 한 시간 정도인 사람의 경우
   - 매일 하루 3시간씩 독서를 꼭 할거야. ( )
   - 매일 하루 1시간씩 독서를 꼭 할거야. ( )
5. Time-oriented (시간 단위의)
   - 오늘 일일교육계획안 작성을 완성할 거야. ( )
   - 오늘 오후 5시까지 일일교육계획안 작성을 완성할 거야. ( )

2) 장학

(1) 장학의 정의

장학이란 수업의 질을 높이는 활동이며 학교교육을 개선하여 국가 공교육의 경쟁력을 높일 수 있는 핵심과정이라 할 수 있다(이순례 외, 2014). 대부분의 유치원 교사들은 초임 때부터 경력 교사와 동일한 직무 수행을 요구받으나, 경험의 부족으로 이런 저런 어려움에 직면하면서 좌절감을 느끼게 되기 쉽다. 따라서 교직에 대한 자신감, 만족감, 동기유발, 수업 활동과 학급경영 활동에 대한 전문성 등을 증진시킴으로써 전문성을 키워갈 수 있도록 돕는 장학이 반드시 필요하다.

(2) 장학의 유형

장학의 유형은 기준에 따라 다양하게 구분되지만, 일반적으로 교육청에서 주도하는 장학과 학교 내에서 자율적으로 이루어지는 장학으로 구분 지을 수 있다. 먼저, 교육청 주도 장학은 다시 종합장학(다수의 장학지도반에 의해 학교운영의 영역 전반에 대해 종합적으로 실시), 담임장학(학교담당 장학사가 교육활동 전반에 걸쳐 수시로 실시), 표집장학(학교별 또는 주기별로 학교를 무선표집하여 실시), 확인장학(시정 · 보완 사항의 이행 확인), 특별장학(특별한 문제의 해결이나 예방을 위한 지도 · 조언), 요청장학(학교가 장학사를 초빙해 실시) 등으로 세분화될 수 있으며 그 외에 교육청 간 장학협동체 구성에 의한 협동장학이나 장학사가 개별적으로 실시하는 개별장학, 방문장학, 통신장학 등으로도 구분할 수 있다.

한편, 교원의 성장을 위해 유치원 내에서 자율적으로 이루어지는 원내장학의 유형을 이윤식(2001)과 송기창 외(2009)를 기초로 수업장학, 동료장학, 자기장학, 약식장학, 자체연수로 구분하여 정리해 보면 다음과 같다.

① 수업장학

수업장학은 학교 수준에서 교사를 대상으로 이루어지는 여러 가지 장학활동 중에서 직접적으로 교사의 수업기술과 방법의 개선을 위해 제공되는 비교적 체계적인 장학활동으로(정태범, 1996), 원내에서 수업연구 활동, 연구수업, 시범수업으로 이루어진다.

원내의 장학담당자와 교사가 지속적이고 협력적 관계를 유지하면서 수업문제의 해결을 지원, 조언하는 체계적인 과정이다. 유치원 내에서 원장, 원감, 경력이 풍부한 부장교사가 장학 담당자가 되는 것이 일반적이나, 외부의 장학지원단이나 장학요원이 담당하는 경우도 있다.

수업장학 협의 자료

<table>
<tr><td>일시</td><td>년 월 일</td><td>반명</td><td></td><td>수업자</td><td colspan="3"></td></tr>
<tr><td>주제</td><td></td><td>수업
장면</td><td></td><td>참관자</td><td colspan="3">(서명)</td></tr>
<tr><td rowspan="2">영역</td><td rowspan="2">요소</td><td colspan="3" rowspan="2">평가내용</td><td colspan="3">평점</td></tr>
<tr><td>상</td><td>중</td><td>하</td></tr>
<tr><td rowspan="4">수업
설계</td><td>목표 진술</td><td colspan="3">수업목표가 실현 가능성이 있으며 가치 있는 것인가?</td><td></td><td></td><td></td></tr>
<tr><td>교재준비</td><td colspan="3">교수 내용에 적절한 교재가 준비되었는가?</td><td></td><td></td><td></td></tr>
<tr><td>일과계획</td><td colspan="3">하루 일과를 균형 있게 계획하였는가?
(실내·실외, 개별·집단 활동 등)</td><td></td><td></td><td></td></tr>
<tr><td>통합지도계획</td><td colspan="3">교육활동이 유아의 신체·운동 건강, 의사표현, 사회관계, 예술경험, 자연탐구 영역을 통합적으로 지도할 수 있도록 계획되었는가?</td><td></td><td></td><td></td></tr>
</table>

영역	요소	평가내용	평점		
			상	중	하
교사 활동	교사발문	유아의 사고를 촉진하는 발문인가?			
	상호작용	유아의 의견을 존중하고 수용하며, 긍정적인 반응을 보이는가?			
	개별화지도	유아의 관심, 흥미, 능력별로 교육활동을 선택하여 참여할 수 있도록 기회를 주는가?			
	수업과정 준수	도입, 전개, 마무리 과정이 계획대로 잘 이루어지고 있는가?			
	자료 활용	자료의 선택, 제시방법이 적절한가?			
	평가활동	교육목표 도달도와 유아의 만족도를 평가하고 있는가?			
유아 활동	의견 제시	자신의 의견을 분명히 말하는가?			
	참여	적극적으로 학습에 참여하는가?			
	의사결정 및 실행	유아 스스로 놀이를 선택, 계획, 활동, 평가하는가?			
	학습자료 활용	학습 자료를 올바르게 선택, 활용하고 있는가?			
	또래 상호작용	활동 중에 또래들과 긍정적인 상호작용을 하는가?			
	자기평가	유아 스스로 자기평가를 하는가?			
분위기 및 환경	학습분위기	자신의 의견을 자유롭게 표현할 수 있는 허용적인 분위기인가?			
	자유선택활동 영역 구성	각 영역의 명칭이 제시되어 있는가?			
		유아의 활동에 필요한 계획·평가표와 이름표가 준비되어 있는가?			
		영역 구성이 다양한가?			
		모든 영역이 관찰 가능하도록 개방적으로 구성되어 있는가?			
	자료 선정 및 배치	생활 주제와 관련된 자료들이 영역마다 제공되어 있는가?			
		필요한 교재·교구가 이용하고 정리하기 쉽게 배치되어 있는가?			

영역	요소	평가내용	평점		
			상	중	하
의견					

② 동료장학

동료장학은 교사들이 자신들의 교육활동 개선을 위해 모임이나 짝을 이루어 상호 간에 수업연구·공개 활동의 추진이나 공동과제 및 관심사의 협의·연구·추진 등 공동으로 노력하는 활동이다(이윤식, 2001). 이에 동료장학은 유치원 원내장학의 가장 기본적인 유형으로, 동일연령 담당 교사들끼리 또는 경력이 많은 교사와 신임교사가 짝을 이루어 의견을 교환하거나 상호 간 수업공개를 통해 수업기술을 나누는 형태, 관찰 후 개선점을 찾아가는 멘토링 형태, 공동의 관심사를 함께 연구해 나가는 형태 등이 있다. 수업공개가 이루어지고 난 후 협의회를 개최하여 수업개선방안에 대한 논의가 이루어져야 한다. 단일학급인 경우 인근 유치원 교사들과 함께 장학모임을 만들 수 있다.

동료장학

동료 장학 평가도구

교사:

활동유형		일시	년 월 일 시					
주제								
대상		평가자						
평가내용			평점					특기사항
			5	4	3	2	1	
1. 주제의 선정이 유아에게 적합하였나?								
2. 목표는 유아의 수준에 맞게 세워졌는가?								
3. 교사의 언어와 태도가 바람직했는가?								
4. 교사의 주의집중 전략이 적절했는가?								
5. 교사의 질문이 개방적이었나?								
6. 수업에 적절한 교재 준비를 하였는가?								
7. 도입, 전개, 마무리 수업 전개 시 시간 배분이 적절하였는가?								
8. 수업목표 달성을 하였는가?								
9. 동료 교사와 상호 간의 수업 관찰에 대해 객관적 자료를 갖고 협의하였는가?								
합계								
· 동료장학을 실시한 후 좋았던 점은? · 동료장학을 실시한 후 미비했던 점은?								

기타 평가사항

③ 자기장학

자기장학은 교사 개인이 자신의 전문적 발달을 위하여 스스로 체계적인 계획을 세우고 이를 실천하는 활동이다(이윤식, 2001). 자기장학의 기본적인 방법으로는 마이크로티칭(수업촬영과 분석)을 통한 자기반성, 자기평가도구인 자체평가 체크리스트를 이용한 자신의 교육활동 분석, 교실현장의 문제해결을 위한 현장연구 등이 있다. 또한, 전문 서적 및 자료 읽기, 상급학교(대학원 등) 진학, 교직 전문단체 가입 및 활동 참여, 각종 연수 참여, 방송매체 활용, 유아의 행동 관찰·분석을 통한 문제점 해결 등의 방법으로 자신의 전문적 성장을 위해 스스로 계획을 실행하는 과정이 자기장학에 속한다. 교사의 자기평가는 사명감과 연구 및 연수활동의 측면에서 교사 자신에 대한 형식적, 비형식적 평가를 실시하고 그 결과를 교수·학습방법 개선 및 향후 교육계획에 반영하여 교육 과정 운영계획 수립의 기초자료로 활용할 수 있다.

자기장학

자기장학 평가도구

교사:

활동유형		일시	년 월 일 시					
주제								
대상		평가자						
평가내용			평점					특기사항
			5	4	3	2	1	
1. 주제의 선정이 유아에게 적합하였나?								
2. 목표는 유아의 수준에 맞게 세워졌는가?								
3. 교사의 언어와 태도가 적절했는가?								
4. 교사의 주의집중 전략이 적절했는가?								
5. 교사의 질문이 개방적이었나?								
6. 수업에 적절한 교재 준비를 하였는가?								
7. 수업 전개에서 도입, 전개, 마무리 수업 전개 시 시간 배분이 적절하였는가?								
8. 수업목표 달성을 하였는가?								
합계								
· 자기장학을 실시한 후 좋았던 점은? · 자기장학을 실시한 후 미비했던 점은?								

기타 평가사항

④ 약식장학

약식장학은 교장 · 교감이 간헐적으로 짧은 시간 동안 학급순시나 수업참관을 통하여 교사의 수업 활동과 학급경영활동을 관찰하고, 이에 대하여 교사들에게 지도 · 조언하는 활동(송기창 외, 2009)으로, 유치원에서 이루어지는 약식장학으로는 교육계획안 피드백, 수업참관, 학급운영에 대한 간단한 피드백 등이 있다. 약식장학을 통해 원장이나 원감은 교사가 수업과 학급경영에 대한 일련의 계획, 실행, 평가 등을 충실하게 하고 있는지 파악할 수 있다.

⑤ 자체연수

자체연수는 교육활동 개선을 위하여 교직원의 필요와 요구에 의해 교내 · 외의 인적 · 물적 자원을 활용하는 학교 자체 연수활동으로(이윤식, 2001), 유치원 안에서 실시하기도 하지만, 야외연수, 현장체험 및 문화탐방 연수 등 다양한 장소에서 이루어질 수 있다. 1년의 교육계획에 따라 정기적으로 실시되며, 필요시 수시로 실시할 수 있다.

자체연수

(3) 유치원 컨설팅 장학

2013년부터 3~5세 연령별 누리과정이 도입됨에 따라 유치원 교육 과정 운영이나 실제 수업의 질에 대한 관심이 높아지면서 유치원 장학은 컨설팅 장학으로 통합하여 실시되고 있다.

컨설팅장학은 유치원 현장의 요청에 의한 맞춤형 장학이다. 컨설팅 장학의 목적은 유치원 교육의 질 향상과 교육 과정 편성·운영 및 교수·학습방법의 개선, 누리과정의 안정적 정착과 교원의 자율과 책무성을 바탕으로 한 자율장학 활성화 등이다(정광자 외, 2017).

기존 장학이 '위로부터의 결정'이었다면 컨설팅 장학은 '아래로부터의 요청'이라는 점에서 기관이나 교사가 장학의 내용과 방법을 선택하게 하는 등 〈표 4-1〉과 같이 기존 장학과 컨설팅 장학 간에는 그 성격과 방법 및 과정에 차이가 있다.

〈표 4-1〉 기존 장학과 컨설팅 장학과의 비교

지도·점검 위주의 담임 장학 ➡ 지원 위주의 컨설팅 장학

구분	기존 장학	컨설팅 장학
성격	교육 전반에 대한 상급기관의 감독, 지도, 평가	기관이나 교사가 해결하기를 원하는 구체적인 문제나 상황 중심의 컨설팅
방법	상급기관(교육청 등)에서 장학의 영역과 방법을 결정	컨설팅을 의뢰하는 기관과 교사가 주체가 되어 컨설팅을 받고자 하는 영역과 방법을 결정
과정	상급기관의 의견 및 지도를 준수하며 격식과 일정에 따른 진행	컨설팅을 요구한 교사 및 기관과 컨설턴트 사이의 관계가 평등하여 기존의 절차를 생략·간소화

출처: 교육부(2013).

현재 각 지역의 교육지원청에서 실시하고 있는 컨설팅 장학의 기본절차는 준비→진단→문제해결방안 구안→실행→종료의 순으로 이루어지며, 의뢰인의 요구 수준을 고려하여 융통성 있게 조절할 수 있다. 컨설팅 장학의 절차는 [그림 4-1]과 같다.

준비	진단	문제해결방안 구안	실행	종료
의뢰인과 컨설턴트가 컨설팅을 준비	해결과제 규명 이후 방안 마련	해결방안 제시	선택한 방법을 실제 적용	컨설팅 마무리
· 의뢰 및 접수 · 컨설턴트의 선정 · 예비 진단 · 협약 체결	· 자료 수집 · 자료 분석 및 최종 진단	· 해결방안의 구안(자료검토) · 해결방안 선택	· 의뢰인의 실행 · 컨설턴트의 관찰	· 평가 · 보고
↑	↑	↑	↑	↑
인력확보	컨설팅 초점 결정	컨설턴트 지원 의뢰인 연습	실행 및 관찰	사후협의회

※ (권장) 의뢰인이 컨설턴트 수업참관 → 의뢰인과 컨설턴트 문제 협의 → 의뢰인의 수업공개 → 수업 후 협의회 → 결과물 탑재(일회성 컨설팅 지양)

[그림 4-1] **누리과정 컨설팅 장학의 절차**

출처: 정광자 외(2017).

컨설팅 장학은 수업 컨설팅 장학, 찾아가는 컨설팅 장학, 원내 자율장학으로 구분하여 실시되고 있다. 컨설팅 장학의 유형별 추진 방법 및 내용은 〈표 4-2〉와 같다.

〈표 4-2〉 **컨설팅 장학의 유형별 추진 방법 및 내용**

<table>
<tr><th>구분</th><th>세부
내용</th><th>주요활동</th><th>실시
시기</th><th>담당부서</th><th>팀구성</th></tr>
<tr><td rowspan="4">수업
컨설팅
장학</td><td rowspan="3">수업
컨설팅</td><td>〈멘토링장학〉
• 누리과정 영역별, 활동유형별 수업 관련 문제 해결을 위한 1:1수업 컨설팅
• 수업공개 시 컨설턴트 및 유치원 컨설팅 지원 담당 장학사 참관</td><td>요청 시</td><td rowspan="4">교육지원청</td><td>컨설턴트
1명</td></tr>
<tr><td>〈누리과정 영역별 팀 장학〉
• 유치원에서 요청한 영역에 대한 전문가 집단의 수업 컨설팅
• 수업공개 시 컨설턴트 및 유치원 컨설팅 지원 담당 장학사, 동일영역 전문성 우수 교사 수업 참관</td><td>요청 시</td><td>컨설턴트
2~3명</td></tr>
<tr><td>〈초청형 공개수업〉
• 수업자의 자발적 요청
• 수업공개 시 관내 또는 도내 교사, 유치원 컨설팅 담당장학사 참관</td><td>요청 시</td><td>참관희망
교사
5명 이내</td></tr>
<tr><td>영역별
컨설팅</td><td>• 수업 컨설팅을 제외한 전문영역(주제별) 컨설팅 장학
• 전문영역별 컨설턴트 및 유치원 컨설팅 지원 담당 장학사 참관</td><td>요청 시</td><td>컨설턴트
1~2명</td></tr>
</table>

구분	세부 내용	주요활동	실시 시기	담당부서	팀구성
찾아 가는 컨설팅 장학	동아리 수업 컨설팅	• 수업 동아리 및 교육지원청 수업연구 동아리 수업공개 • 단위 유치원 내 수업연구 동아리 수업공개는 해당 유치원 수업 컨설팅으로 인정	별도 계획	교육지원청 학교교육과	교육지원청 컨설팅 지원 담당자 학교교육과 업무담당자
	유치원 정책 지원 컨설팅	• 주요 유치원 정책의 현장 적용·안착 지원 및 정책시행의 문제점 해결 지원 • 교육 과정의 정상 운영 지원 • 교육계획 수립의 적절성 및 추진방안 협의 • 전년도 유치원 평가 대상 기관은 평가결과 환류 계획협의 • 유치원 관리자, 부장 중심 컨설팅 장학 • 사립유치원의 운영에 따른 문제점 해결 지원	연중 별도 계획		
	마중물 장학	• 단위 유치원의 교육현안 및 애로사항 해결 지원	연중	업무 담당부서	
원내 자율장학		• 유치원 단위 수업연구 활성화 • 누리과정 영역별 동아리 활성화 • 자기수업 모니터링 • 초임 교사 수업역량 강화 • 자율장학운영 자체평가 및 컨설팅 장학 우수 사례 공유	연중	해당유치원	동료교원
사이버장학		• 컨설팅 지원센터 홈페이지 내 묻고 답하기 및 자료실, 전자우편 등을 통한 정보교환 및 의사소통	연중	학교교육과 (초·중등연계)	모든 전문직

출처: 정광자 외(2017).

2. 사회적 관계 관리

유치원에서의 사회적 관계는 원장, 동료 교사, 학부모, 유아 등 모든 관계자들과의 관계를 의미하는 것으로 유치원 운영의 목표 달성 여부에 결정적 요인으로 작용한다. 특히 교사가 경험한 유치원 내의 사회적 관계는 근무 분위기, 직무만족도, 사직이나 이직에 대한 결정에 직접적인 영향을 미치므로 구성원들과의 바람직한 사회적 관계를 형성, 유지하는 일 또한 교사의 중요한 직무라 할 수 있다.

1) 원장과의 관계

유치원에서 원장과의 관계는 교사의 교직 수행에 영향을 미치는 주요 요인 중 하나이다. 즉 교사훈련이나 유치원 정책에 대한 교사의 이해 혹은 지지 정도(Fleisher, 1985), 원장의 독단적인 운영방식(강진옥, 1994) 등은 교사의 교직 적응에 큰 영향을 미쳐, 이직의 원인이 되기도 한다. 그러나 인간관계는 서로 상호적인 관계이기 때문에 교사의 업무를 이해하고 격려해 주는 원장의 지지도 필요하지만 유치원 운영의 전반을 책임지고 관리하는 원장의 입장을 이해하고 상호 신뢰의 관계를 유지하도록 노력하는 일 역시 교사의 업무에 속한다.

원장과의 바람직한 상호작용을 위한 교사의 자세를 제시하면 다음과 같다(민성혜, 신혜원, 김의향, 2012).

첫째, 교사는 원장의 철학과 신념을 이해하고 공감하려는 노력을 해야 한다. 이는 유치원 운영에 대해 같은 방향을 바라보며 서로 협력할 수 있도록 돕는다.

둘째, 교사는 기관의 전반적인 운영과 개별 업무분장에 대해 숙지하도록 노력해야 한다.

셋째, 기관운영에 대한 정기적인 회의와 개별 면담을 적절하게 활용한다. 정기적인 회의시간에는 원장과 교사 모두 참여해서 개방적으로 의견을 나누고 협의한다. 때로 공개적인 장소에서 이야기하기 어려운 내용은 개별 면담을 통해 이야기하는 것이 나을 수 있다.

원장이 좋아하는 교사

첫째, 성실하고 책임감 있는 교사
둘째, 자기 학급을 잘 운영하는 교사
셋째, 자기 발전을 위해 노력하는 교사
넷째, 솔선수범하는 교사
다섯째, 부모에게 인정받는 교사

2) 동료 교사와의 관계

유치원에서 동료 교사와의 관계 역시 교직의 수행에 영향을 미치는 중요 요인으로, 극단적으로 부정적인 관계는 이직의 원인이 될 수도 있다. 동료의 지지가 많거나 유사한 동료들로 구성되어 있는 집단의 교사일수록 유치원에 잘 적응하고 응집력도 높다(최양미 외, 2011). 즉 동료 교사와의 상호 신뢰와 존중, 지원의 관계는 교사의 역할 수행에 중요한 요인으로 작용한다. 동료 교사와의 관계가 좋지 않을 때는 교직 생활이 싫어지는 원인이 되지만 친밀한 관계일 때는 서로 돕고, 지지하고, 격려하는 긍정적인 요인으로 작용한다. 따라서 동요 교사와의 긍정적 관계를 유지하기 위해 노력하는 일 역시 교사의 업무에 속한다.

동료에게 환영받는 교사

첫째, 주어진 일에 협력하는 교사
둘째, 동료 교사의 어려운 문제를 솔선하여 돕는 교사
셋째, 동료 교사의 고충을 들어주고 이해해 주는 교사
넷째, 업무처리 능력이 뛰어난 교사
다섯째, 책임감 있고 성실한 교사

여섯째, 남의 험담을 하지 않는 교사
일곱째, 따뜻하고 친절한 어투로 긍정적인 언어를 사용하는 교사
여덟째, 동료에게 칭찬과 격려를 해 주는 교사
아홉째, 고마운 일이 있을 때 감사의 표현을 할 줄 아는 교사
열 번째, 도움 준 것에 대해 생색을 내지 않는 교사
열한 번째, 학벌, 종교, 연령에 따른 파벌을 조성하지 않는 교사

3) 학부모와의 관계

유치원에서 교사와 학부모와의 관계는 갈등과 협력이 공존하는 특별한 관계라고 할 수 있다. 교사가 학급운영 및 유아지도를 위해서 열심히 노력한다고 해도 부모가 이를 인정하지 않고 비판하게 되면 교사는 좌절하고 어려움을 겪을 수 있다. 따라서 효과적이고 원활한 학급운영과 유아지도를 위해서 부모와 상호 이해 및 존중의 긍정적 관계를 형성, 유지하기 위해 노력하는 일 역시 교사의 업무에 속한다.

학부모가 좋아하는 교사

첫째, 자녀를 사랑해 주는 교사
둘째, 자녀에 대해 잘 아는 교사
셋째, 자주 연락하여 자녀의 유치원 생활에 대해 이야기 해 주는 교사
넷째, 부모의 부탁이나 의견을 귀 기울여 듣고 잊지 않고 실행해 주는 교사
다섯째, 따뜻한 교사
여섯째, 유능한 교사
일곱째, 예의 바르고 친절한 태도로 부모를 대하는 교사

생각해 보세요

활동 1 시간 관리를 위한 전략을 제시하세요.

____

____

활동 2 성공적인 계획을 세우기 위한 5가지 원칙을 (   )안에 제시하고 이를 근거로 올 한 해에 실천할 수 있는 계획을 기술해 보세요.

(1) Specific(____________________)

____

(2) Measurable(____________________)

____

(3) Achievable(____________________)

____

(4) Realistic(____________________)

____

(5) Time−oriented(____________________)

____

활동 3 기존 장학과 컨설팅 장학을 비교하여 설명하세요.

____

____

참고문헌

강진옥(1994). 유치원 교사의 이직 원인에 관한 연구. 중앙대학교 교육대학원 석사학위논문.

교육부, 육아정책연구소(2013). 누리과정 컨설팅 장학 운영매뉴얼. 서울: 학지사.

민성혜, 신혜원, 김의향(2012). 보육교사론. 경기: 양서원.

송기창, 김민조, 김병주, 김병찬, 김성기, 김용, 나민주, 남수경, 박수정, 오범호, 이정미, 이희숙, 정성주, 정제영, 조동섭, 조석훈, 주현준, 홍창남(2009). 중등교직실무. 서울: 학지사.

이순례, 이현옥, 박희숙(2014). 초임유아교사를 위한 교직실무. 경기: 공동체.

이윤식(2001). 장학론. 서울: 교육과학사.

정광자, 송경희, 전미영, 박정연(2017). 2017학년도 전라북도 유아교육운영계획. 전라북도교육청.

정태범(1996). 장학론. 서울: 교육과학사.

최양미, 김혜윤, 송연숙, 최미현, 최애경(2011). 초임 유치원 교사를 위한 교직실무. 서울: 파란마음.

Fleischer, B. J. (1985). Identification of strategies to reduce turnover among child care workers. Child Care Quarterly, 14(2), 130–139.

3부

학급 경영

5장 학급운영

원에서 아이들과 함께 하는 시간은 대략 다섯 시간이 조금 더 된다. 누리과정에서 정하고 있는 시간은 3~5 시간이지만 3시간이라는 시간은 부모들의 요구에 민감한 사립유치원에서는 비현실적이다. 아이들과 함께 하는 다섯 시간은 마치 그만큼의 달리기를 하는 것과 비슷하다. 다섯 시간 동안의 달리기… 어느 날은 전속력으로 달려야 하고 어느 날은 전속력은 아니지만 쉼 없이 달려야 한다.

여유와 쉼, 나태와 방관은 아이들과 함께 있는 시간 속의 교사에게는 치명적이다. 오늘 계획한 활동이 시간 안에 원만하게 운영되는지 확인해야 하고, 활동마다 아이들의 반응은 어떤지 관찰하고 기록해야 한다. 또한, 그중 부모에게 전달할 내용을 골라 출석카드에 기록도 해야 한다. 유치원 매뉴얼에 명시되어 있지는 않지만 메모 또한 정기적이어야 하고 최소 일주일에 한두 번씩은 꼭 해야 하는 게 암묵적인 약속이다. 활동을 하며 모든 상황들이 안전한지 수시로 확인하고 활동에 대한 평가도 기억하고 다음 번 활동에 반영해야 한다.

또한, 순간순간 교사로서 유아에게 격려와 칭찬, 훈계와 제안 등 유아 개인에 맞는, 상황에 맞는 상호작용을 해주어야 한다. 이 부분은 후배 교사나, 기관장, 부모님 등이 나에 대해 생각할 때 늘어나는 경력만큼 기대가 더 커지는 부분이기도 하다. 그만큼 가장 힘들고 어려운 부분이기도 하다.

교육적인 많은 부분에 내적인 부분까지 더 해야 한다. 교사로서 아이들에게 비치는 내 모습에도 신경을 써야 한다. 너무 과하게 반응하지도 화를 내지도 않아야 한다는 생각으로 감정 컨트롤을 해야 하며 겉으로 드러나지는 않지만 이 부분에 대해 많은 스트레스를 받는다. 그래서 때때로 후회할 상황을 만들기도 하고 반성하기도 한다. 아이들과 함께 있는 나의 뇌 속을 삽화로 그린다면 아마도 수십 개의 경기가 동시에 여기저기서 진행되는 올림픽의 한 장면과 같을 것이다. 그래서 아이들이 안전하게 귀가하고 난 후에는 긴장이 풀려 힘이 쭉 빠져버리기도 한다. 이 부분들이 조금이나마 해결이 되려면 인적 지원이 늘고 반당 원아 수가 줄어야겠지만 현실적으로 불가능하다는 것을 잘 알고 있다.

경력교사 K의 저널

학급운영은 교사의 가장 기본적인 직무로, 학급을 단위로 하여 교육활동의 계획, 수행, 평가 등 유아를 가르치는 일에 수반된 모든 것으로, 유아를 위한 교육활동뿐 아니라 이를 지원하기 위한 학부모 및 문서 관리, 평가 등의 업무 역시 학급운영에 포함될 수 있다. 단, 본서에서는 학부모 관리와 문서 관리, 평가를 각각 별도의 장에서 다루었으므로, 본 장에서는 유아를 위한 교육활동의 수행에 필요한 업무에만 중심을 두고자 한다. 이에 학급운영의 개념 및 원리를 살펴본 후 학급운영의 실제를 첫날 운영하기, 1년 운영하기, 하루 일과 운영하기, 기타 학급운영 관련업무의 순으로 알아보고자 한다.

1. 학급운영의 개념과 원리

1) 학급운영의 개념

학급은 교육 과정 목표를 구현하기 위한 기본단위 조직으로서 인격형성과 성장·발달의 장이고 삶의 경험을 공유하는 공간이며, 교사에게는 교육 실천의 장이다(류윤석, 2016). 이에 학급운영은 학급을 단위로 하여 교육목표를 달성해 나가는 과정이다.

유치원의 전체적인 운영 책임이 원장에게 있듯이 학급운영의 책임자는 그 학급을 담당하는 담임교사이다. 학급운영의 주체는 그 학급의 교사와 유아로, 유치원의 학급운영은 학급의 교육목표를 효과적으로 달성하기 위해 학급 구성원인 교사와 유아가 중심이 되어 교육활동을 계획, 수행하며 그 결과를 평가하는 제반 활동이라 할 수 있다.

2) 학급운영의 원리

학급운영 시 담임교사는 기관 및 학급의 목적을 달성하기 위해 주어진 인적·물적 자원의 활용 및 시간 관리 등을 최대한 효율적으로 사용해야 한다(이경화 등, 2015). 또한, 유치원의 학급운영은 원장과 교사의 교육철학에 따라 교육목표와 방향이 달라질 수 있으나, 바람직한 학급운영을 위한 일반적인 원리를 살펴보면 다음과 같다(김진한, 2009, 서울특별시교육청, 2007).

(1) 타당성의 원리

학급운영의 목표, 내용, 방법 등은 국가수준의 교육 목표, 유치원의 교육목표, 교육적 원리와 사회적 요구, 시대적 요구 등에 비추어 타당성이 있어야 한다.

(2) 효율성의 원리

교육목표 달성은 인적·물적·환경적 요소 등을 충분히 고려하여 최소의 노력으로 극대화할 수 있게 해야 한다.

(3) 현실성의 원리

학급운영을 위한 인적 자원의 활용, 기대하는 유아의 능력, 소요예산, 실천방법, 적용시기 등에 있어서 실현 가능성이 있어야 한다.

(4) 자유의 원리

유아에게 최대한 선택과 기회를 제공하는 자유로운 여건을 조성해 주어야 한다.

(5) 전문성의 원리

학급운영 계획의 수립, 프로그램의 운영 및 평가 등은 유아교육 전문가인 유치원 교사가 주도해야 한다.

(6) 개별화의 원리

교육활동의 효과를 극대화하기 위해서 유아 개개인의 특성과 능력을 고려해야 한다.

(7) 흥미의 원리

유아가 학습활동에 흥미를 가질 수 있도록 동기유발을 자극해야 한다.

(8) 창조의 원리

무한한 상상력과 사고력, 창의력을 기를 수 있도록 다양한 관찰과 탐색·실험의 기회를 제공해야 한다.

(9) 협동의 원리

유아가 학급 구성원으로서 다른 유아와 협동하여 함께 생활할 수 있는 환경을 조성하고 지도해야 한다.

2. 학급운영의 실제

1) 첫날 운영하기

유아가 새로운 친구, 담임교사, 새로운 환경 등 유치원에 익숙해질 수 있도록 2~3일 정도의 오리엔테이션을 실시하는 것이 보통이다. 따라서 대개는 오리엔테이션 기간의 첫째 날이 유아가 유치원에서 보내는 첫날이 된다.

유아가 유치원에서 보내는 첫날은 유아의 적응과 유치원에 대한 이미지 확립에 결정적 영향을 준다는 점에서 매우 중요하다. 따라서 교사는 유아가 유치원과 교사, 다른 유아에 대한 첫인상을 긍정적으로 형성할 수 있도록 첫날을 운영해야 한다. 첫날은 유아뿐 아니라 교사에게도 본격적인 첫날, 첫걸음이라는 점에서 초임 교사의 경우 특히 실수 없는 성공적 운영을 위해 노력해야 한다. 첫날의 운영을 위한 준비와 지도를 위한 효율적인 방법을 살펴보면 다음과 같다.

(1) 첫날의 준비

① 유아의 이름 외우기

교사는 유아의 이름표를 준비하고 사진을 통해 유아의 이름과 얼굴을 정확히 외워놓아야 한다. 유아의 이름을 아는 것은 첫날의 운영뿐 아니라 교사–유아 간 신뢰와 애정의 관계 형성에 있어 필수적이다.

② 유아의 개별적 특성 알아두기

교사는 유아의 입학원서, 개인조사서 등을 통하여 유아의 가족관계, 선호하는 것과 선호하지 않는 것(놀이, 음식), 놀이성향, 건강상 유의점(㉩ 알레르기를 일으키는 음식 등) 등 유아의 특성에 대한 정보를 미리 파악해 놓아야 한다. 첫날에도 간식이 이루어지는 것이 일반적이므로, 이러한 개별적 특성에 대한 정보들은 유아가 첫날을 편안하게 보내도록 도울 뿐 아니라 1년간의 학급운영에 있어서도 매우 중요하다. 재원생의 경우에는 전 학년도의 담임으로부터 관련자료 및 정보를 제공받을 수 있으나, 유아에 대한 선입견이나 편견이 생길 우려가 있으므로 자료를 중심으로 하되 객관적 판단을 하도록 노력해야 한다.

③ 신발장, 사물함, 교구의 이름표 준비하기

신발장과 사물함 등에 유아의 이름표와, 교구의 이름표를 부착하여 사용과 정리가 쉽도록 돕는다. 특히 3세 학급의 유아 이름표에는 가능하면 유아의 사진을 활용하는 것이 좋으며, 각 유아마다 상징을 정해 함께 표시해 주는 것도(예 참나무반, 이ㅇㅇ친구, 김ㅇㅇ: [그림 5-1]) 아직 글자를 모르는 유아들이 쉽게 서로 이름을 알도록 돕는 흥미로운 방법이 될 수 있다.

연령별 이름표		
3세: 이름과 사진, 상징	4세: 이름과 상징	5세: 이름

교구 이름표	
쌓기놀이영역 통나무 블록 이름표	역할놀이영역 찻잔 세트 이름표

[그림 5-1] **신발장, 사물함, 교구의 이름표**

④ 일과표 제시하기

첫날은 정규 일과보다 짧게 계획하며, 오리엔테이션 기간의 기본 활동인 자유선택활동, 기본생활습관지도 활동(손 씻기, 화장실 사용하기, 인사하기 등), 동화 들려주기 등의 활동으로 일과를 계획한다. 유아가 쉽게 알아볼 수 있도록 그림을 이용한 일과표를 제시해 주어 유아가 일정을 알고 다음 활동을 예측할 수 있도록 해 준다.

하루 일과표	수업 첫날의 일과 운영
	• 9:00 등원 • 9:00~9:50 실내 자유선택활동 • 9:50~10:00 정리정돈 • 10:10~10:20 이야기 나누기 - 교실에서 지켜야 할 약속 • 10:20~10:40 간식 • 10:40~10:50 동화 • 10:50~11:00 귀가 지도

[그림 5-2] 첫날 일과표와 일과 운영의 예시

⑤ 차량별 명단 작성하기

첫날에 유치원 버스를 이용할 유아를 확인하고, 전체 버스노선표를 기초로 차량별 유아 명단을 작성해 놓는다.

(2) 첫날의 지도

첫날 유아는 새로운 환경에 대한 기대와 불안감을 동시에 가지게 될 수 있으므로, 유치원이 편안하고 즐거운 곳이라는 분위기를 제공하는 데 지도의 초점을 두어야 한다. 또한, 유아의 행동에 대해 세심히 관찰하면서 적극 칭찬, 격려함으로써 유치원 생활에 대한 자신감과 동기를 유발하도록 한다. [그림 5-2]의 일과표를 기초로 3세 신입유아의 첫날을 중심으로 지도방법을 살펴보면 다음과 같다.

① 등원

◆ 개별적으로 맞이하기

처음 유아를 만나면 반갑게 이름을 불러 주며 맞이하는 것이 중요하다. 신입원아의 경우에는 안아 주는 등의 스킨십을 통해 친근감과 안정감을 가지고 활동을 시작하도록 돕는다. 현관에서 맞는 경우, 신발을 벗고 들어오도록 하면서 자연스럽게 신발장의 자기 자리를 알려 주도록 한다.

◆ 사물함 사용법 알려 주기

사물함의 자리를 알려 주고 개인물건(가방, 신발, 겉옷 등)을 정리해 보도록 안내한다. 스스로 할 수 있도록 격려하고, 가능하다면 출석카드 사용법도 소개한다.

② 실내 자유선택활동

교실에 들어오는 대로 흥미영역을 간단히 둘러보고 원하는 영역에서 자유롭게 놀이하도록 안내한다. 다른 친구와 함께 놀이해 볼 기회를 제공하며, 교사가 개별 유아나 소집단 유아와 적극 상호작용한다.

③ 정리정돈

자연스럽게 정리정돈해 보도록 지도하되, 첫날인 만큼 교사가 정리에 적극 참여하여 모델링을 제공하고 유아의 참여를 칭찬, 격려하는 것이 중요하다.

④ 이야기 나누기

◆ 소개하기

카펫 위에 모여 교사가 자신을 소개하고 유아도 각자 이름을 소개할 수 있도록 한다. 수줍어하거나 소개를 꺼리는 유아는 교사가 도와준다.

◆ 흥미영역 소개하기

교실 내 흥미영역을 둘러보며 영역의 이름과 영역별 놀잇감을 소개한다. 만일 영역별로 이름표를 걸거나 계획 및 평가서를 사용하는 경우에는 사용법에 대한 소개도 필요하다. 첫날이므로 앉아서만 이야기를 나누는 것이 어려우므로 돌아다니면서 흥미영역을 볼 수 있도록 하는 것이 적절하다.

◆ 일과 소개하기

일과표를 보면서 하루 일과를 간단히 안내하고 간식 메뉴도 소개한다.

◆ 학급 규칙 알아보기

학급의 규칙을 안내한다. 최소한의 규칙을 안내하며 안전하고 즐거운 생활을 위해 필요함을 강조한다. 학급 규칙은 귀가 지도 전의 동화 들려주기에서 '마법사 유치원 선생님(글/고정욱, 그림/성은)' 같은 동화를 통해 자연스럽게 알아볼 수도 있다.

⑤ 간식

메뉴를 소개하고 손을 씻고 간식을 먹도록 지도한다. 각자 앉고 싶은 자리에 앉아서 즐거운 분위기에서 먹도록 하는 것이 중요하다.

⑥ 동화

동화 들려주기는 유아에게 흥미롭고 특히 초임 교사에게도 부담이 적으므로 첫날의 집단 활동으로 적절하다. 분리불안과 유치원에 대한 두려움이 있는 유아를 고려해서 '마법의 유치원 버스(글/고정욱, 그림/성은)'나 '유치원이 궁금해요'와 같은 동화를 들려주는 것이 좋다.

 	유치원이 궁금해요
	**1** 유치원에 가게 된 민서가 친구들을 만났어요. 그런데 민서의 얼굴에 근심이 가득했어요. "민서야, 왜 그래?" "무슨 걱정이 있니?" "난 이제 유치원에 가야 한대." "유치원에 가는데 왜?" 유치원은 어떤 곳일까? 민서와 친구들은 궁금해졌어요.

2

"유치원은 엄마도 같이 안 가고 강아지도 데려갈 수 없대. 나 혼자 가야 한대".
"하하, 유치원은 아이들이 노는 곳이니까 그렇지."
"나도 이제 유치원에 갈 거야."

3

"유치원에 도깨비가 있으면 어떡해?"
"그리고 유치원에서 응가가 하고 싶으면 어떻게 하지?"
민서의 말을 들으니 친구들도 걱정이 되었어요.
"어떡하지?"

4

그래서 유치원에 다니기 전에 살짝 구경만 하러 갔어요.
"친구들이 왔구나. 어서 들어와."
"아줌마는 누구세요?"
"나는 너희들하고 같이 지낼 선생님이란다."
"아아, 선생님이 계시니까 엄마가 같이 안 와도 되겠구나."
민서의 걱정 하나가 없어졌어요.
"유치원에 무서운 도깨비는 없나요?"
"호호호…. 그런 건 없단다."

5

선생님이 유치원 구경을 시켜 주셨어요.
"여기는 유치원 놀이터란다."
"우와, 미끄럼틀도 있고 그네도 있어."
"모래놀이터도 있어."

6

유치원 안에 들어가니 민서가 좋아하는 블록, 그림책, 여러 가지 자동차, 인형도 있어요.
화장실은 변기가 작아서 혼자서 앉을 수 있어요. 세면대도 작아서 혼자서 물을 틀고 씻을 수 있어요.
"유치원은 친구들과 재미있게 지내는 곳이란다."
선생님이 말씀하셨어요.
"여기에 있는 장난감 다 가지고 놀아도 돼요?"
"그럼 그럼."
"야, 참 재미있겠다. 빨리 유치원에 와서 놀았으면…"
민서의 걱정은 다 사라졌어요.
친구들도 빨리 유치원에 오고 싶지요?

⑦ 귀가 지도

귀가 지도 시에는 첫날의 즐거웠던 경험을 회상하고 내일에 대한 기대를 갖도록 하는 것이 중요하다. 헤어지는 인사 노래를 부르고 한 명씩 이름을 불러 앞으로 나오게 하여 교사가 안아 주며 인사를 나눈다. 사물함으로 가서 소지품을 챙기도록 하고 유치원 버스를 이용하는 경우 버스 탑승까지 인도하여 불안해하지 않도록 돕는다.

유아가 유치원에 온 첫날 교사가 꼭 기억해야 할 것!

- **유치원은 즐거운 곳으로 인식하도록 돕기**
  교사는 유아가 선호하는, 발달에 적절한 놀잇감과 흥미로운 놀이 활동을 제공해 줌으로써 유아가 즐거움을 느끼고 앞으로 유치원 생활에 대한 기대감을 갖도록 돕는다.
- **유아에게 개별적으로 사랑과 지지 전달하기**
  교사는 전체 유아를 대상으로 한 상호작용도 중요하지만 유아와의 개별적인 만남을 통해서 교사가 자신을 좋아하고 사랑하며, 믿을만한 사람이란 인식을 주도록 해야 한다.
- **유아에게 친절하고 수용적인 분위기 조성하기**
  교사는 유아에게 유치원은 친절하고 수용적인 곳이라는 인식을 주도록 해야 한다. 단, 놀잇감이나 다른 친구에 대한 공격적 행동에 대해서는 첫날이라도 단호한 지도가 필요하다.

2) 1년 운영하기

초임 교사의 경우 첫해부터 담임교사로서의 역할을 수행해야 하므로 사전에 체계적인 준비가 필요하다. 먼저 유치원의 운영 방향과 교육중점 내용을 이해하고, 학급유아의 연령별 특성, 유치원에 비치된 교수자료 등을 구체적으로 파악해야 한다. 또한, 기관의 분위기를 파악하고, 선배교사와 동료 교사 그리고 다른 직원(조리사, 행정직원, 버스기사)과 좋은 관계를 유지하는 것도 학급을 잘 운영하기 위해 필요한 조건이다.

여기에서는 1년간의 학급운영의 기본이 되는, 유아를 위한 교육활동 수행에 관한 직무를 교육계획과 환경 구성으로 구분하여 살펴보고자 한다. 먼저, 1년간의 학급운영을 위해 수행해야 하는 교육계획과 환경 구성 직무에 관련된 업무를 학년 시작 전과 학년 중으로 나누어 정리해 보면 〈표 5-1〉과 같다.

〈표 5-1〉 **교육계획 및 환경 구성 관련 업무**

직무 구분	직무 내용	학년 시작 전에 할 일	학년 중에 할 일
교육 계획	교육계획	· 연간교육계획안 작성	· 연간교육계획에 따른 주간·일일 교육계획안 작성
	유치원운영 계획서	· '유치원 교육 과정 운영계획서' 작성 및 제출	· 유치원 운영계획서의 내용 중 수정 사항 기록
환경 구성	흥미영역	· 기본설비, 기존 비품 및 교재·교구 파악 · 흥미영역 구성	· 생활주제에 따른 흥미영역 구성
	흥미영역 외 환경	· 흥미영역 외 환경 구성 예 일과표, 게시판, 생일판 등	· 생활주제에 따른 흥미영역 외 환경 구성 예 게시판의 내용 바꾸기
	수업자료	· 생활주제별, 수준별 기존 수업자료(이야기 나누기 자료, 동화·동시 자료 등) 확인	· 주간, 일일 교육계획에 따른 수업자료의 제작 · 수업자료의 정리 및 보관

(1) 교육계획

연간교육계획의 경우, 초임 교사가 직접 작성하는 것은 쉬운 일이 아니며 전체 유치원 행사 등이 반영되어야 하므로 경력교사가 작성하는 것이 일반적이다. 단, 단일 학급의 경우에는 초임 교사라 하더라도 전년도 연간교육계획을 수정·보완하여 작성해야 하며 연간교육계획안에 따라 주간, 일일교육계획안을 작성하는 것이 가장 중요한 업무라고 할 수 있다.

초임 교사는 특히 누리과정에 제시되어 있는 유치원 교육 과정의 이해, 계획 및 운영, 유치원의 교육철학과 목표 등을 정확히 숙지하여 교육계획을 수립하는 데 반영하도록 노력해야 한다.

① 교육계획안 작성

연간교육계획안은 1년 동안 진행할 교육활동에 대한 계획서로 1년간 다룰 생활주제 및 주제를 중심으로 견학이나 행사, 부모참여수업이 연계되어 작성되어야 한다. 연간교육계획안을 통하여 유치원 교육의 전체적인 방향과 흐름을 파악할 수 있으며 이에 따라 교수–학습에 필요한 교재·교구를 미리 준비하여 효율적으로 교육할 수 있다. 또한, 학년 시작 전에 작성한 연간교육계획안은 운영하면서 수정할 수 있으며, 수정된 사항은 기록하여 다음 학년도 연간교육계획 수립 시 반영하도록 한다.

학년이 시작되면 연간교육계획안의 주별 주제에 따라 주간교육계획안을 작성하고 소주제에 따라 일일계획안을 작성하여 교육활동을 구체적으로 계획하고 실행해 나가는 업무가 중심이 된다. 주간교육계획안은 일주일 동안의 자유선택활동과 요일별 집단 활동에 대한 계획으로, 일일계획안 작성의 토대가 된다. 한편, 일일계획안은 매일의 교육활동을 체계적으로 실시하도록 돕는 지침을 제공한다는 기능뿐 아니라 평가란을 통해 교육활동에 대한 구체적인 평가를 지속하도록 유도한다는 점에서 매우 중요하다.

② '유치원 교육 과정 운영계획서' 작성 및 제출

'유치원 교육 과정 운영계획서'는 유치원에서 1년 동안 이루어지는 모든 것을 의미하며 전체 교사회의를 통해 작성하여 매년 3월 각 유치원마다 해당 교육지원청에 제출해야 한다. 교육 과정 운영계획서에는 국가수준교육 과정 구성 방향, 해당 시·도교육지원청의 기본 방향, 비전 및 목표 등과 유치원의 교육 목표, 교육 과정 편성 및 운영계획, 교육 과정 운영지원, 유치원 평가 계획, 교육 예산 등이 포함된다. '유치원 교육 과정 운영계획서'의 작성 역시 초임 교사에게는 기대하기 어려운 업무이다. 단, 초임 교사라 하더라도 근무하는 유치원의 교육 과정 운영계획서를 숙지하고 이를 충실히 이행할 수 있도록 노력해야 한다.

학기 중에는 교육 과정운영계획서의 내용을 실행하고, 평가함으로써 다음 학년도 '유치원 교육 과정 운영계획서' 작성 시 반영하도록 한다.

(2) 환경 구성

① 흥미영역

새 학기를 맞이하기 전에 교실을 정리하고 흥미영역을 구성하는 일은 학급운영을 위한 환경 구성에 있어 토대가 되는 중요한 업무이다. 교실 내 흥미영역의 배치를 위해서는 〈표 5-2〉와 같이 교실의 물리적 환경에 대한 파악이 이루어져야 한다. 즉, 유치원의 전체 구조를 포함하여 교실의 물리적 여건과 기본설비, 사용 가능한 비품 및 교재·교구를 파악하는 일이 반드시 선행되어야 한다. 특히 초임 교사는 유치원의 소모품 및 자료, 비품, 설비 등에 대해 보관장소와 유형, 개수 등을 미리 정확히 파악하여 흥미영역 구성 시 활용할 수 있도록 노력해야 한다.

〈표 5-2〉 **교실의 물리적 환경 파악**

범주	내용
교실의 물리적 특성파악	· 기본적인 교실의 모양 · 창문의 개수, 위치, 모양과 벽면의 형태(곡선, 직선 등)와 활용정도
기본 설비 점검	· 안전관련: 비상구, 창문과 출입문의 안전장치, 콘센트 위치 등 · 건강관련: 통풍, 환기, 온도나 습도 조절을 위한 설비 등
비품 및 교재·교구 점검	· 책상, 의자, 교구장, 가리개, 게시판, 사물함 등 학급의 기본 비품 · 교재·교구의 수량, 사용방법, 공동 사용여부 등
기본적인 동선의 확인	· 현관으로부터의 거리, 개인장(사물함)이 놓여 있는 곳, 화장실과의 거리, 유희실과의 거리 등

출처: 박은혜 외(2016).

일반적으로 교실환경은 쌓기놀이영역, 역할놀이영역, 언어영역, 수·조작영역, 과학영역, 음률영역, 미술영역 등 흥미영역으로 구성한다. 초임 교사는 흥미영역의 배치원리에 대해서 이론적으로는 잘 알고 있으나 각 교실의 방향, 크기, 형태, 출입문, 창문의 위치 등이 매우 다양하고 교실의 물리적 여건에 따라 다른 방법을 찾아야 한다는 점에서 시행착오를 겪을 가능성이 크다. 따라서 교실의 평면도를 그려보는 것을 기본으로 하여 선임 교사의 조언을 듣고 점검을 받는 등 도움을 받을 필요가 있다. 흥미영역 구성 시 고려할 사항은 다음과 같다.

- 교실의 크기를 고려하여 여러 영역을 독립적으로 구성하거나 비슷한 특징을 가진 영역끼리 함께 구성할 수 있다(예 수·조작영역과 과학영역, 쌓기영역과 역할영역 등).
- 교사 책상이나 사물함 등으로 공간을 소모하지 않도록 하여 가능한 한 공간을 넓게 구성한다. 이렇게 함으로써 유아들 간의 갈등상황을 줄이고 긍정적 상호작용을 증진시킬 수 있다.
- 채광이 좋은 곳은 식물을 키우기에 좋으므로 과학영역이 적합하다.
- 영역 간의 통행이 잘되도록 이동 통로를 확보해 주며, 교실의 어느 곳에서든 모든 영역이 교사의 시야에 들어올 수 있도록 배치한다.
- 조용하고 움직임이 적은 공간(언어, 수·조작, 과학)과 상호작용이 활발히 일어나고 움직임이 많은 공간(역할, 쌓기, 음률)은 반드시 분리하여 구성한다.
- 교구장의 교재·교구, 재료 들은 유아가 스스로 사용하고 정리하기 쉽게 비치한다(교구 이름표 제시 등).

학년이 시작된 후에도 교육활동 수행을 위한 환경 구성의 핵심 업무는 흥미영역의 운영에 있다. 즉, 생활주제 및 주제에 따라 흥미영역별 교재 및 교구를 비치해 주어야 하며 필요시 흥미영역의 배치에도 변화를 주어야 한다.

② 흥미영역 외 환경 및 수업자료

흥미영역의 구성 외에도 학년 시작 전에 게시판이나 일과표, 생일판, 손 씻기 순서도나 출석표시판 등을 구성하여 제시하는 일 역시 기본적인 업무이다. 또한, 유치원의 기존 수업자료를 파악하여야 하며 학년이 시작된 후에는 주간, 일일 교육계획에 따라 필요한 수업자료를 제작하고 정리 및 보관하는 일 역시 유아를 위한 교육활동 수행을 위한 주요 업무 중 하나이다.

[그림5-3] 흥미영역 배치도의 예

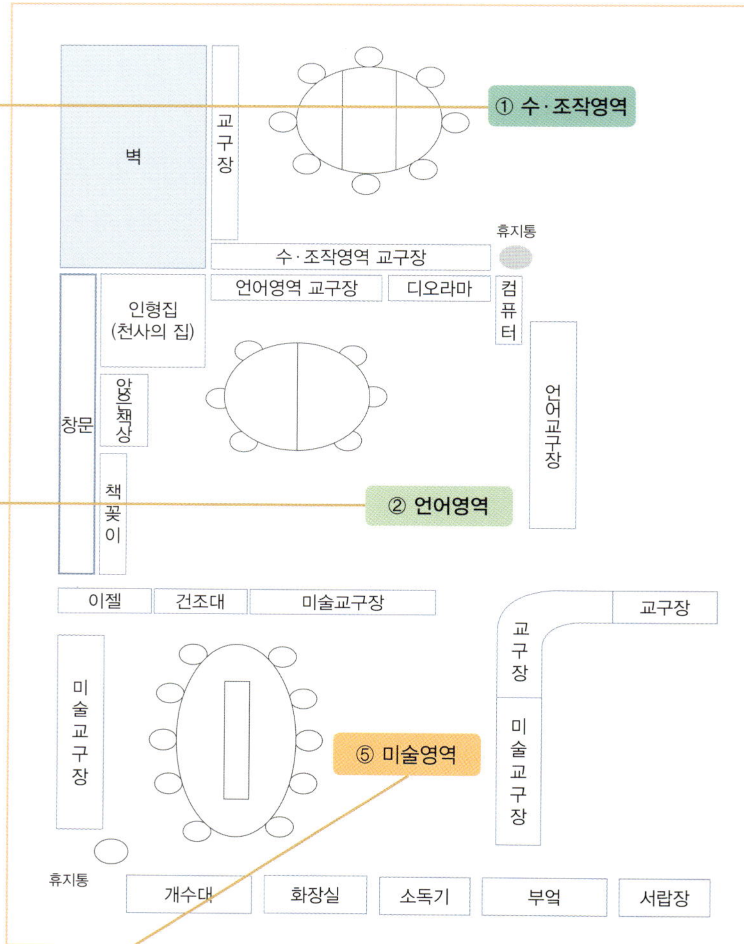

① 수·조작영역

② 언어영역

⑤ 미술영역

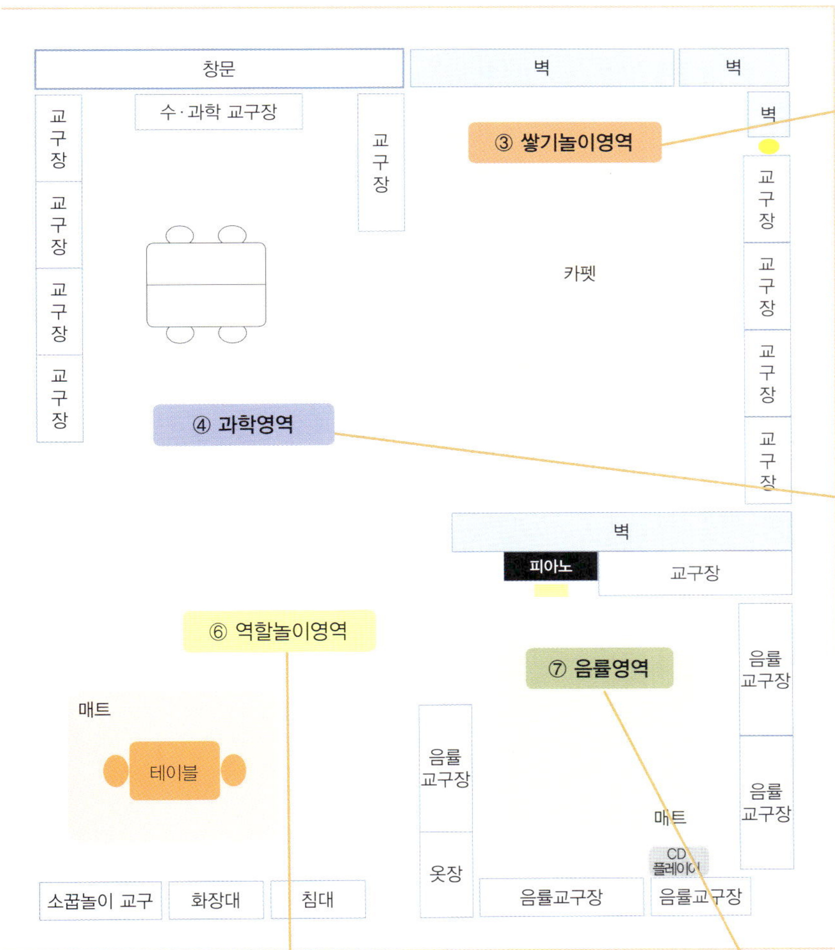

③ 쌓기놀이영역

④ 과학영역

⑥ 역할놀이영역

⑦ 음률영역

3) 하루 일과 운영하기

하루 일과의 운영은 교사의 일상적인 업무이나 초임 교사일 경우, 무계획적으로 행동하면 바쁘게 움직였음에도 불구하고 일의 성과가 미비할 수 있다. 따라서 효율적인 일과 운영을 위해 매일 할 일의 목록과 순서를 정하여 실행하고 미비한 사항은 메모를 하여 보충할 수 있도록 한다. 여기에서는 하루 일과 운영의 지침이 되는 일일교육계획안의 예를 제시하여 하루 일과의 흐름을 알아보고, 유아가 등원하기 전부터 귀가하기까지 교사가 준비하고 고려해야 할 점을 살펴보고자 한다.

〈표 5-3〉 **일일교육계획안의 예**

<table>
<tr><td colspan="6" rowspan="2">일일교육계획안(5세)</td><td>담임</td><td>부장</td><td>원감</td><td>원장</td></tr>
<tr><td></td><td></td><td></td><td></td></tr>
<tr><td>일시</td><td colspan="9">20○○년 ○월 ○○일 수요일</td></tr>
<tr><td>생활주제</td><td>우리나라</td><td>주제</td><td colspan="3">우리나라의 놀이와 예술</td><td>소주제</td><td colspan="3">우리나라의 춤</td></tr>
<tr><td>목표</td><td colspan="9">• 우리나라의 전통노래와 춤을 경험하고 즐긴다.
• 우리나라에 대한 생각을 다양한 방법으로 표상한다.
• 우리나라를 사랑하고 자랑스러워하는 마음을 갖는다.</td></tr>
<tr><td>시간</td><td colspan="7">활동 내용 및 방법</td><td colspan="2">준비물/비고</td></tr>
<tr><td>8:50~
9:00</td><td colspan="7">• 등원(10분)
· 반갑게 인사한다.
· 옷장에 가방과 겉옷을 정리한다.
· 오늘의 날짜를 알아보고 출석카드에 스티커를 붙인다.</td><td colspan="2">출석카드,
스티커</td></tr>
</table>

시간	활동 내용 및 방법	준비물/비고
9:00~ 10:20	• 오전 실내자유선택활동(80분) ① 쌓기: 우리나라의 자랑스러운 건축물 구성하기 ② 역할: 한복을 입고 기와집에서 역할놀이하기 ③ 수조작: 태극기, 무궁화, 전통혼례퍼즐, 공기알 놀이, 산가지 놀이 ④ 언어: 우리나라 집 빙고, 한글 빙고 놀이 ⑤ 미술: 우리나라와 관련된 것 폐품으로 만들기 ⑥ 음률: '부채춤'노래 부르고, 부채춤 추기	자유선택활동 계획·평가표
10:20~ 10:30	• 정리 및 평가(10분) 1) 정리 신호에 맞추어 놀잇감을 제자리에 정리한다. 2) 오전 자유선택활동에 대해 평가한다(실제 실행한 흥미영역 활동) - 어떤 영역에서 무슨 활동을 하였니?	정리신호악기, 평가표
10:30~ 10:50	• 간식(20분) · 손을 씻고 간식 먹을 준비를 한다. · 적당량을 덜어 간식을 먹는다. · 사용한 그릇과 도구를 정리한다.	간식접시, 컵, 행주
10:50~ 11:10	• 대·소집단 활동: 이야기 나누기(20분) - 우리나라의 춤 *활동목표 ① 우리나라 전통 춤의 종류와 도구에 관심을 가진다. ② 전통춤과 관련된 경험이나 느낌을 이야기할 수 있다. 1) 도입 ① 부채춤 노래로 도입한다. ② 우리나라 춤에 대한 유아들의 경험에 대해 이야기 나눈다. · 우리나라 춤을 본 적이 있니? 어떤 춤이었니? 너희가 직접 우리나라 춤을 추어 본 적이 있니? 2) 전개: 우리나라의 춤 사진(부채춤, 탈춤, 한삼춤, 장구춤 등)을 보여 주면서 전통춤에 대해 이야기 나눈다. · 이러한 춤을 본 적이 있니? · 무슨 춤이라고 부를까? · 어떤 옷을 입고 춤을 추고 있니? 어떤 도구를 들고 춤을 추니? · 어떻게 추고 있니? · 춤추는 걸 보니 기분이 어떠니? 3) 마무리: 도구를 사용하여 춤을 추어 본다. · 너희들이 춤을 춘다면 어떤 춤을 추고 싶니? · 탈춤을 추어 보고 싶은 친구는 앞에 나와서 추어 보자.	전통춤 사진자료, 부채춤과 탈춤 음악이 저장된 USB

시간	활동 내용 및 방법	준비물/비고
11:10~ 11:30	• 대·소집단 활동: 신체표현 활동-부채춤(20분) *활동목표: 부채춤의 표현방법에 관심을 가진다. 부채를 들고 노래에 맞추어 표현해 본다. 1) 도입 ① 부채춤 노래를 부른다. ② 부채춤에 관한 경험을 이야기 나눈다. · 부채춤을 출 때는 무엇이 필요할까? · 어떻게 추는 춤이지? 2) 전개: 부채춤 동영상(졸업생이 추었던 부채춤)을 감상한다. · 부채춤을 보니 어떤 느낌이 드니? · 어떤 동작이 있었는지 기억나니? · 꽃은 어떻게 만들었니? · 파도타기는 어떻게 만들었니? - 부채춤을 추어 본다. - 부채를 들고 추어 본다. 3) 마무리: 부채춤을 추어 본 느낌을 나눈다. · 부채춤을 추어 보니 어떤 느낌이 들었니? · 어떻게 움직이는 것이 재미있었니?	부채, 부채춤 동영상
11:30~ 12:30	• 바깥놀이(60분) · 바깥놀이터에서 종합놀이터, 그네타기, 줄넘기 등 대근육놀이를 한다. · 사방치기, 활쏘기, 널뛰기 등 전통놀이를 한다. · 모래나 흙, 나뭇가지 등을 이용하여 떡 만들기 놀이를 한다. · 실외모래놀이, 종합놀이터 놀이, 술래잡기를 한다.	
12:30~ 13:20	• 점심식사(50분) · 손을 씻고 점심 먹을 준비를 한다. · 젓가락과 숟가락을 바르게 사용한다. · 식사예절을 지키며 먹는다. · 식사 후 양치질을 한다.	매트, 식판, 수저, 행주, 밥, 반찬, 국
13:20~ 14:10	• 오후 자유선택활동(50분) · 오전 자유선택활동과 동일	

<table>
<tr><th>시간</th><th colspan="3">활동 내용 및 방법</th><th>준비물/비고</th></tr>
<tr><td>14:10~
14:15</td><td colspan="3">• 정리정돈 및 평가(5분)
· 정리 신호에 맞추어 놀잇감을 정리한다.
· 자유선택활동을 평가한다.
- 제일 즐거웠던 활동은 무엇이니?
- 어떤 기분이었니?</td><td>신호악기,
평가지</td></tr>
<tr><td>14:15~
14:30</td><td colspan="3">• 동화(15분) - 팥죽 할멈과 호랑이
*활동목표 - 전래동화에 관심을 갖고 주의 깊게 듣는다.
1) 도입: 동화의 첫 장면을 보고 이야기 나눈다.
2) 전개
① 동화를 듣는다.
② 동화를 회상한다.
3) 마무리: 느낌을 이야기 나눈다.
· 어떤 장면이 가장 재미있었니?
· 호랑이가 나타났을 때 할머니는 어떤 기분이었을까?
· 만약 너희가 할머니였으면 어떻게 했을까?</td><td>그림동화</td></tr>
<tr><td>14:30~
14:40</td><td colspan="3">• 평가 및 귀가 지도(10분)
· 하루일과를 회상해 보고 생각과 느낌, 기분을 이야기 나눈다.
· 유치원에서 지내면서 즐거웠던 점(속상했던 점)은 무엇이었니?
· 기본생활 습관에 대해 이야기 나눈다.
- 자신의 물건(출석카드) 잘 챙기기
· 차량이나 도보 시 지켜야 할 안전 규칙에 대해 이야기 나눈다.
· 선생님과 친구들과 인사를 한 후 귀가한다.</td><td></td></tr>
<tr><td>총평</td><td colspan="4">• 우리나라 전통춤에 대해 살펴보고 유아들이 직접 추어 봄으로써 전통춤(특히 부채춤)에 대해 관심을 나타냈다. 특히 졸업생 형님들이 부채춤 추는 모습을 본 유아들이 자신들도 빨리 추고 싶다고 하였다.
• 바깥 놀이할 때 줄넘기에 관심을 갖고 연습을 하는 유아들이 있었고, 긴 줄넘기로 '꼬마야 꼬마야' 하는 것에 관심을 보이는 유아도 많았다.
• 동극배역 정하기에서 선호하는 역할(호랑이, 지게 등)은 가위바위보로 배역을 정하였다.</td></tr>
<tr><td colspan="2">특이사항</td><td colspan="3">· ○○○가 안과에 들렸다가 엄마차로 등원함.
· ○○○은 감기, ○○○는 장염으로 약복용함.</td></tr>
<tr><td colspan="2">다음 날 준비</td><td>동극</td><td>수업 일수</td><td>104</td></tr>
</table>

출처: 원광대학교 사범대학 부속유치원.

(1) 유아 등원 전 업무

교사는 유아가 등원하기 전 출근하여 교실의 창문을 열어 환기를 시키고, 간식 준비를 확인한다. 전날 준비한 수업자료와 교구를 점검하고 일일교육계획안을 보면서 수업내용, 활동 장소 등을 확인한다. 교실의 편안한 분위기를 위해서 클래식 음악이나 동요를 틀어놓을 수 있다.

(2) 하루 일과 진행 업무

유치원 일과를 규칙적이고 일관성 있게 진행함으로써 유아는 스스로 다음 상황을 예측하고 자신의 욕구를 조절하여 유치원 생활에 보다 적극적으로 적응할 수 있게 된다(예 등원→ 자유선택활동하기→정리 및 손 씻기→ 간식먹기→이야기 나누기→소집단 활동→귀가 지도).

유아가 스스로 할 수 있는 일들이 늘어나면서 교사는 안내하고 설명하는 시간을 줄이고 유아가 자신의 역할을 보다 효율적으로 수행할 수 있게 한다.

① 유아 맞이하기

유아가 하루 일과를 편안하게 시작할 수 있도록 유아를 반갑게 맞이한다.

- 유아와 눈높이를 맞추고 이름을 불러 주면서 반갑게 맞이한다.
- 개인사물함에 가방, 옷 등을 스스로 정리하도록 한다. 이 때 교사는 부모가 보낸 메모나 약 등이 있는지 확인한다.
- 유아의 건강이나 심리상태 등을 점검한다. 유아의 상태에 문제가 있을 때에는 유아의 상태를 메모하고 적절한 조치를 취한다.
- 출석카드를 꺼내어 도장을 찍거나 스티커를 붙여서 출석을 표시한다.
- 손 소독을 하거나 손을 씻고 일과를 시작하도록 안내한다.

② 실내 자유선택활동 운영하기

실내 자유선택활동은 학급 내의 흥미영역을 중심으로 유아가 자신의 흥미와 욕구에 따라 스스로 원하는 영역과 활동을 선택하여 자유롭게 놀이하는 시간이다. 자유선택활동은 유아가 자신의 흥미와 능력에 따라 학습내용과 속도를 조절할 수 있으므로 개별화 교육이 효율적으로 이루어진다는 점에서 교육적 효과가 높으며 유아가 가장 좋아하는 활동 중의 하나이다. 따라서 교사는 기본적인 교구 및 교재 외에 교육 과정의 생활주제 및 주제에 따른 활동자료를 제공해 주어야 하며 유아 스스로 충분히 몰입할 수 있는 시간과 분위기, 적절한 상호작용을 제공해 주어야 한다. 일반적으로 하루일과의 1/3~1/2 정도로 긴 시간을 배당하여 운영하는 것이 바람직하다.

자유선택활동 시에는 유아 스스로 계획하고 평가해 볼 기회를 제공하는 것이 적절하다. 유아의 연령과 사전 경험에 따라 계획 및 평가지를 사용하는 것이 일반적이나, 자칫 계획 및 평가에 치중하여 자유선택활동이 제한될 수 있으므로, 3세 학급의 경우에는 교사와의 대화를 통해 비형식적인 계획과 평가가 이루어지도록 하는 것이 적절하다고 볼 수 있다.

[그림 5-4] 4세 자유선택활동계획 · 평가지

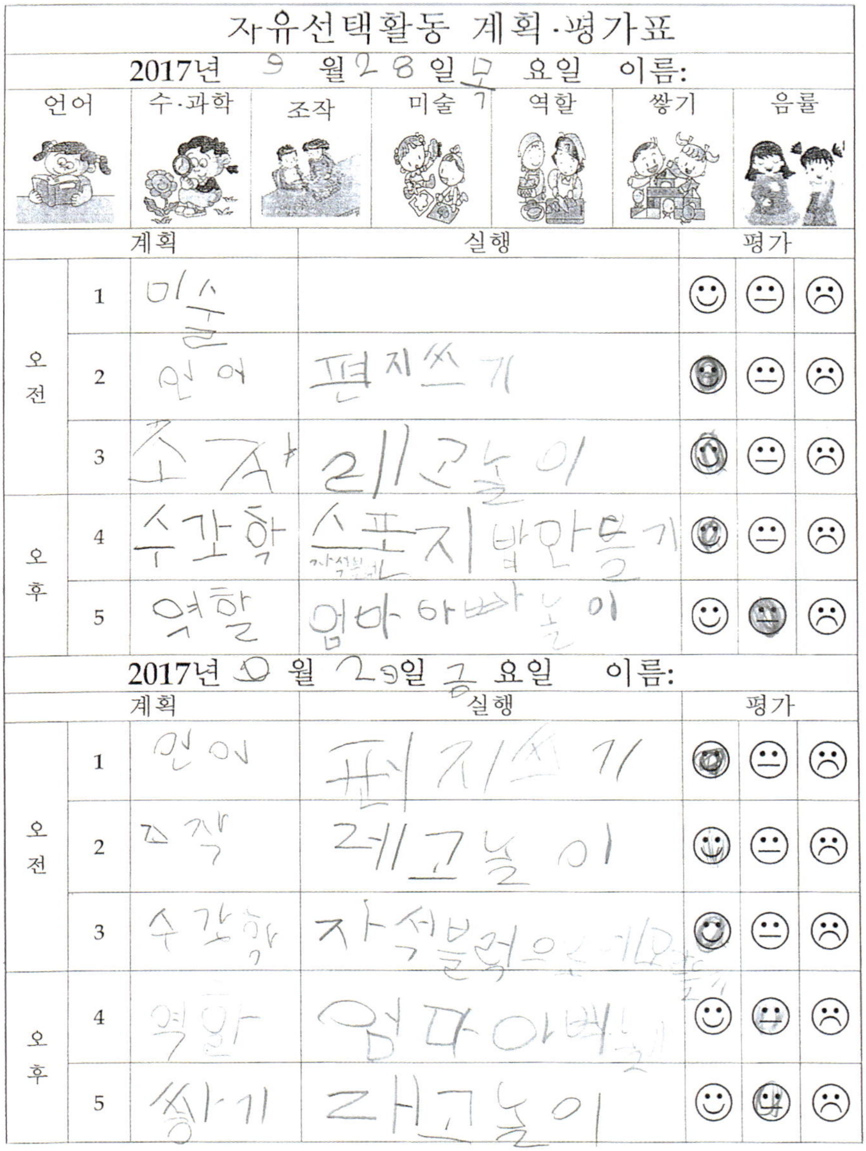

자유선택활동 계획·평가표

2017년 9 월 28 일 목 요일 이름:

언어	수·과학	조작	미술	역할	쌓기	음률

		계획	실행	평가		
오전	1	미술		☺	😐	☹
	2	언어	편지쓰기	☺	😐	☹
	3	조작	레고놀이	☺	😐	☹
오후	4	수과학	스폰지밥만들기 (자석블럭)	☺	😐	☹
	5	역할	엄마아빠놀이	☺	😐	☹

2017년 9 월 29 일 금 요일 이름:

		계획	실행	평가		
오전	1	언어	편지쓰기	☺	😐	☹
	2	조작	레고놀이	☺	😐	☹
	3	수과학	자석블럭으로 [illegible]	☺	😐	☹
오후	4	역할	엄마아빠놀이	☺	😐	☹
	5	쌓기	레고놀이	☺	😐	☹

[그림 5-5] 5세 자유선택활동계획 · 평가지

③ 대·소집단 활동 지도하기

집단 활동은 소집단 또는 대집단으로 나누어지며, 이야기 나누기, 동화, 동시, 동극, 음률, 신체활동, 게임, 요리, 미술 등 교사가 활동을 계획하여 지도한다. 집단 활동 시에는 교육 과정의 주제와 유아의 연령과 흥미, 활동의 특성, 집중정도, 시기 등에 따라 집단의 크기, 활동 시간의 길이 및 횟수 등을 결정하여 진행한다. 대·소집단 활동 시 고려해야 할 중요한 요인 중 하나는 장소와 대형의 적절성이다.

- 장소는 유아들이 편안히 앉을 수 있어야 하며, 게임 등 움직임이 큰 활동의 경우에는 충분한 공간이 마련되어야 한다. 또한, 교사가 모든 유아와 눈을 마주칠 수 있으며, 교사가 제시하는 교구나 교재를 잘 볼 수 있는 여건이 조성된 공간이어야 한다.
- 집단의 대형은 유아의 수, 활동의 내용 및 방법에 따라 달라져야 하나 반원형, 원형, 두 줄 반원형으로 앉는 것이 주의집중이나 유아 간의 상호작용을 위해 적절하다. 카페트를 중심으로 모여 앉는 경우가 일반적이나 사각 카페트 안에 모두 앉히기 위해 일렬로 앉히는 것은 부적절하다.

④ 바깥놀이 활동 지도하기

바깥놀이 활동은 유아가 실외 공간에서 다양한 놀이기구를 이용하여 대근육 활동을 중심으로 자유롭게 놀이하는 시간이며 실외 자유선택활동이라고 하기도 한다. 그네, 미끄럼틀, 복합놀이기구 등 고정놀이시설과 자전거, 자동차 등 탈 것을 타는 대근육 활동 영역과 동식물 관찰하기 및 책을 읽거나 조용히 쉴 수 있는 휴식 공간 등 정적 영역으로 구성한다.

개방된 공간에서 마음껏 뛰어놀 수 있다는 점에서. 유아의 선호도가 높으나, 활동성이 큰 만큼 안전사고의 발생 가능성이 높기 때문에 교사의 각별한 주의가 요구된다. 바깥놀이는 운동놀이기구를 이용하는 놀이와 사방치기, 줄넘기

등 작은 도구를 사용하여 노는 놀이, 주제와 관련된 놀이 등을 준비하여 놀이할 수 있도록 하는 것이 좋다. 예를 들어 생활주제가 '우리나라'인 경우 비석치기, 사방치기, 술래잡기, 모래놀이터에서 떡 만들기 등을 준비하여 놀이할 수 있도록 지도한다. 그 밖에 바깥놀이터에서도 이야기 나누기, 동화듣기, 조형 활동, 과학 활동 등 실내 자유선택활동이나 대·소집단 활동에서 하는 활동 등을 할 수 있다.

⑤ 간식 및 점심 지도하기

간식 및 점심시간은 영양 섭취를 위한 기본 일과일 뿐 아니라 유아가 편안한 분위기에서 다양한 음식의 맛을 경험하고 탐색해 보며 교사나 다른 유아와의 상호작용을 통해 사회·정서적 발달을 도울 수 있는 교육적 가치를 갖도록 운영해야 한다. 즉, 즐거운 분위기 속에서 유아가 필요한 영양소를 섭취하고 바른 식습관 형성과 음식에 대한 긍정적인 태도, 올바른 식사예절을 배울 수 있도록 지도하여야 한다. 편식 지도를 위해 강압적이거나 경쟁적인 분위기가 되지 않도록 하며 유아의 개별적 성향을 고려하여 즐거운 분위기 속에서 칭찬과 격려의 방법으로 서서히 지도하는 것이 적절하다.

⑥ 전이 시간 지도하기

하루 일과가 원활하게 운영되기 위해서는 활동과 활동이 연결되는 전이 시간의 운영이 효율적으로 이루어지는 것이 중요하다. 전이 시간은 다음활동 안내하기와 준비하기, 이동하기, 모이기 등이며 다음 활동으로의 원활한 연결과 활동 간의 연계를 위한 세심한 지도가 요구된다. 전이 시간은 최소화하는 것이 바람직하며 아무것도 하지 않으면서 오랜 시간 기다리지 않도록 해야 한다. 전이 시간의 운영에 대해서는 배울 기회가 적다고 할 수 있는데, 전이 시간이 무계획하게 이루어지는 경우 또래 간 갈등이 초래되거나 유아가 오래 기다려야 되는 부적절한 상황이 일어날 가능성이 크다. 이에 전이 시간의 효율적 운영을 위한 유형별 지도 내용 및 방법을 정리해 보면 다음과 같다.

〈표 5-4〉 **전이 활동의 유형별 지도 내용 및 방법**

전이 활동의 유형	지도 내용 및 방법
다음 활동 안내하기	집단 활동에서 개별 활동으로 전이할 때 또는 개별 활동에서 집단 활동으로 전이할 때 다음 활동의 유형과 장소 등을 안내한다. 예 다음은 2층 유희실에서 신체표현 활동을 할 거예요.
다음 활동 준비하기	바깥놀이 전·후에 옷 입고 벗기, 신발 신고 벗기, 자유선택놀이 후와 집단 활동 후에 정리하기, 화장실 다녀오기, 바깥놀이 후, 중·간식 후 손 씻기 등 필요한 준비하기 예 바깥놀이를 나갈 거예요. 옷장에 가서 겉옷을 입고 복도에 줄을 서자.
장소 이동 준비하기	장소 이동을 위해 모이는 경우, 서로 앞에 서려고 서두르면서 유아간 충돌이 발생할 수 있으므로 순차적으로 줄을 서도록 지도한다. 예 '빨간 옷 입은 친구부터 복도에 줄을 서자.' 또는 '의자에 앉은 친구 중에 ○○○부터 줄을 서자.'
이동하기	이동 시 안전에 유의하며, 이동 전이나 이동 중에 규칙을 확인하여 따르도록 한다. 예 '복도를 갈 땐 어떤 규칙을 지켜야 하지?' 또는 '차례를 지켜서 천천히 가자.'
모이기	먼저 모인 유아와 간단한 손유희, 퀴즈 맞추기, 노래 부르기 등을 하면서 기다리는 시간이 의미가 있도록 지도한다. 예 친구들이 모일 때까지 노래를 불러보자.
개별 활동하며 기다리기	집단 활동에서 집단 활동으로 이어질 때 활동을 먼저 마친 유아들이 다른 유아들이 준비되기 전까지 기다리면서 할 수 있는 간단한 개별 활동을 제공한다. 예 '간식을 먹은 친구는 책을 읽으면서 기다려 주자.', '친구들이 간식을 다 먹을 때까지 책을 보자.'

⑦ 평가 및 귀가 지도하기

평가 및 귀가 지도는 유아가 하루일과를 마치고 집에 돌아가기 전에 일과를 회상하며 평가해 보는 시간이다. 하루를 보내면서 제일 재미있고 기억나는 일을 중심으로 이야기를 나누고 안정된 마음으로 즐겁게 귀가할 수 있도록 운영해야 한다. 평가 및 귀가 지도는 일반적으로 집단 활동으로 이루어지며, 주요활동은 다음과 같다.

- 그날의 활동과 하루를 지낸 느낌에 대해 이야기 나눈다.
- 내일의 주요 활동에 대해 안내하고 견학 등 행사가 있는 경우 특히 준비사항에 대해 이야기 나눈다.
- 헤어지는 인사 노래를 부르고 교사와 유아 간에 인사를 나눈 후 해당하는 스쿨버스 노선 등 여건에 따라 그룹별로 각자 옷, 가방 등의 소지품을 챙기도록 돕는다. 한 학급의 유아가 동시에 귀가하지 않고 코스별로 귀가하는 것이 일반적이므로 그룹별로 시간차를 두어 지도한다.
- 보조 교사가 없는 경우가 대부분이고 교사 없이 유아들만 둘 수 없으므로, 학급별이 아니라 버스 노선에 따라 그룹별로 담당교사가 버스로 인솔하며, 다른 교사가 남은 유아들을 통합 지도하는 것이 일반적이다.

(3) 유아 귀가 후 업무

① 교실정리 및 안전점검 하기

교사는 유아가 귀가한 후 교실을 정리해야 한다. 별도로 청소를 돕는 인력이 없는 경우 청소를 기본으로 하며 그날 대·소집단 활동 시 사용했던 수업자료, 흥미영역의 교재 및 교구를 정리한다. 또한, 정리의 과정에서 안전을 점검하며, 정규적인 안전점검 일정에 맞추어 일주일에 한 번 정도 체크리스트를 사용해 학급의 안전점검을 실시하고 그 결과를 기록한다.

② 일과 평가하기

교실 정리 후에는 그날의 일과에 대해 평가하는 시간을 갖는다. 계획했던 활동을 목표에 맞게 잘 수행했는지, 잘된 점과 잘못된 점, 개선방법을 중심으로 평가하고 문서(예 일일교육계획안 총평쓰기 등)에 기록한다. 이는 다음 날 수업 준비나 계획을 보다 효율적으로 계획하는 기초자료가 된다.

③ 일일교육계획안 작성 및 수업 준비하기

주간교육계획안과 하루일과에 대한 평가를 토대로 다음 날의 일일교육계획안을 작성한다. 다음 일일교육계획안의 활동 내용에 따라 필요한 자료의 비치 등 수업을 준비한다.

④ 유아관찰 결과 기록과 학부모 상담 및 기록하기

하루 동안 유아를 관찰한 결과를 기록(예 일화기록, 사진촬영)하고, 유아별 포트폴리오 작성 시에는 파일에 정리한다. 또한, 결석한 유아나 상담이 필요한 유아를 파악하여 학부모와 상담을 실시한다.

학기 초 학부모와의 상담은 기관과 교사에 대한 신뢰감을 심어 줄 수도 있고 불신감을 심어 줄 수도 있으므로 철저한 준비와 세심한 접근이 필요하다. 상담은 전화상담이나 개별면담, 메모 등의 방법으로 진행할 수 있다. 초임 교사의 경우 학부모와의 상담 시에는 유아의 적응과 관련된 구체적 사실, 놀이성향, 교우관계, 음식을 먹는 태도 등에 대한 관찰 결과를 바탕으로 구체적인 상담을 진행하여야 실수를 예방할 수 있다.

부모와의 상담 내용은 반드시 기록해 두어야 한다(상담일지 활용). 상담 시 부모의 요구사항은 가능한 한 수용하되, 담임교사의 재량에 벗어나는 사항에 대해서는 원장에게 보고하고 교사회의 등을 통해 결정되는 사항을 부모에게 전하도록 한다.

⑤ 행사 준비 및 기타 사무 관리하기

유치원의 행사에 대한 준비가 필요하다. 초임 교사의 경우, 학급 담임으로서의 개별적인 업무와 전체 유치원의 공동 업무 수행을 갈등 없이 원활하게 병행하기 위해서는 전체 행사를 미리 염두에 두고 시간계획을 체계적으로 세워 실천해야 한다. 또한, 필요시 현장학습 동의서 등을 준비하거나 회수된 동의서를 정리하는 작업도 요구되며, 교사의 출근부와 유아의 생활기록부 정리 등의 사무 관리도 요구된다. 수업진행과 평가, 행사과정에서 사진을 촬영한 후 항목별로 분류·정리하여 학기말에 평가 자료로 활용하거나 가정에 배부·보관한다.

그밖에 해당되는 경우 투약일지나 사고 보고서 등 서류를 작성한다.

⑥ 유치원 점검 및 퇴근하기

퇴근 전에는 다음날의 준비를 중심으로 최종적으로 점검한 후에 퇴근하며, 특히 화재예방을 위해서 각 교실의 컴퓨터, 냉난방장치 등의 전자제품의 전원장치 차단과 수돗물 잠금 상태 및 가스 안전 밸브 장금 상태를 확인하도록 한다. 또한, 교실 및 활동실 창문의 잠금 상태까지 확인하고 방범 안정장치까지 점검하여야 한다.

4) 기타 학급운영 관련 직무

학급운영의 중심인 유아를 위한 교육활동 수행에 연관된 직무인 평가, 학부모 관리, 문서 관리 등에 대해서는 별도의 장으로 다루었으므로, 그 외에 학급운영에 관련 기타의 직무를 정리해 보면 다음과 같다.

(1) 교사 간 협의

학급운영에 있어 교육활동의 질을 높이기 위해 교사가 수행해야 할 직무 중 하나는 다른 교사와의 협의로, 특히 수업의 효율성을 높이기 위해 동료 교사와 수업에 관해 협의하기, 공동시설(유희실 등) 사용 협의하기, 학급 내 교사 간 역할 분담하기 등의 업무 수행이 필요하다.

(2) 물품 구입

신입 교사라 하더라도 필요한 물품의 구입 직무를 수행해야 할 필요성이 있으므로, 물품의 구입절차와 구입요령을 알아보면 〈표 5-5〉와 같다.

〈표 5-5〉 **물품 구입의 절차 및 요령**

구입절차	구입요령
1. 유치원의 기존 자료 점검	· 소모품 보관 장소에서 부족한 자료와 물품 점검하기
2. 구입해야 할 교재·교구 및 비품 목록 작성	· 구매목록 작성하여 업무 담당교사에게 전달하기 · 구매목록 작성 시 - 물품 종류별로 구분(예 문구류, 완구류)하여 기록 - 구매 수량을 기록하기 - 예상 가격을 기록하기 - 사용처 기록하기(공동으로 사용할 것인지, 어떤 학급에서 사용하는지)
3. 물품 구입처별로 목록 분류하기	· 물품 구매 담당교사는 원감, 원장의 사인 받기 · 물품 구입처 및 구입경로 정하기(예 온라인주문, 전화주문, 대형마트 등
4. 물품구입	· 물품 구매 담당자는 구입처별로 가격을 비교하여 물품 구입하기
5. 영수증 정리 및 구매물품 확인	· 구매 영수증과 물품을 대조하며 확인하기 · 부족한 물품은 추가 구매하기
6. 물품분류 및 정리	· 구입한 물품은 소모품실에 분류하여 제자리에 보관하기 예 전체 공용물품, 각반 물품

출처: 박은혜 외(2016).

(3) 차량지도

스쿨버스 운영이 일반적인 유치원 상황에서는 버스노선 및 시간표 작성 및 차량지도하기가 교사의 중요 직무가 될 수 있다. 초임 교사의 경우 시간표 작성을 직접 담당하는 경우는 적지만 유아의 주소에 따라 지역별로 나누어 차량 운행 시간표를 작성해야 하며 차량별로 탑승하는 유아명단과 연락처를 제작하여 비치해 둔다.

차량에 탑승하여 유아를 지도하기 위해서는 사전에 버스를 시범 운행하여 승하차 장소를 확인하여야 하며 탑승 유아의 명단과 안전수칙(㉠ 보호자가 나오지 않는 경우 유치원에 다시 데리고 오기)을 숙지하고 있어야 한다. 차량지도 시에는 무엇보다 안전사고에 주의하여야 하며 초임 교사의 경우 사전에 선배교사가 지도하는 방법을 보고 차량지도하는 방법, 유의점 등을 숙지하는 것이 좋다. 또한, 차량지도 후에는 안전일지를 작성해야 한다.

생각해 보세요

활동 1 **유치원 교사다운 외모와 옷차림을 생각해 보고 기록해 보세요.**

1) 머리: 긴머리는 단정하게 묶거나 핀으로 고정하여 얼굴을 가리지 않도록 하고 원색적인 염색은 하지 않는다.

2) 화장: ______________________________

3) 손톱: ______________________________

4) 옷차림: ______________________________

5) 장신구: ______________________________

활동 2 **자유선택활동때 교사가 해야 하는 활동과 해서는 안 되는 활동을 기록해 보세요.**

1) 해야 하는 활동

____

2) 해서는 안 되는 활동

____

참고문헌

김진한(2009). 교직실무. 서울: 학지사.

류윤석(2016). 유치원 현장이해를 위한 교직실무. 경기: 공동체.

박은혜, 곽아정, 김난실, 김현주, 김희진, 유청옥, 이혜경(2016). 유치원 교사를 위한 교직실무. 서울: 창지사.

서울특별시교육청(2007). 유치원 교직실무 편람.

이경화, 김연진, 배지현(2015). 유아교직실무. 경기: 공동체.

고정욱, 김은영(2009). 마법사 유치원 선생님. 여름숲.

고정욱, 성은(2008). 마법의 유치원 버스. 여름숲.

6장 유아생활 지도

새 학기가 시작되고 유아들을 지도하면서 있었던 일이다. 자신이 가지고 놀던 장난감을 옆에 있는 다른 친구가 만졌다는 이유로 꼬집는 아이가 있었다. "○○아, 장난감은 같이 가지고 노는 거야. 친구를 꼬집으면 안 돼."라고 말하자 그 아이는 큰 소리로 울면서 "아니야!!!"라고 반복해서 말했다. 몸을 마구 움직이면서 소리 지르며 울던 아이를 달래보려 했지만 장난감을 바닥에 던지며 계속 소리만 지를 뿐 울음을 멈추지 않아서 크게 당황했다. 이러지도 저러지도 못하는 나를 다른 선생님께서 도와주셔서 상황이 종료되었지만 나는 약간의 충격에서 헤어 나오지 못했다. 그 아이는 이 사건 이후에도 정리하라고 하거나, 다른 친구가 장난감을 만지거나, 자신이 제일 먼저 무엇을 하지 못했을 때 큰 소리로 고함을 지르며 울고, 몸을 마구 움직였다. 아이와의 갈등 상황에서 그때마다 선생님이 고집을 꺾지 못하고 그 아이의 뜻을 다 받아주면 힘들거라고 말해 주신 다른 선생님의 조언을 듣고, 갈등상황이 있을 때 직접 그 아이와 눈을 맞추고 이야기 하면서 상황을 해결하려고 노력하였다. 처음에는 자신이 하고 싶은 대로 마구 울고, 떼쓰고 소리 지르고, 장난감을 던지던 아이가 조금씩 이야기를 듣기 시작하였다. 허용되지 않는 행동은 왜 그런지에 대해 이야기해 주고, 그럴 때에는 선생님께 도와달라고 도움을 청해야 한다고 말해 주자 그 아이도 조금씩 노력하고 있는 것이 보였다. 아이가 노력하고 있는 부분에 대해서는 크게 칭찬해 주고, 그래도 무의식적으로 나오는 공격적인 행동을 할 때에는 단호하게 이야기하였다. 지금도 이 아이와 매일 매일 전쟁을 치르고 있지만 그래도 학기 초에 비해 확연히 좋아진 모습을 볼 때마다 뿌듯하기도 하다.

신입교사 P의 저널

교육은 그 사회의 변화에 따른 다양한 시도를 하게 되고 유아교육도 사회적 변화를 위한 시도와 불가분의 관계를 가져왔다(Lazerson, 1972). 이는 인간의 삶이 사회적 분위기나 요구에 깊게 연관되며 교육의 주요 역할이 사회가 필요로 하는 이상적인 구성원을 양성하는 것이기 때문이며, 유아교육 역시 그러한 역할의 수행에 있어 핵심적 책임을 갖고 있기 때문이라 하겠다. 따라서 유치원 교사로서의 교직실무에 있어서도 당연히 이러한 사회적 변화가 직·간접적인 영향을 미침이 당연한 일일 것이다. 특히 유아의 생활 지도에 있어서는 사회적 변화에 따른 기대와 요구가 직접적으로 반영된다고 할 수 있으므로, 이 장에서는 유아교육에 영향을 주는 사회적 변화 요인들과 이에 따른 유아교사의 직무를 먼저 살펴보고 일반적인 유아생활 지도, 특별한 요구를 가진 유아, 유아건강 및 안전지도 등 유아의 생활 지도 방법에 대해 살펴보고자 한다.

1. 사회변화와 유아교육

유아교육에 영향을 미치는 사회변화 요인은 4차 산업혁명의 도래, 인재상의 변화, 저출산 현상, 지능에 대한 관점의 변화, 유아의 놀이시간 단축, 다문화가정의 증가, 새로운 유아교육정책의 대두 등을 들 수 있다.

1) 4차 산업혁명시대의 도래

2016년 다보스 포럼에서 클라우스 슈밥(Klaus Schwab) 회장이 사용하기 시작한 4차 산업혁명(The Fourth Industrial Revolution)이라는 용어는 우리사회에 강렬한 메시지를 던졌다. 4차 산업혁명이란 기계의 지능화를 통해 생산성이 고도로 향상되어 산업구조 근본이 변하는 것으로(미래창조과학부, 2016), 인공지능과 머신러닝, 빅데이터, 메카트로닉스, 가상현실 및 생명공학기술과 기타 분야들 간의 융·복합을 통한 기술 혁신과 생산성의 비약적 향상을 의미함과 동시에 이에 수반되는 경제·사회 구조의 대변혁과 이로 인한 일과 삶의 총체적 변화를 포괄하는 개념이다(김태성, 2017).

정부가 4차 산업혁명에 대응하기 위해 제시한 지능정보사회 중장기 종합대책 중 교육관련 과제는 '지능정보사회 미래교육 혁신'이다. 이는 교육이 지능정보사회에 요구되는 인력을 양성하기 위한 핵심축으로서 전반적인 교육체계의 개편이 요구됨을 시사하며(관계부처 합동, 2017), 구체적인 내용은 다음의 4가지이다.

1. 암기 주입식 교육이 아닌 문제해결 사고력 중심 교육실현
2. 지능정보기술을 활용한 맞춤형 교육 체제 전면화
3. 신 산업 발전을 이끌 지능정보 핵심인력 양성
4. 교원 양성 및 지능정보사회 교육인프라 구축

따라서 인공지능을 기반으로 발전되는 4차 산업혁명 시대의 교육은 주어진 단순 문제를 잘 해결하는 사람을 길러내는 것에서, 복잡다단한 문제를 해결하고 새로운 방향을 설정하는 '생각의 힘'을 갖춘 작은 리더들을 길러내는 것으로의 변화를 핵심으로 한다. 학교는 기초 자료를 모으고 합리적 추론의 과정을 거쳐 결론에 다다르는 훈련을 통해 '지식 전수기관'이 아니라 '학습능력 전수기관'이 되어야 하고(박형주, 2017), 학습자는 비판적 사고능력, 창의성, 의사소통 능력, 협업능력, 자기주도 학습능력 등의 역량을 길러야 한다. 유아기는 그 기초를 형성할 수 있는 교육단계이며, 유아기의 발달과 학습이 이후 발달에 장기적인 영향을 미친다는 점에서 이에 따른 교사교육 지원 방안의 모색이 함께 이루어질 필요가 있다(김진미, 2017).

4차 산업혁명은 로봇이나 인공지능을 통해 실재와 가상이 통합되어 사물을 자동적으로 제어할 수 있는 가상 물리 시스템의 구축을 가져올 것이며, 교육현장에서도 이를 활용한 교육방법, 학습환경과 교사의 역할, 그리고 교육 형태에도 많은 변화가 있으리라 예상된다(임승렬, 2016). 그러나 지능정보사회의 도래

에 따른 학교 교육의 변화와, 인공지능으로 대변되는 미래의 기술은 유아 교사의 직무 수행을 보조할 수 있을 뿐 그 역할을 대치할 수는 없을 것이다. 이는 유아의 발달 특성과 구체적 경험, 전인적 인격체로서의 만남을 통한 역동적 교육의 수행이라는 유아 교사의 직무 특성에 따른 것으로, 유아교육 기관의 교육 형태는 유지될 가능성이 높다. 그 이유를 구체적으로 정리해 보면 다음과 같다(김호, 2016).

유아교육기관의 교육 형태가 유지될 가능성이 높은 이유
1. 유아교육은 교사 대 유아 즉, 인간 대 인간의 상호작용을 근간으로 하므로. 2. 유아교육현장에서 발생할 수 있는 예측 불가한 교육문제에 민감하게 대응하고 해결할 수 있는 교사의 능력이 필요하므로. 3. 개인차가 크게 나타나는 유아의 특성을 고려하고 다른 영역과의 균형을 이루는 통합적 교육과정 운영은 교사의 창의적 역량이 요구되므로. 4. 교과서가 없어 교육의 내용, 학습의 범위, 교수학습 방법, 교재·교구의 선정 등 모든 교육활동이 교사의 역량에 의해 운영되므로.

4차 산업혁명 기반 유아교육 또한 미래사회에 필요한 역량을 갖추기 위한 교육이므로, 유아교육 현장에서도 지능형 로봇이나 유비쿼터스 기술[1]을 접목하여 교사를 돕는 보조 역할을 위해 적극 활용할 필요가 있다. 한편 전 세계적으로 저학년에서 대학교육에 이르기까지 코딩교육을 포함한 소프트웨어 교육을 통해 전문 인재를 양성하고자 다양한 정책이 이루어지고 있다. 코딩교육의 목표는 학생이 모두 프로그래머 소양을 갖는 것이 아니라 코딩을 통해 사고력을 키우고 다양한 문제 상황을 극복할 수 있는 자기주도력을 학습시키기 위한 것이다. 우리나라도 2018년부터 단계적으로 초등학교에서부터 대학교까지 소프트웨어 교육을 강화하게 되었다(안인희, 2016). 이에 유아에게까지 코딩교육을 시키려는 사교육이 시도되고 있으나 유치원시기부터의 조기 코딩교육에 대해서는

1) '언제 어디서나 존재한다'는 뜻의 라틴어로, 사용자가 시간과 장소에 상관없이 자유롭게 네트워크에 접속할 수 있고 모든 사물을 네트워크로 연결하여 시간과 장소에 관계없이 다양하게 이용할 수 있게 하는 기술을 말한다.

발달적 적절성에 기반한 신중한 논의가 이루어질 필요가 있다. 또한, 빅데이터 활용 절차는 수집, 저장, 처리, 분석, 시사점 도출의 과정을 통해 교사의 행정업무나 교수방법, 상호작용 패턴 등의 교육현상 분석을 위한 방법으로 활용될 수 있을 것이다(유구종, 2016). 김은영(2016)에 의하면 미래의 유아교사에게는 이러한 편리한 도구들을 교육에 효율적으로 활용할 수 있는 능력을 갖추는 것이 필요하다. 즉, 유아교사 자신이 지능정보 처리 능력을 갖추고 이를 유아를 위한 효과적인 교수-학습 전략으로 적용할 수 있는 능력을 습득, 개발해 가는 작업 역시 유아 교사의 중요한 직무가 되어야 할 것이다.

4차 산업혁명을 이끌 지능정보사회의 주역을 양성하기 위해 유아교육에 있어서도 그와 관련된 역량 개발을 위한 방향 모색이 요구된다. 즉, 고도의 정보통신기술에 의해 생성·수집·축적된 데이터와 인공지능의 결합에 의한 지능정보기술 함양을 위한 교육이 필요한 상황에서 미래 사회의 주역으로서, 유아의 지능정보 처리 능력의 함양을 돕는 노력이 요구된다.

그러나 발달 특성상 구체적으로 조작하는 경험이 필요한 유아에게 스마트폰과 태블릿 PC 등이 미칠 수 있는 신체적, 정신적 유해성에 대한 논의는 계속되어야 하며, 이러한 측면에서 생활 곳곳에 첨단기기가 들어와 있기 때문에 애착과 신뢰, 사회성, 인성을 제대로 형성하도록 교육하여 기계들과 구분되는 사람다운 사람으로 만드는 노력이 더 중요해진다(김은영, 2016)고 할 수 있으며 이에 사회·정서적 발달을 지원할 교사의 직무가 더 강조될 필요가 있다.

2) 인재상의 변화: 융합형 인재에 대한 요구

지능정보사회의 도래는 사회 전반에 많은 변화를 수반하며, 그에 따라 교육을 통해 기대하는 인재상 역시 변화되고 있다. 즉, 정보통신 기술의 급속한 발전과 다양한 분야의 지식 기술이 융합되면서 나타나는 사회변화의 물결에 능동적으로 적응하고, 이를 주도할 역량을 가진 융합형 인재를 키우는 일은 우리교육이 당면한 핵심 과제이자, 주요한 국가적 의제이다(박균열, 2017).

과거 제조업 중심 시대에는 시키는 일만 잘 해내는 사람이면 충분했으나 이제는 전공 분야뿐만 아니라 다른 분야까지 통합적으로 이해하여 능동적으로 일하는 인재, 즉 융합형 인재가 필요한 시대이다. 융합 능력은 복잡한 현대 사회의 문제를 해결하는 데 있어 다양한 지식을 통합적으로 활용하는 데에 필수적이기 때문이다.

우리나라에서는 국가적 차원에서 2013년부터 초·중등교육 중심의 융합인재교육(STEAM)을 시행하고 있다. 21세기에 들어 거의 모든 학문분야에서 융합에 대한 논의가 활성화되고 있으며 이미 누리과정에서도 융합인재교육(STEAM)이 논의 되면서 통합교육을 통한 능력함양을 시도하고 있다. 이연승(2014)은 창의적 융합인재를 길러내기 위해서는 각 교과의 중요한 핵심지식, 기능, 태도의 깊이 있는 학습이 이루어져야 할 뿐 아니라 교과 내 교과 간 연결을 통해 관련 핵심 지식, 기능, 태도를 통합하여 문제를 해결하는 융합능력을 길러야 한다고 보고 있다.

유아교육의 경우, 전인적 발달을 위한 통합교육이란 본질적 성격에 의할 때 융합형 인재의 양성이란 시대적 요구에 따른 노력의 차원에서도 발달적 특성에 따른, 기본에 충실한 유아중심 교육을 실천하는 교사 본연의 직무 수행이 중요할 것이다.

3) 저출산

현재 우리 사회에 가장 중요한 영향을 미치는 변화는 저출산과 그에 따른 노령화 현상이다. 행정안전부 주민등록 기준에 의한 출생아 수 현황에 따르면 2017년 출생아는 36만 명 선으로 집계됐다(국민일보, 2018. 1. 16.). 2017년 12월 27일 열린 제1회 국가교육회의(의장 신인령)에서도 저출산·고령화와 4차 산업혁명의 변화에 대응하는 새 비전과 미래 교육정책 방향 제시에 대해 논의한 바, 저출산과 노령화는 교육에 영향을 미치는 주요한 사회적 변화 요인 중 하나이다.

저출산은 자녀와 결혼에 대한 가치관의 변화, 여성의 사회참여와 개인주의적 사고의 확산, 자녀양육의 경제적 부담 등을 원인으로 들 수 있으며, 출산율의 감소에 따라 인구노령화와 노인부양 비용부담의 증가가 가속화되고 있다. 정부는 2006년부터 저출산 고령화 문제 해결을 위해 150조 원가량의 예산을 사용하였고 이 중 약 83조 원이 보육 관련 정책에 소요되었으나 그 효과는 미흡하다. 이러한 결과는 맞벌이 부부를 위한 육아지원 서비스 기관의 접근성과 효용성이 낮았다는 점과 육아휴직 등 가정 친화적 정책 등의 부족이 한 원인이 될 수 있다. 또한, 저출산으로 인해 유아 수가 감소되고 있으나 유아 수 감소가 교원수급 조정 정책으로 연결되는 것은 미봉책이라 할 수 있다. 실제로 OECD국가들은 학생 수 감소에도 불구하고 교원 수는 증가하고 있다(임승렬, 2016). 이는 한 자녀가 일반화되면서 자녀에 대한 기대와 투자비용이 높아져 질 높은 유아교육에 대한 요구가 증대되기 때문이라고 할 수 있다. 이에 임승렬(2016)은 3~5세 유아를 위한 질 높은 교육을 위해 교사 대 유아의 비율을 낮추고 보조교사 등 인력을 지원함으로써 교육의 질을 높이는 시도가 이루어져야 할 것이다.

저출산 현상은 핵가족화뿐 아니라 가족의 기능 약화와 가족관계의 변화 등을 초래함으로써 유치원에서도 종일제가 일반화되고 가정이 담당했던 돌봄과 양육의 역할이 유아교사에게 요구되는 주요 직무가 되고 있으며, 특히 기본생활습관의 형성을 돕는 교육적 접근이 중시되고 있다.

4) 지능에 대한 새로운 관점의 대두: 다중지능이론

가드너(Gardner, 1993)의 '다중지능이론'에 의한 지능에 대한 새로운 관점의 대두는 언어나 수리적 능력으로 대변되는 인지능력만을 중심으로 인간의 지능을 측정하여 교육 과정에 적용하는 기존의 움직임에서 탈피를 제안하였다. 가드너는 인간의 지능이 여러 가지 요인으로 구성되며 각 지능 요인들의 결합 형태에 다라 개인의 독특성이 결정된다고 본다. 다중지능은 언어지능, 논리·수학적 지능, 신체·운동지능, 공간지능, 음악지능, 대인관계지능, 개인이해지능, 자연탐구지능 등으로 구성되며, 각 지능은 비교적 독립적이어서 한 영역의 지능이 높다고 해서 다른 영역의 지능도 높다고 해석하지 않는다. 지능에 대한 이런 새로운 관점은 개인이 지닌 다양성을 수용하고 각자의 지적 가능성을 극대화할 수 있어야 한다는 점에서 시사하는 바가 크며(이기숙, 2013), 인지적 학습에만 치중해 온 종래의 교육적 접근에 대한 반성을 가져왔다고 할 수 있다.

다중지능이론의 교육적 시사는 전인적 발달을 위한 통합적 교육, 개인차를 고려한 교육이란 유아교육의 특성에 부합하는 것으로, 기본에 충실한 유아교육의 수행자로서 교사의 직무 수행을 지지한다고 할 수 있다. 덧붙여, 특정 영역의 능력으로 유아의 능력을 쉽게 판단해서는 안 되며 유아를 위한 교육 과정에서 다양한 영역의 다양한 형태의 학습기회를 제공하는 노력이 더욱 요구됨을 시사한다. 따라서 유아기에 특정영역의 우수성이 쉽게 드러난다고 볼 수 없으며, 다양한 경험을 통해 각 유아가 적절한 학습방법을 찾고, 이러한 방식을 극대화하여 유아가 선호하는 학습방법에 맞춰 개별화된 학습기회를 제공받을 수 있도록 하는 교사의 역할이 중시되어야 한다.

5) 유아의 놀이시간 단축

이미 1980년대 이후 대두된 천재아 선호증상(super baby syndrome)과 일찍부터 유아에게 형식적 교육을 시키자는 온실(hothousing)이론의 문제는 지속적으로 유아교육에 영향을 미치는 요인으로 작용하고 있다. 온실이론의 문제란 조기성취에 대한 부모의 기대가 높아져 유아의 놀이시간이 단축되고 어린 연령에서부터 발달에 부적절한 학업 성취를 강요받는 현상이라고 볼 수 있다. 놀이의 중요성은 이미 유아교육에서 보편적 가치이고 북유럽 국가들은 놀이중심의 교육을 시행하고 있으나 미국은 놀이시간을 줄이고 읽고 쓰는 능력과 계산력을 가르치는 데 시간을 더 많이 투자하는 경향을 보이고 있다(Miller & Almon, 2009). 특히 우리나라의 경우도 부모들의 과도한 요구에 의해 영아기부터 다양한 사교육에 의해 유아의 놀이 시간이 단축되고 있으며, 정규 유아교육기관인 유치원에서조차 특별활동에 의한 교육 과정의 파행적 운영이 심각한 문제가 되고 있기도 하다. 국가수준의 유치원 교육 과정인 누리과정에서도 놀이 중심의 교육 과정 운영을 강조하고 지원하고 있는 바, 놀이의 교육적 가치를 실현하고 부모에게 인식시킬 수 있는 교사의 전문성이 더욱 요구된다고 하겠다. 놀이 시간의 단축으로 현대 유아들은 과거에 비해 생활 속에서 스트레스를 많이 받으며, 공격적이거나 위축된 특성을 갖는 유아의 수가 증가하고 있다. 또한, 친구와 사귀고 갈등을 조절하는 것에 어려움을 가지며 감정조절을 못하고 쉽게 화를 내는 등 정서적으로 불안정한 유아가 많아지면서 유아와의 정서적 교감과 지지, 치료자로서의 역할과 친사회적 행동과 태도의 습득을 돕는 일이 유치원 교사에게 점점 더 중요한 직무가 되고 있다.

6) 다문화가정의 증가

세계화 추세와 더불어 국제결혼이 지속적으로 증가하고 국내로 이주해 오는 외국인 노동자, 유학생 등이 점차 많아지고 있다(장보윤, 2009). 통계청(2017)에 따르면 2016년 7월 기준 국내 체류 외국인 수는 2,001,828명으로, 우리나라 전체 인구의 3.9%에 해당하는 수치이다.

이로 인해 우리사회에는 다문화 가족이 양적으로 증가하고 있으며, 인종적, 민족적, 문화적으로 다양한 배경을 가진 사람들 간의 평화적 공존이란 과제에 직면하고 있다. 그러나 단일민족 국가로서의 역사를 지닌 우리나라의 경우, 다문화에 친숙하지 않아 자신과 다른 배경의 이주민과 공동체적 삶을 영위하는데 혼란을 겪거나 어려움을 보이고 있으며, 이에 사회 구성원들이 다문화를 이해하고 수용하는 태도를 갖추고 그들과 함께 공존하며 살아갈 수 있기 위한 인식의 전환이 절실하다고 볼 수 있다.

유아교육 현장에서도 사회적 편견을 깨고 다른 문화를 가진 사람들과 소통하는 방법을 익혀 함께 공평하게 살아가는 것을 실천해야 하며 다양한 문화와 가치를 사회적으로 통합하는 방법을 교육적으로 모색할 필요가 있다(오성배, 2010). 특히 유아기에 습득한 편견이나 고정관념은 변화되기 어려우므로 보다 정확하고 다양한 정보와 지식제공이 중요하다(Derman-Sparks, & The A. B. C. Task Force, 1992). 즉, 유아기 때부터 체계적이고 적절한 교육을 통해 다문화를 생각하는 고정관념이나 선입견을 없애고 다문화에 대한 바람직한 경험을 갖게 하는 것이 필요하다(김한송, 오재연, 김경란, 2015). 따라서 각기 다른 인종과 성, 언어, 계층 등을 이해하고 존중하도록 유도하여 다양한 문화의 세계에서 공동의 목표를 지향하며 다른 문화를 가진 사람들끼리 소통할 수 있는 지식, 기술, 태도를 준비하는 다문화 교육(김영옥, 2007)의 실시 또한 유아교사의 중요한 직무라고 할 수 있다.

7) 유아교육정책의 강화

OECD 국가를 중심으로 유아교육에 대한 국가적 관심의 증대로 유아교육의 질적 발전을 위한 정책의 수립과 실행이 확대되고 있다. 우리나라의 국가 차원의 유아교육에 대한 정책적 노력을 살펴보면 다음과 같다.

(1) 누리과정의 제정

2012년 모든 5세 유아를 위한 보편적 교육 과정인 누리과정이 시행되었고 2013년 3~4세로 확대 실시되었다. 누리과정은 모든 3~5세 유아를 위해 일일 3~5시간에 해당하는 기본교육을 제공하는 국가수준 교육 과정이며 유아교육제도로 볼 수도 있다. 누리과정의 제정은 유치원과 어린이집으로 이원화된 상황에서 일원화를 위한 첫 걸음으로서 교육 과정의 통합을 의미하는 것으로, 이를 통해 우리나라의 모든 3~5세 유아들에 대해 동일한 교육 과정을 제공하게 되었다. 또한, 누리과정의 도입으로 취학전 교육의 질을 제고하여 생의 초기 발달적 평등을 보장할 수 있게 되었다(교육과학기술부, 보건복지부, 2012).

(2) 유아교육 5개년 계획 수립(2013~2017)

「유아교육법」이 개정(2012. 1. 26. 공포, 2012. 4. 27. 시행)되어 교육부장관이 매 5년마다 유아교육에 관한 중장기 정책 목표 및 방향을 설정하고, 중앙유아교육위원회의 심의를 거쳐 기본계획을 수립하도록 의무화하였다. 이에 교육과학기술부는 5개년 계획 수립을 위해 2012년 6월부터 2013년 1월까지 '유아교육 5개년 계획 수립 TF'를 구성·운영하는 한편, 관련 정책연구를 추진하여 유아교육발전 5개년 계획을 발표 추진하였다(교육부, 유아교육정책과, 2013). 유아교육발전 5개년 계획은 박근혜 정부의 국정과제인 '유아교육 국가 완전책임제 실현'을 위해 유치원 운영 효율화, 교육 과정과 방과 후 과정 내실화, 교원의 전문성과 자긍심 강화를 통해 양질의 서비스를 제공함으로써 학부모 부담을 경감하는 한편, 유아의 교육받을 기회를 확대하고자 하는 것을 주요 내용으로 하고 있다.

(3) 유아교육 혁신방안

교육부(2017. 12. 27.)가 출발선 단계부터 교육기회의 평등을 보장하기 위한 '유아교육 혁신방안'을 발표하였다. 모든 유아가 실질적으로 균등한 교육기회를 받을 수 있도록 하는 방안을 주요 내용으로, 유아가 중심이 되는 교육문화 조성을 위한 교육 패러다임 전환, 국공립 유치원 이용률 40% 확대 등 향후 5년 간 유아교육의 발전 방향을 제시한 것이다.

유아교육 혁신방안에서는 사회가 다양화·전문화되고 이해관계가 복잡화되는 등 변화하는 유아교육 환경에 따라 현장의 자율역량 활용, 사회 갈등관리 필요성의 증가를 적시하고 있다. 또한, 생애 출발점 단계에서의 교육격차 해소를 통한 사회 이동성 강화 등 유아교육에 대한 기대 및 요구가 증가하고 있으며 저소득, 다문화, 특수아동 등 다양한 요구와 특성을 가진 모든 아동의 교육과 성장의 권리를 보장하는 맞춤형 지원전략의 필요성을 밝히고 있다.

유아교육 혁신방안 비전·목표 및 추진과제

비전	유아교육에 대한 국가책임 강화와 교육문화 혁신	
목표	· 국가 책무성 강화를 통한 양질의 유아교육 및 실질적 교육기회 평등 보장 · 유치원, 교원, 학부모 등 교육공동체와 함께 유아발달 지원 · 교육현장과의 협력체계 구축을 통해 유아교육 공공성 확보	
추진과제	1 유아교육의 공공성 강화를 통한 교육의 희망사다리 복원	▪ 희망사다리 복원을 통한 실질적 교육기회 평등 실현 ▪ 국공립 유치원 확대를 통한 국가책임 강화 ▪ 건전한 사립유치원 육성·지원을 통한 공공성 강화
추진과제	2 교실혁명을 통한 유아 중심의 교육문화 조성	▪ 유아가 중심이 되는 교육패러다임 전환 ▪ 영유아 대상 과도한 사교육 문화 개선
추진과제	3 교육공동체와 함께 유아의 건강한 발달 지원	▪ 학부모가 안심할 수 있는 유아교육환경 조성 ▪ 학부모 참여 강화로 유아의 건강한 발달 지원 ▪ 교원의 업무부담 완화를 통한 유아와의 상호작용 강화
추진과제	4 유아교육 혁신을 위한 행정 시스템 구축	▪ 현장에 적합한 평가체계 마련 ▪ 사립유치원 행정지원 체계 개선
추진체계	교육부-교육청-현장(유치원, 교사, 학부모), 관계부처(기관) 간 종합적·체계적 지원체계 구축	

[그림 6-1] **유아교육 혁신방안**

이상과 같은 국가의 유아교육 정책 확대에 의할 때 질 높은 유아교사에 대한 요구는 더욱 확실하다고 할 수 있다. 이에 유치원 교사에게 있어 전문성을 높이는 노력이 필요함은 물론이고, 유아교육에 대한 국가의 정책적 노력에 대한 이해와 그 확대를 위한 노력 역시 유치원 교사로서의 직무에 포함되어야 할 것이다.

2. 유아생활 지도

유아생활 지도 내용으로 집단생활 지도 등의 일반적인 유아지도와 그 외 문제 행동을 보이는 등 특별한 요구를 가진 유아 지도, 건강 및 안전지도를 들 수 있다. 유아생활 지도의 세 영역을 중심으로 지도 방법을 살펴보면 다음과 같다.

1) 일반적인 유아생활 지도

대부분의 유아는 유치원에 입학 후 본격적으로 집단적 활동에 참여하게 되면서 친구를 사귀고 또래로부터 인정받는 경험을 하게 된다. 이러한 경험은 유치원 적응에 도움을 줄 뿐만 아니라 긍정적 자아개념 형성에도 도움을 준다. 또한, 규칙을 배워가고 갈등 상황에 직면하고 해결해 가는 등 유치원 생활 속에서 다양한 경험을 하게 된다. 이 때 교사는 유아가 자신에 대한 이해와 더불어 자신을 둘러 싼 다양한 세계를 살아가는 데 필요한 지식과 태도, 기술을 형성하도록 방향을 제시하거나 정보와 조력을 제공해야 한다(조운주, 최일선, 2013). 즉, 교육 과정의 주제에 따른 계획적 활동의 지도 외에 유아의 생활에 대한 전반적인 지도가 교사에게 기대되는 매우 중요한 직무이며, 이를 통해 유아가 유능한 사회구성원으로 성장하도록 도울 수 있어야 한다. 유아의 생활 지도에서 사용할 수 있는 일반적인 지도전략을 살펴보면 다음과 같다.

1. 모든 유아에게 똑같이 적용되는 기본적인 규칙을 제시하고 실행하기
2. 긍정적이고 격려하는 학급 분위기 만들기
3. 교사가 좋은 역할모델 되기
4. 사과하는 방법 가르치기
5. 나 전달법(I-Message)사용하기

(1) 평화로운 방법으로 갈등상황 해결하기

교사는 유아들 사이에서 일어나는 갈등상황에 대해 적절한 수준의 중재와 도움을 제공해야 한다. 갈등이 일어났을 때 교사가 처음부터 이를 차단하기보다는 유아들이 문제를 해결해 가는 과정을 주의 깊게 지켜봐야 한다. 또래와의 갈등을 경험함으로써 유아는 다른 사람이 나와 다른 의견을 가질 수 있으며, 함께 협력하면 서로 만족할 만한 대안을 찾을 수도 있다는 것을 배우기 때문이다.

그러나 유아들 스스로 중재가 안 되거나 신체적인 갈등으로 진행될 때는 교사가 중재를 통해 직접적으로 지도하여야 한다. 갈등을 중재할 때에는 갈등에 관련된 유아 모두의 이야기를 충분히 듣는 것으로부터 시작한다. 공격한 유아의 이야기는 무시한 채, 신체적 공격을 당한 유아 또는 울면서 말하는 유아의 이야기를 우선하여 듣거나 한쪽의 이야기만 듣고 중재를 시작하지 않도록 주의하여야 한다.

1. 유아들이 스스로 문제를 해결해 나갈 수 있도록 주의 깊게 지켜본다.
2. 유아들 스스로 중재가 안 되거나 신체적인 갈등으로 진행될 때는 일단 유아를 진정시키고 교사가 중재를 도와줘야 한다.
   - 속상했구나. 울음을 그쳐 보자.
3. 갈등을 중재할 때에는 갈등에 관련된 유아 모두의 이야기를 충분히 듣는 것으로부터 시작하고 문제가 무엇인지 이야기 나눈다.
   - 무엇이 문제인지 이야기해 보자.
   - 왜 ㅇㅇ이가 울고 있니? 넘어졌니?
4. 서로 입장을 바꾸어 생각해 보도록 하고 느낌이 어떤지 이야기 나눈다.
   - 네가 ㅇㅇ이었다면 어떤 기분이 들 것 같니?
5. 갈등하는 친구와 화해할 수 있는 방법을 모색하고 실행하도록 지도한다.
   - 너희들은 지금 어떻게 하면 좋겠니?
   - 너희들 생각대로 친구에게 이야기해 보자.
   - ㅇㅇ이가 ㅁㅁ에게 괜찮은지 물어봐 줄까?

(2) 적절한 수준으로 자신의 요구 표현하기

공격적인 방법이나 울음, 칭얼거림으로 요구를 표현하는 유아에게 명확하고 우호적인 말로 자신의 요구를 표현하는 법을 가르치는 것은 생활 지도의 기본이다. 일상생활 속에서 지속적으로 지도하는 것은 물론이고, 가상의 갈등상황이 포함된 동화를 들려주고 다양한 문제 해결 방안을 생각해 본 후에 선택한 결과에 대해 평가해 보는 활동 등 계획적인 활동의 제공을 통한 지도도 필요하다. 다음은 자신의 요구를 표현해 보도록 돕는 상호작용의 예이다.

1. '나도 그거 필요해'라고 말해 보자.
2. '이 장난감은 내가 먼저 사용하고 있었어. 내가 먼저 논 다음에 줄게. 기다려 줘.'라고 말해 보자.
3. '그렇게 말하면 기분이 나빠! 하지 마.'라고 말해 보자.

(3) 친구와 긍정적인 방법으로 상호작용하기

또래들과의 놀이에 끼어들지 못하거나 고립된 유아가 있을 때는 고립되는 유아, 고립시키는 유아 모두에 대한 지도가 병행되어야 한다. 유아의 또래 간 상호작용은 이후의 사회성 발달과 대인관계에 영향을 미칠 수 있으므로 고립되는 유아에 대한 지속적 관찰과 지도가 요구된다. 교사의 개입에 의한 일회성의 지도보다는 유아 스스로 친구들과 긍정적인 방법으로 상호작용할 기회를 제공해 줌으로써 필요한 태도와 행동을 기르도록 지도하여야 한다.

1. 고립되는 유아와 고립시키는 유아가 같이 할 수 있는 재미있는 활동을 제공한다.
2. 친구들과 놀 때 필요한 양보나 협동 등의 친사회적 행동기술을 알려 준다.
3. 고립되는 유아가 자신감을 가질 수 있도록 도와주고 그 유아의 장점을 다른 친구들에게 알려 준다.
4. 동화, 게임 등을 통해 친구를 고립시키는 행동의 문제점에 대해 자연스럽게 인식하도록 한다.

2) 특별한 요구를 가진 유아의 생활 지도

최근에는 일반 학급 내에도 특별한 요구를 지닌, 도움을 필요로 하는 유아가 적지 않다. 유치원 현장에서 쉽게 접할 수 있는 세 가지 문제를 중심으로 특별한 요구를 지닌 유아에 대한 생활 지도 방법을 살펴보면 다음과 같다.

(1) 미디어 중독

유아의 생활시간 조사 연구(도남희 외, 2013)에 의하면 95% 이상의 유아가 미디어 이용을 하고 있으며 사용시간도 1시간 반 정도로 나타났다. 또한, TV에 노출되는 연령이 점점 하향화되고 있으며 연령에 상관없이 한 시간 반 정도 시청하는 것으로 나타났다. 유아가 일상생활 속에서 접하게 되는 TV, 인터넷, 스마트폰 등의 미디어는 부모에게 잠깐의 휴식을 제공하는 디지털 보모가 되었고, 유아조차 스마트폰에 중독되는 현상을 가져왔다(박은혜 등, 2014)는 지적이 있다.

교사는 스마트미디어를 활용한 교육에 대한 높은 관심과 노력과 동시에 과도한 사용에 대한 중독을 우려해야 하고, 전자미디어의 부정적 영향, 바르게 사용하는 방법, 연령별 적정 이용 시간 등에 대한 정보를 가정에 제공하여 유아의 미디어 이용 시간을 조절하도록 도울 책임이 있다. 또한, 온라인 학습보다는 오감각을 활용한 체험 위주 학습, 놀이 중심 학습, 실생활 중심의 학습 등이 이루어지도록 유치원에서뿐 아니라 가정에서의 교육적 접근을 위해 노력해야 한다. 미디어에 중독된 경우, 주의집중에 어려움을 가지며 특히 또래 간의 의미 있는 언어적 상호작용에 어려움을 보이는 경우가 많으므로 혹시 미디어 중독에 의한 문제가 아닌지 세심한 관찰을 통해 속히 파악한 후 부모와의 협조를 통해 실질적으로 도움을 주어야 한다.

(2) 주의력 결핍 및 과잉행동 증상

유아들은 흔히 자신이 좋아하거나 흥미로운 일을 할 때는 집중을 잘 하지만 그렇지 않은 상황에서는 집중력이 떨어진다. 주의산만이나 과다한 행동들은 실제 유아의 개인적인 특성 때문인 경우가 많지만 일반적인 수준을 넘어서는 짧은 주의집중력, 공격적이고 잠시도 쉴 틈 없이 움직이는 끊임없는 행동을 보이는 증상은 주의력 결핍 및 과잉행동 장애(ADHD: Attention Deficit Hyperactivity Disorder)라고 한다. 교사들은 주의력 결핍 및 과잉행동 증상에 대한 실질적 이해가 부족하므로 특히 초임 교사의 경우에는 유아를 지속적이고 체계적으로 관찰하여 문제의 여부와 정도를 파악하여야 한다. 또한, 유아교사는 문제 행동 전문가가 아니므로 주의력 결핍 및 과잉행동으로 예상되는 유아는 전문가의 상담 및 진단이 이루어질 수 있도록 돕고, 필요시 전문적인 치료를 받을 수 있도록 도와야 한다. 주의력 결핍 및 과잉행동 장애의 원인은 아직 명확히 밝혀지지 않았으나 주로 신경적인 요인에 의한 것으로, 일상생활에 지장이 있고 다른 사람에게 방해가 될 정도의 증상을 보이면 전문적인 치료가 요구된다.

일반적으로 유아교사는 주의가 산만하고 과잉행동의 경향이 있는 유아를 위해 활동적이며 비구조적인 환경을 제공하고 소집단 활동을 할 수 있도록 배려해야 한다. 유아가 규칙적인 생활습관을 가질 수 있도록 가정과 연계하여 지도하고 부모에게도 일관성 있게 지도할 수 있도록 방법과 원리에 대해 알려 줄 수 있어야 한다. 관찰결과를 기초로 유아의 발달수준에 적절하고, 유아가 가장 좋아하는 활동과 놀이를 제공하여 집중시간을 늘려갈 수 있도록 지도하고 간결하고 명확하게 대화를 나누는 것이 기본적인 방법이다.

(3) 분리불안

새로운 환경에서의 생활이 시작되는 학기 초에는 분리불안을 경험하는 유아가 있을 수 있다. 특히 사전에 기관교육을 받은 경험이 없거나 영아기에 무리하게 기관에 적응시킨 경우 정도가 심할 수 있으나 적응기간이 지나면서 점차 사라지는 것이 일반적이다. 그러나 심한 수준의 분리불안을 지속적으로 나타내는 유아의 경우는 세심한 배려와 지도가 요구되며, 가능하다면 처음에는 양육자와 함께 유아가 일과에 참여할 수 있도록 하고 점차 분리시키는 것이 유아의 정서적 안정을 지원하는 등 효과적인 방법이 될 수 있다. 분리불안을 느끼는 유아를 지도하는 과정에서 교사가 고려해야 할 사항은 다음과 같다.

1. 학기 초 1~2주 정도의 점진적인 적응기간을 제공한다.
2. 교실과 주변 환경을 안정감 있게 조성해 준다.
3. 또래들과의 관계 형성을 돕는 놀이를 할 수 있도록 준비한다.
4. 불안한 마음을 인정해 준다(엄마가 빨리 못 오실까 봐 걱정되는구나).
5. 일상적이지 않은 일정은 가능한 자세히 예고해 준다(내일은 ㅇㅇ으로 견학을 갈 거야).
6. 유아가 좋아하고 잘하는 활동을 파악하여 참여와 성취를 격려, 칭찬한다.

3) 유아의 건강 및 안전지도

유아의 생활 지도에 있어 전제되어야 할 것은 건강과 안전에 대한 지도이다. 먼저, 건강지도에 있어 핵심은 일과 중에 수시로 청결 및 위생 상태를 살펴 지도하고 손 닦기와 양치질 등 청결한 위생습관을 지도하는 것이며, 유아의 건강 상태를 세심히 살펴 적절하게 지원해 주어야 하는 것이다. 또한, 실내·외 공간의 청결 및 안전 유지는 유아의 건강 및 안전지도에 있어 기본으로, 실내·외 공간을 쾌적하게 관리하고 실내·외 놀잇감을 안전하게 관리하며 안전시설 및 설비를 비상시 효율적으로 사용할 수 있어야 한다.

(1) 안전지도의 필요성 및 내용

유아는 자기 자신을 스스로 보호하는 능력이 부족하고 왕성한 호기심으로 인해 안전사고 발생 빈도가 높기 때문에 안전지도가 필수적이다. 과거에 비해 유아가 가정에서 보내는 시간이 짧아지고 유아교육기관에서 생활하는 시간이 길어짐에 따라, 안전에 대한 유아교사의 역할이 더욱 강조되고 있다. 유아교사는 안전사고의 예방을 위해 유아를 수시로 교육해야 하고 안전 점검을 실시하며 적절한 대처를 통해 사고 후 피해를 최소화해야 할 책임을 갖는다. 유치원 교사는 이러한 유아의 안전지도에 대한 책임과 역할을 정확히 인식하여 안전사고의 원인과 예방, 대처방안에 대한 실천적 지식을 갖추고 있어야 하며, 유치원 내의 정규 일과 속에서는 물론, 현장학습 등 유치원 밖의 활동 속에서도 안전한 행동을 위한 지식과 태도를 유아에게 습득시킬 수 있도록 노력하여야 한다.

안전에 대한 사회적 관심이 높아짐에 따라 안전한 사회문화 조성을 위한 방편으로, 교육부는 '교육분야 안전 종합 대책('14. 11.)'에 따른 후속조치로 학생의 발달단계를 고려한 체계적인 안전교육 7대 표준안을 마련하여 학교에 제공한 바 있다. 따라서 유치원 교사는 학교안전교육 실시 기준 등에 관한 고시(교육부 고시 제 2016-90호)에 근거 학교안전교육 7대 영역에 해당하는 안전교육 계획을 수립·시행해야 한다.

유치원 안전교육 시간(연간 51차시 이상 확보)
• 생활안전교육(연간 13차시 이상) • 교통안전교육(연간 10차시 이상) • 폭력예방 및 신변보호교육(연간 8차시 이상) • 약물 및 사이버 중독 교육(연간 10차시 이상) • 재난안전교육(연간 6차시 이상) • 직업안전교육(연간 2차시 이상) • 응급처치교육(연간 2차시 이상)

(2) 유아의 안전지도 방법

유아의 안전교육 시 일반적으로 사용할 수 있는 효율적인 방법은 첫째, 체계적인 안전교육계획을 세우고 정기적으로 실천하는 것이고 둘째, 시청각 자료뿐 아니라 모의상황을 만들어 체험을 통해 지도하는 것이다.

한편, 초임 교사의 경우 교사양성 과정에서 안전지도 중 차량지도에 대한 실습의 기회를 갖기 어려워 생소할 수도 있지만 사립유치원에서는 차량지도가 기본적인 업무가 될 수 있다. 차량지도 시에는 버스 탑승 전 후에 걸쳐 유아에 대한 지속적인 안전지도가 필요하며, 고려해야 할 점은 다음과 같다.

차량지도 시 고려점
1. 교사가 먼저 버스에서 내린 후 유아가 안전하게 승·하차하도록 한다. 2. 차량 안에서 유아가 안전벨트를 매도록 지도하고 어려워하는 경우는 도와준다. 3. 운행 중에는 차량 밖으로 손이나 얼굴을 내밀지 않도록 지도한다. 4. 등원 시 유아가 하차한 후 모든 유아가 하차했는지, 놓고 내린 물건은 없는지 차량 뒷좌석까지 확인한다. 5. 운행 시 차량 안에서 특별한 일(예 유아 간 갈등상황 등), 전달사항(예 투약 의뢰 등)이 있었다면 담임과 원장에게 보고한다. 6. 귀가 지도 시 유아의 보호자에게 안전하게 인계한다. 만약 연락 없이 늘 대기하던 장소에 보호자가 나오지 않거나 다른 사람이 나오면 확인 후 조치한다.

끝으로, 안전사고와 관련된 예방 및 대처 방법을 정리하면 다음과 같다.

예방 단계	• 사고에 대비해 비상연락망을 구축 (경찰서, 소방서 등 유관기관, 부모와의 비상연락망 확보) • 응급처치 동의서 작성 • 교육기관 자체의 안전점검 시행
발상 단계	• 응급처치 • 부모와 연락, 원하는 병원으로 이송 • 사고 보고서 기록(10장 문서 관리 270~271p 참고)
마무리 단계	• 상해보험에 따른 보상 처리 지원 • 안전공제회를 통한 보상 처리 지원

응급처치 동의서

반　이름:

1. 유치원 교육활동 중 응급사항 발생 시 연락 가능한 전화번호 순으로 작성 바랍니다.

순위	관계	성명	연락처
1			
2			
3			
4			

2. 사고 발생 시 본 유치원에서 선택한 의료기관을 이용하는 데 동의하십니까?
   ① 예(　　)　　　② 아니오(　　)
   ③ ② 아니오인 경우 원하는 의료기관명 기재(　　　　　　　　　　)

3. 응급처치 시 유아가 피해야 할 약이나 특이체질, 알레르기에 대한 사항
   ① 혈액형:
   ② 특이체질:
   ③ 피해야 할 약:
   ④ 알레르기:

우리 아이가 유치원 교육활동 시간에 응급사항 발생 시 신속한 응급처치를 위하여 위의 연락처로 연락하여 주시고, 만약 연락이 되지 않을 경우 응급처치하는 권한을 귀 기관에 위임함을 동의합니다.

20　　년　　월　　일

보호자　　　　　(인)

○○유치원장 귀하

(   )월 유치원 안전점검 체크리스트

결재	점검자	관리자

	점검사항	그렇다	아니다	비고
일반사항	안전 관리를 위한 명문화된 지침이 눈에 띄는 곳에 비치되어 있는가			
	파손된 용품은 없는가			
	계단과 통로에 불필요한 시설물이나 적치물이 없는가			
	바닥은 미끄럽지 않고 미끄럼 방지장치가 파손된 곳은 없는가			
	계단에 부착된 게시물은 잘 고정되어 있는가			
	안전장치(안전덮개, 모서리보호대, 손끼임 방지장치 등)는 잘 부착되어 있는가			
	실내온도는 18도 이상 28도 이하를 유지하고 있는가			
	창문 주변에는 딛고 올라설 만한 물건이 없는가			
비품 및 놀잇감	날카로운 물건(칼, 송곳, 가위 등)은 안전한 곳에 보관하고 있는가			
	모든 비품 및 놀잇감은 청결한가			
	비품 및 놀잇감은 유아가 꺼내고 수납하기 알맞은 높이에 있는가			
	크거나 무거운 비품 및 놀잇감은 교구장 아래에 위치해 있는가			
	비품 및 가구의 볼트, 너트, 못 등이 튼튼하게 고정되어 있는가			
현관	방문한 사람의 신원을 확인한 후 출입시키고 있는가			

	점검사항	그렇다	아니다	비고
화장실	바닥이 항상 건조한 상태로 유지되어 있으며 미끄럽지 않은가			
	락스, 세제 및 변기를 청소하는 솔 등은 유아의 손이 닿지 않는 곳에 뚜껑을 잠가 따로 관리하고 있는가			
화재 예방 시설	소화기는 눈에 잘 보이는 곳에 설치되어 있는가			
	소화기는 각 층마다 최소한 2개 이상 설치되어 있으며, 소화기의 게이지는 녹색에 있는가			
	사용하지 않는 콘센트에는 안전덮개가 설치되어 있는가			
	가스렌지의 중간밸브는 잠겨져 있는가			
	취사용 가스나 유류 등은 항상 점검하고 기록하고 있는가			
비상대응 계획	비상연락망은 눈에 잘 띄는 곳에 부착되어 있는가			
	구급상자는 유아의 손이 닿지 않는 곳에 비치되어 있는가			
안전 감독	유아와 관련된 모든 장소와 상황에는 교직원이 감독하고 있는가			
	안전사고 발생 시 사고일지를 기록하고 있는가			
	안전사고 발생 시 일어난 사고에 대해 부모에게 알리고 있는가			

생각해 보세요

활동 1 4차 산업혁명시대의 도래에 따른 유아교사의 직무에 대해서 써 보세요.

활동 2 다중지능이론의 대두에 따른 유아교사의 직무에 대해서 써 보세요.

활동 3 **다음 ( )를 채워 보세요.**

1) 교육부가 2017년 12월 발표한 유아교육 혁신방안은 향후 5년간의 유아교육 발전 방향을 제시한 것이다. 유아교육 혁신방안에서는 생애 출발점 단계에서의 교육 격차 해소를 통한 사회 이동성 강화 등 유아교육에 대한 기대 및 요구가 증가하고 있으며 (① ____________), (② ____________), (③ ____________) 등 다양한 요구와 특성을 가진 모든 아동의 교육과 성장의 권리를 보장하는 맞춤형 지원전략이 필요함을 밝히고 있다.

2) 안전사고와 관련된 예방 및 대처 방법을 정리하면 다음과 같다.

예방 단계	• 사고에 대비해 (① ______________)을 구축 • (② ________________) 작성 • 교육기관 자체의 안전점검 시행
발생 단계	• 응급처치 • 부모와 연락, 원하는 병원으로 이송 • (③ _____________) 기록
마무리 단계	• (④ ___________)에 따른 보상 처리 지원 • 안전공제회를 통한 보상 처리 지원

참고문헌

관계부처 합동(2017). 제4차 산업혁명에 대응한 지능정보사회 중장기 종합대책.

교육과학기술부 · 보건복지부(2012). 누리과정 3~5세 연령별 누리과정 해설서.

교육부 보도자료(2017). 유아교육 혁신방안.

교육부 유아교육정책과(2013). 유아교육발전 5개년계획. 육아정책포럼, 겨울 제38호. 44-50.

국민일보(2018. 1. 15.) 12년간 100조 썼는데 더 빨라진 '인구절벽' …이번엔?. 정현수 기자.

김영옥(2007). 다문화 사회의 유아교육 과정 방향 탐색. 미래유아교육학회지, 14(3), 45-68.

김은영(2016). '지능정보사회에서 교직의 미래 전망과 유아교육정책의 과제'에 대한 토론문 1. 한국교원교육학회 학술대회 자료집, 45, 43-47.

김진미(2017). 지식정보사회에서 유아교사직에 대한 고찰. 한국교원교육연구, 34(2), 85-109.

김태성(2017). 『제4차 산업혁명시대 대한민국 미래교육보고서』 해설 -대학 및 직업교육을 중심으로. 부경대학교 인문사회과학연구, 18(3), 333-353.

김한송, 오재연, 김경란(2015). 유아교사의 다문화 경험과 고정관념이 다문화 교수효능감과 다문화 교육태도에 미치는 영향. 어린이미디어연구, 14(2), 127-155.

김호(2016). '지능정보사회에서 교직의 미래전망과 유아교육정책의 과제'에 대한 토론문 2. 한국교원교육학회 학술대회 자료집, 45, 48-52.

김희진, 김언아, 홍희란(2004). 영아를 위한 프로그램의 이론과 실제. 서울: 창지사.

미래창조과학부(2016), 제4차 산업혁명에 대응한 지능정보사회 중장기 종합대책.

박균열(2017). 델파이기법을 활용한 ICT기반의 초중등학교 설계와 교원교육연구. 한국교원교육연구, 34(1), 103-126.

박은혜, 곽아정, 김난실, 김현주, 김희진, 유청옥, 이혜경(2014). 유치원 교사를 위한 교직실무. 서울: 창지사.

박형주(2017). 인공지능시대와 지식전수형 교육의 종말. 한국육아지원학회 학술대회지, 11-14.

신운정(2017). 저출산시대, 아시아국가의 보육정책 현황과 시사점. 한국경

제연구원, 35, 1-24.
안인회(2016). 코딩교육의 현황과 미래. 미디어와 교육, 6(1), 76-87.
오성배(2010). 다문화교육정책의 과제와 방향 탐색. 교육사상 연구, 24(2). 149-179.
유구종(2016). 인공지능시대 스마트교수매체 활용방안. 한국유아교육 보육복지학회 동계 학술대회 논문집, 67-84.
이기숙(2013). 제5판 유아교육 과정. 경기: 교문사.
이연승(2014). 누리과정에서 STEAM(융합인재교육)의 방향. 유아교육연구, 34(1), 327-341.
임승렬(2016). 지능정보사회에서 교직의 미래전망과 유아교육정책의 과제. 한국교원교육학회 학술대회 자료집, 45, 15-42.
장보윤(2009). 다문화 교육맥락에서 외국인 집단에 대한 초등예비교사의 태도분석에 관한연구. 강원대학교 교육대학원 석사논문.
조운주, 최일선(2013). 유아교육기관에서의 유아생활 지도(제3판). 서울: 창지사.
통계청(2017). 2016년 인구통계자료.
도남희, 김정숙, 하민경(2013). 영유아생활시간 조사. 육아정책연구소 연구보고, 2013-10.

Derman-Sparks, L,. & A. B. C. Task Force.(1992). *Anti-bias curriculum tools for empowering young children*. Washington, DC: NAEYC.
Gardner, H.(1993). 하워드 가드너 다중지능. 문용린, 유재경 역(2006). 서울: 웅진지식 하우스.
Lazerson, M.(1972). The historical antecedents of early childhood education. In I.J. Gorden(Ed.). *Early childhood education: The seventy-first yearbook of National Society for the study of education, part* II. Chicago: University of Chicago Press.
Miller, E., & Almon, J.(2009). *Crisis in the kindergarten. Why children need to play in school*. College Park, MD: Alliance For childhood.

7장 평가

포트폴리오에 대해서 공부도 하고 시행도 해 보았다. 아이들이 하는 활동을 하나하나 관찰하고 기록하는 일은 부담이 많이 되고 어려웠다. 아이들을 관찰하며 한 영역에 하나씩 일화기록을 하고, 누리과정 영역별로 작업표본을 모아서 해석하는 등 업무가 끝이 없었다. 그렇지만 아이들을 세심하게 관찰하고 정확히 이해하는 데는 포트폴리오와 일화기록 만한 것이 없다는 생각이 들었다. 학기 초보다 얼마만큼 성장했는지 일 년간의 기록을 통해 알 수 있었다. 그리고 모든 자료를 모아서 파일에 끼울 때의 기분은 말로 표현할 수 없을 정도로 행복했다. '내가 정말 교사가 되었구나.'라는 생각이 들었다.

경력교사 O의 저널

초임 교사에게 평가는 어렵고 귀찮으며 친숙지 않은 일로 인식되기 쉽다. 하지만 평가의 중요성을 이해하고 적극적으로 실행하여 평가결과를 기초로 발전을 모색하는 일 역시 유치원 교사의 기본 직무에 해당된다. 평가관련 직무는 〈표 7-1〉과 같이 유아 평가, 교사 평가, 유치원 평가로 구분된다. 교사는 유아 평가와 관련하여 학년 초에 1년 동안 어떤 방법으로 몇 회 평가를 할지 계획을 수립한다. 학년 중에 다양한 방법(관찰, 체크리스트, 유아의 작품이나 결과물 분석 등)을 통하여 유아의 발달 상황을 종합적으로 기록·평가·분석하여 매 학기 말에 브모에게 배부한다.

〈표 7-1〉 **교수-학습 평가 업무**

직무 구분	직무 내용	학년 시작 전 할 일	학년 중에 할 일	학년 말에 할 일
유아 평가	관찰하기, 검사하기, 작업표본 수집, 유아 자기평가(자유선택활동 평가)	유아 평가 계획 수립	평가 자료 수집 및 분석	유아 평가 기록
교사 평가	일일교육계획안 평가란 기록 교원능력개발 평가: 동료 교원 평가, 부모만족도 조사	교원능력개발 평가 준비 및 실행		
유치원 평가	평가 지표에 따른 준비, 자체 평가보고서 작성 및 제출	유치원 평가 계획 및 실행		

이 장에서는 유아 평가, 교사 평가, 유치원 평가로 나누어 살펴보고자 한다.

1. 유아 평가

유아 평가는 교육 목표의 성취 여부를 파악하고, 유아의 전인발달을 도와주는 데 근본적 목적을 두고 있으며, 부모와의 면담 시 효율적인 의사소통을 위한 기본적 자료로 활용된다는 점에서 가치가 크다. 이에 초임 교사라 하더라도 담당유아에 대한 실제적 평가 능력을 갖추고 있어야 한다. 3~5세 누리과정(교육부, 보건복지부, 2013)에 제시된 유아 평가의 목적 및 내용을 살펴보면 다음과 같다.

1) 유아 평가의 목적

첫째, 유아 평가는 유아의 개인적 요구와 발달수준을 파악하기 위해 실시한다.

둘째, 유아 평가는 유아의 교육목표 성취 여부를 파악하기 위해 실시한다.

셋째, 유아 평가는 교육활동의 개선 방안을 모색하기 위해 실시한다.

넷째, 유아 평가는 학부모 및 관련 분야 전문가들과의 정보 공유를 위해 실시한다.

다섯째, 유아에 관한 정확한 정보를 제공해 주어 최적의 발달을 도모할 수 있다.

2) 유아 평가의 내용

(1) 누리과정 목표와 내용에 근거하여 유아의 특성과 변화 정도를 평가한다

유아에 대한 평가는 궁극적으로 개별 유아에 대한 이해를 높이고 유아의 전인적인 발달에 도움을 줄 수 있도록 하기 위해 실시한다. 유아를 평가할 때에는 누리과정의 목표와 내용을 준거로 하되, 성취중심의 결과보다는 변화 과정을 진술하는 평가가 이루어지는 것이 바람직하다. 즉 유아가 누리과정의 내용을 경험하면서 어떤 영역에서 얼마나 발달하고 있는지, 어떤 능력이나 태도를 보이고, 개별적으로 얼마나 변화하고 있는지를 주기적으로 관찰하여 평가한다.

(2) 유아의 지식, 기능, 태도를 포함하여 평가한다

누리과정은 3~5세 유아의 심신의 건강과 조화로운 발달을 도와 민주 시민의 기초를 형성하는 것을 목적으로 하며, 3, 4, 5세 유아가 갖추어야 할 기본능력과 소양을 기르기 위한 것으로 세부 내용은 지식, 기능, 태도 및 가치를 포함하고 있다.

(3) 유아의 일상생활과 누리과정 활동 전반에 걸쳐 평가한다

유아는 다양하게 편성된 하루 일과에 참여하면서 여러 가지 경험을 하게 된다. 누리과정 운영이 유아의 일과 속에서 자연스럽게 이루어지듯이, 평가 또한 교육장면과 분리되지 않아야 한다. 따라서 유아를 평가하고자 할 때는 특정 활동이나 영역에 초점을 맞추기보다 일과 전반에 걸쳐 관찰한 것에 기초하여 평가하는 것이 바람직하다.

(4) 관찰, 활동 결과물 분석, 부모면담 등 다양한 방법을 사용하여 종합적으로 평가하고 그 결과를 기록한다

유아를 평가할 때는 여러 내용을 다양한 방법을 통해서 정보를 수집하고 그것에 기초하여 결과를 분석하는 것이 바람직하다. 가장 많이 사용되는 방법은 유아를 관찰하는 것이다. 하루 일과에서 유아가 참여하는 놀이의 종류나 수준, 친구관계, 활동 몰입 정도, 일상생활 수행 정도 등 관찰 가능한 여러 행동을 구체적으로 기록하고 그 자료를 기초로 유아를 평가한다. 또한, 유아가 참여한 놀이나 활동에서 유아가 만든 활동물, 언어나 음률 활동 동영상, 쌓기 구조물 사진 등을 주기적으로 수집하고 관찰 자료와 함께 활용하여 유아를 종합적으로 평가하도록 한다.

(5) 유아 평가결과는 유아에 대한 이해와 누리과정 운영 개선 및 부모 면담 자료로 활용할 수 있다

유아에 대한 평가결과는 주기적으로 유아의 현재 발달 수준과 누리과정의 성취 정도를 파악하는 데 활용한다. 또한, 누리과정의 내용을 운영함에 있어 유아 평가를 기초로 개별적인 유아의 요구를 반영할 수 있다. 유아가 균형 있게 성장·발달하려면 상호 신뢰 속에 유치원과 부모 간에 원활한 의사소통이 이루어져한 한다. 유아 평가결과를 부모 면담자료로 활용하여 유아에 대한 정보를 가정과 공유하고, 가정에서도 이에 기초하여 일관성 있게 지도하여 유치원과 가정이 연계하여 유아의 전인발달을 지원하도록 한다.

3) 유아 평가의 방법

유아를 평가하기 위해서는 언제 평가할 것이며, 누구를 대상으로 할 것인지, 그리고 어떠한 방법으로 정보를 수집할 수 있을지를 평가 목적에 맞게 결정해야 한다. 유아 평가는 일반적으로 연간계획에 따라 주기적으로 이루어지는 것이 바람직하다. 다양한 관찰방법 중 유아교육 현장에서 가장 많이 활용되는 관찰방법을 중심으로 검사, 유아의 자기평가, 작업표본 분석, 면담 등의 평가방법을 살펴보면 다음과 같다(김지은, 2008; 김희진 외, 2012; 심성경, 함은숙, 2015).

(1) 관찰

① 일화기록

일화기록은 한 가지 행동이나 상황에 초점을 맞추어서 마치 사진을 찍듯이 객관적으로 기록하는 관찰방법으로 가장 기본적으로 활용되는 방법이다. 일화기록은 하나의 사건이 발생한 후 일어난 순서대로 가능한 한 즉시 육하원칙(누가, 언제, 어디서, 무엇을, 어떻게, 왜)에 의해서 구체적으로 기록한다. 또한, 교사의 개인적인 평가, 느낌, 판단은 제외하지만 필요할 경우는 괄호('( )')로 첨부한다. 학급의 유아 수 등 여건에 따라 달라질 수 있지만 하루에 3~4명 정도의 유아에 대해 일화기록을 작성하여 개별유아당 누리과정 영역별로 일화기록을 수집하는 것이 바람직하다.

〈표 7-2〉 **일화기록의 예: 읽기와 쓰기 관련 일화**

일화기록			
관찰유아	길○○	연령	5세
날짜	20○○년 ○월 ○○일 목요일	관찰자	황○○
관찰장면	자유선택활동(언어영역)	관찰초점	글자쓰기
기록	○○이가 언어영역에서 편지지 함에서 편지지 한 장을 고른 후, 연필을 가지고 의자에 앉는다. 다시 일어나 문장카드를 가지고 자리에 앉는다. 나연: (문장카드를 손가락으로 짚으며) 이거 뭐라고 써 있어요? 교사: 우리 같이 놀자. ○○: 우리 같이 놀자?(라고 읽으며) 이거 써야겠다. 문장카드를 보고 편지지에 '우리 같이 놀자'라고 적는다. 그리고 문장카드를 한 장 넘긴다. ○○: 무슨 놀이 좋아해?라고 글자를 읽는다. 편지지에 '무슨 놀이 좋아해'라고 쓴다. 이어서 '도준아 사랑해, 사이좋게 지내자.'라고 스스로 쓴다. 편지지를 반절 접고 또 반절 접는다. 자신이 사용한 연필과 지우개를 통에 정리한다.		
해석	언어영역에서 편지쓰기를 좋아한다. 친숙한 글자는 스스로 쓸 수 있으며 모르는 글자는 문장카드를 보고 쓰거나 교사에게 도움을 받아 쓸 수 있다.		

자료제공: 원광대학교 사범대학 부속유치원.

② 행동목록법(체크리스트)

행동목록법은 교사가 평가하고자 하는 행동목록(체크리스트)을 사전에 준비하고, 체크리스트의 항목에 있는 행동이 나타나는지를 관찰한 후 표기하는 방법으로 누적된 자료는 행동의 변화, 발달 상황을 파악하는 데 효율적이다.

행동목록의 문항은 관찰 가능한 구체적 행동을 나타내는 것이어야 하며(김지은, 2008), 계획을 세워 정기적으로 실시하여야 한다.

〈표 7-3〉 **체크리스트의 예: 책 읽기 행동**

<table>
<tr><th colspan="7">의사소통 영역 – 책을 읽고 이해하기</th></tr>
<tr><td>유아명</td><td colspan="2">오○○ (5세)</td><td>활동명</td><td colspan="3">자유선택활동</td></tr>
<tr><td>평가
시기</td><td colspan="2">1차: 2017년 3월 29일
2차: 2017년 6월 8일</td><td>평가
유형</td><td colspan="3">체크리스트</td></tr>
<tr><td>평가내용 및 관점</td><td colspan="6">• 읽기>책 읽기에 관심 가지기
- 책 보는 것을 즐기고 소중하게 다루는가?
- 궁금한 것을 책에서 찾아볼 수 있는가?
- 스스로 책을 읽고 내용을 이해할 수 있는가?</td></tr>
<tr><td rowspan="6">내용</td><td colspan="2" rowspan="2">체크리스트</td><td colspan="2">1차</td><td colspan="2">2차</td></tr>
<tr><td>예</td><td>아니오</td><td>예</td><td>아니오</td></tr>
<tr><td>1</td><td>책을 스스로 선택하여 본다.</td><td>V</td><td></td><td>V</td><td></td></tr>
<tr><td>2</td><td>책의 그림을 보며 이야기를 꾸민다.</td><td>V</td><td></td><td>V</td><td></td></tr>
<tr><td>3</td><td>책의 글을 집중하여 읽는다.</td><td></td><td>V</td><td></td><td>V</td></tr>
<tr><td>4</td><td>책을 읽고 자신이 이해한 내용을 이야기한다.</td><td>V</td><td></td><td>V</td><td></td></tr>
<tr><td>사진</td><td colspan="6"> </td></tr>
<tr><td>해석</td><td colspan="6">책 읽기 1, 2차는 주로 전이 활동(간식 먹은 후) 시간이나 소그룹 활동 시간에 하는 편이다. 주로 그림을 보는 편이며, 그림을 보며 친구들과 이야기하기를 좋아한다.</td></tr>
</table>

자료제공: 원광대학교 사범대학 부속유치원.

③ 평정척도법

평정척도는 유아의 행동이나 태도의 질적인 정도를 표시하는 방법이다. 일정 기간 동안 관찰한 사실에 근거하여 객관적으로 평정해야 한다. 평정척도는 〈표 7-4〉와 같이 문장으로 진술된 것과 숫자 또는 도식으로 표현된 것 등 형식이 다양하며, 초임 교사라면 특히 정확한 평가를 위해 명확하고 간결하게 분명한 용어로 진술된 척도를 사용해야 한다.

〈표 7-4〉 **평정척도의 예: 놀이 행동**

<table>
<tr><th colspan="5">사회관계 – 놀이에 참여하기 1, 2차</th></tr>
<tr><td>유아명</td><td colspan="2">이○○(5세)</td><td>활동명</td><td>자유선택활동</td></tr>
<tr><td>평가시기</td><td colspan="2">1차: 2017년 3월 27일
2차: 2017년 6월 30일</td><td>평가유형</td><td>평정 척도, 사진</td></tr>
<tr><td>평가내용 및 관점</td><td colspan="4">• 다른 사람과 더불어 생활하기>친구와 사이좋게 지내기
- 친구와 협동하며 놀이하는가?
• 사회에 관심 갖기>사회적 가치를 알고 지키기
- 다른 사람과 한 약속이나 공공규칙을 잘 지키는가?</td></tr>
<tr><th>내용</th><th colspan="2">평정척도</th><th>1차</th><th>2차</th></tr>
<tr><td rowspan="4">친구와 어울려 놀이하기</td><td>1</td><td>혼자서 놀이 한다.</td><td></td><td></td></tr>
<tr><td>2</td><td>친구들 옆에서 놀이하지만 대화나 상호작용은 없다.</td><td></td><td></td></tr>
<tr><td>3</td><td>친구들과 함께 놀이한다.</td><td>V</td><td></td></tr>
<tr><td>4</td><td>목표를 가지고 각자 역할을 맡아 협동해 놀이한다.</td><td></td><td>V</td></tr>
<tr><td rowspan="4">새로운 놀이에 참여하기</td><td>1</td><td>새로운 놀이에 관심을 보이지 않는다.</td><td></td><td></td></tr>
<tr><td>2</td><td>친구들이 놀이하는 모습을 관찰한 후 놀이에 참여한다.</td><td></td><td></td></tr>
<tr><td>3</td><td>교사에게 놀이방법을 늘 물어본 후 놀이한다.</td><td></td><td></td></tr>
<tr><td>4</td><td>스스로 주도적으로 놀이한다.</td><td>V</td><td>V</td></tr>
</table>

<table>
<tr><th colspan="5">사회관계 - 놀이에 참여하기 1, 2차</th></tr>
<tr><td rowspan="4">놀이규칙 지키기</td><td>1</td><td>놀이 규칙을 거의 지키지 않는다.</td><td></td><td></td></tr>
<tr><td>2</td><td>놀이 규칙을 가끔 지키지 않는다.</td><td></td><td></td></tr>
<tr><td>3</td><td>대체로 놀이 규칙을 지킨다.</td><td></td><td></td></tr>
<tr><td>4</td><td>항상 놀이규칙을 잘 지킨다.</td><td>V</td><td>V</td></tr>
<tr><td rowspan="2">사진</td><td colspan="2">1차</td><td colspan="2">2차</td></tr>
<tr><td colspan="2"></td><td colspan="2"></td></tr>
<tr><td>해석</td><td colspan="4">놀이에 참여하기에서 친구와 어울려 놀이하기 1차는 친구들과 함께 놀이를 하는 편이고 2차는 친구와 만들기를 함께 하면서 놀이를 한다. 새로운 놀이에 참여하기 1, 2차 모두 놀잇감을 적극적으로 탐색하면서 규칙을 잘 지킨다.</td></tr>
</table>

자료제공: 원광대학교 사범대학 부속유치원.

(2) 검사

유치원에서는 표준화된 검사보다는 유아와 일대일로 이루어지는 비형식적 검사를 사용하는 것이 일반적이다. 주로 사용되는 검사를 살펴보면 다음과 같다(심성경 외, 2012).

① 신체 검사

신체 검사에서는 키와 몸무게를 측정하고 체질량을 분석하여 키와 몸무게 수치를 기록하고 그래프로 표시한다.

〈표 7-5〉 **신체검사의 예**

	회차	날짜	신장(cm)	몸무게(kg)	체질량(BMI)
검사	1차	3월 28일	119.3cm	20.3kg	14.3kg/㎡ 정상
	2차	6월 27일	121.4cm	19.8kg	13.4kg/㎡ 저체중
한국 소아 표준 발육치(2007)에 의한 남아 평균 (5년 5개월을 기준으로 함)			113.6cm	20.4kg	15.7kg/㎡
체질량지수(BMI)=체중(kg)/키의 제곱(㎡)			비만을 평가하기 위해 가장 보편적으로 사용되는 방법으로 저체중, 정상체중, 과체중, 비만으로 구분된다.		
○○의 키			○○이의 몸무게		

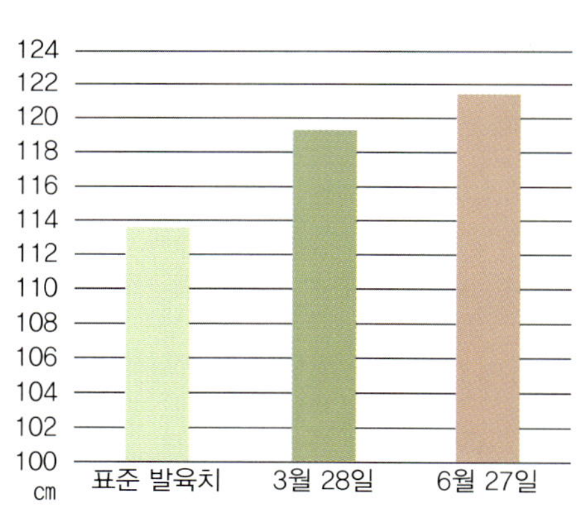

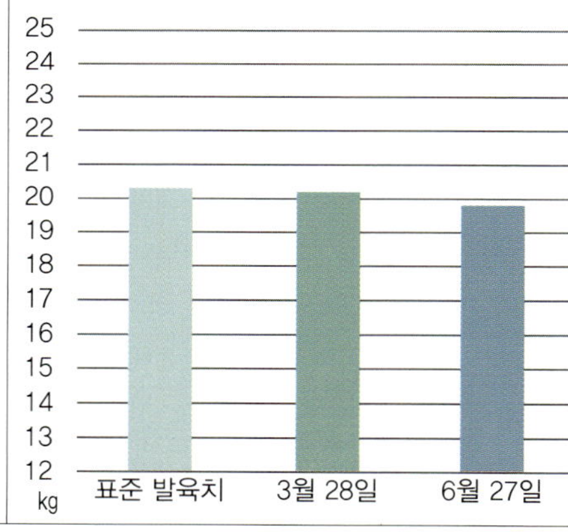

자료제공: 원광대학교 사범대학 부속유치원.

② 교우도 검사

교우관계는 교사의 관찰에 의해 파악할 수도 있지만 유아와의 일대일 면담 방법에 의해 검사로 진행되는 것이 일반적이다. 교사는 "생일에 초대하고 싶은 친구는 누구니?" 등의 질문을 하고 유아가 학급 친구의 사진을 보고 가리키거나 이름을 말하도록 한다. 응답 결과에 따라 교우도를 작성해서 활용하면 학급 내 유아의 교우관계를 쉽게 파악하여 지도에 활용할 수 있다.

〈표 7-6〉 **교우도의 예**

<table>
<tr><th colspan="6">사회관계 영역 - 교우도 1, 2차</th></tr>
<tr><td rowspan="2" colspan="2">유아명</td><td rowspan="2">정○○ (5세)</td><td rowspan="2">평가일</td><td>1차</td><td>2017년 3월 22일</td></tr>
<tr><td>2차</td><td>2017년 6월 26일</td></tr>
<tr><td colspan="2">평가상황</td><td colspan="4">친구들의 사진을 보며 교사와 유아가 일대일로 이야기한다.</td></tr>
<tr><td colspan="2">평가내용 및 관점</td><td colspan="4">· 다른 사람과 더불어 생활하기 >친구와 사이좋게 지내기
- 친구와 사이좋게 놀이하는가?
- 친구와의 갈등을 긍정적인 방법으로 해결하는가?</td></tr>
<tr><th colspan="3">1차 교우도</th><th colspan="3">2차 교우도</th></tr>
<tr><td colspan="3">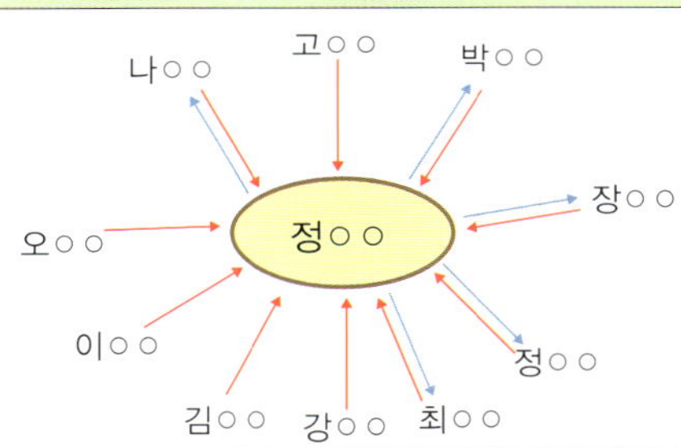
</td><td colspan="3">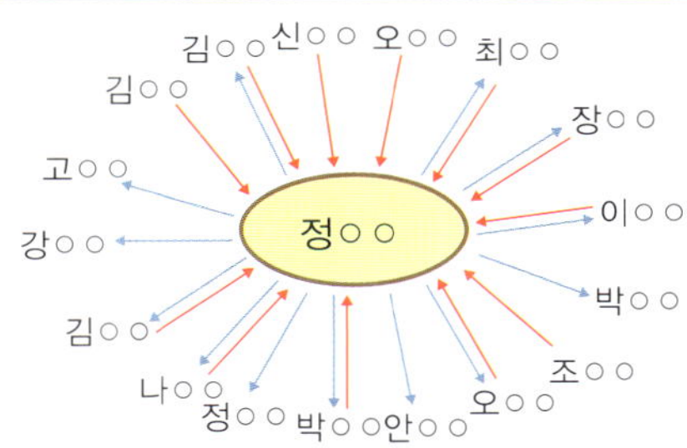
</td></tr>
<tr><td colspan="3">내가 좋아하는 친구
나○○, 박○○, 장○○, 정○○, 최○○</td><td colspan="3">내가 좋아하는 친구
강○○, 김○○, 김○○, 나○○, 고○○, 박○○, 박○○, 오○○, 이○○, 장○○, 정○○, 최○○, 안○○</td></tr>
<tr><td colspan="6">*빨간 화살표(←)는 친구들이 정○○와 친하다고 말한 경우이고, 파란 화살표(→)는 정○○가 어떤 친구와 친한지 말한 경우이다.</td></tr>
<tr><td rowspan="2">면담</td><td>가장 친한 친구</td><td colspan="2">박○○</td><td colspan="2">박○○</td></tr>
<tr><td>친해지고 싶은 친구</td><td colspan="2">고○○, 오○○, 김○○, 김○○, 신○○</td><td colspan="2">박○○</td></tr>
<tr><td colspan="2">해석</td><td colspan="4">교우검사 1, 2차에서 박○○을 가장 좋아한다. 1차는 박○○, 정○○, 최○○, 장○○등과 친하게 지냈으며, 2차는 김○○, 나○○, 오○○, 이○○, 김○○ 등과도 자주 놀이하였다. 2차는 1차보다 교우관계가 넓어졌다.</td></tr>
</table>

자료제공: 원광대학교 사범대학 부속유치원.

③ 자아개념 검사

자아개념 검사는 교사가 문항을 읽어 주고 유아가 '예/아니오'로 대답하는 방법으로 실시한다.

〈표 7-7〉 **자아개념 검사의 예: 4~5세**

<table>
<tr><th colspan="6">사회관계 영역 – 자아개념 1, 2차</th></tr>
<tr><td>유아명</td><td colspan="5">최○ ○ (5세)</td></tr>
<tr><td>평가시기</td><td colspan="2">1차: 2017년 3월 29일
2차: 2017년 6월 28일</td><td colspan="2">평가 유형</td><td>검사</td></tr>
<tr><td>평가내용 및 관점</td><td colspan="5">• 나를 알고 존중하기>나를 알고 소중히 여기기
- 자신에 대하여 긍정적으로 생각하고 소중하게 여기는가?</td></tr>
<tr><td>영역</td><td colspan="2">자아개념 검사</td><td>1차</td><td>2차</td><td>비고
별색 – 2차</td></tr>
<tr><td rowspan="2">미래의 내모습</td><td>1</td><td>나는 커서 어른이 되면 훌륭한 사람이 될 것이다.</td><td>○</td><td>○</td><td rowspan="2">1. 1차: 대통령
1. 2차: 만드는 사람</td></tr>
<tr><td>2</td><td>나는 학교에 들어가면 공부를 잘할 것이다.</td><td>○</td><td>○</td></tr>
<tr><td rowspan="5">능력</td><td>3</td><td>나는 블록쌓기, 종이접기, 만들기 같은 것을 잘한다.</td><td>○</td><td>○</td><td rowspan="5"></td></tr>
<tr><td>4</td><td>나는 몰랐던 것도 금방 배울 수 있다.</td><td>○</td><td>○</td></tr>
<tr><td>5</td><td>나는 똑똑하다.</td><td>○</td><td>○</td></tr>
<tr><td>6</td><td>나는 여러 가지 게임을 잘한다.</td><td>○</td><td>○</td></tr>
<tr><td>7</td><td>우리 엄마 아빠는 내가 앞으로 훌륭한 사람이 될 거라고 생각하시는 것 같다.</td><td>○</td><td>○</td></tr>
<tr><td rowspan="4">신체</td><td>8</td><td>나는 몸이 튼튼하다.</td><td>○</td><td>○</td><td rowspan="4">9. 2차: 제 모습이 특별해요.</td></tr>
<tr><td>9</td><td>나는 거울을 볼 때마다 기분이 좋다.</td><td>○</td><td>△</td></tr>
<tr><td>10</td><td>나는 얼굴이 잘(예쁘게) 생겼다.</td><td>○</td><td>○</td></tr>
<tr><td>11</td><td>나는 키가 너무 크지도 않고 너무 작지도 않고 딱 알맞다.</td><td>○</td><td>○</td></tr>
</table>

사회관계 영역 – 자아개념 1, 2차					
신체	12	나는 몸이 너무 뚱뚱하지도 않고 너무 마르지도 않고 딱 알맞다.	○	○	
	13	나는 자전거 타기, 그네타기, 미끄럼 타기 같은 것을 잘 한다.	○	○	
	14	나는 감기에 잘 걸리지 않는다.	○	○	
가족	15	우리집은 참 재미있고 좋다.	○	○	17. 1차: 엄마, 아빠, 형이 안 들어줘요. 17. 2차: 엄마, 아빠, 형이 안 들어 줘요. 18. 1차: 형아가 잘 놀아 줘요. 형은 레슬링을 잘해요.
	16	우리 엄마 아빠는 나를 참 좋아한다.	○	○	
	17	엄마 아빠는 나에게 이야기를 많이 해주시고 내 얘기도 잘 들어 주신다.	×	×	
	18	우리집 식구들은 나와 잘 놀아준다.	○	○	
	19	나는 우리집 식구들과 사이좋게 지낸다.	○	○	
	20	나는 집에서 엄마 아빠가 시키는 일을 잘 해드린다.	○	○	
	21	나는 엄마 아빠 말씀을 잘 듣는 어린이다.	○	○	
교우관계	22	나는 친구가 많다.	○	○	
	23	나는 친구들과 잘 논다.	○	○	
	24	나는 친구들을 잘 사귄다.	○	○	
	25	나는 다른 친구들을 잘 울리지 않는다.	○	○	
	26	나는 모르는 친구와 함께 잘 논다.	○	○	
	27	나는 나를 때린 아이하고도 같이 논다.	○	○	
	28	선생님과 친구들은 내가 하는 일을 다 좋아한다.	○	○	
해석	자아개념 검사 결과 1, 2차는 가족일부를 제외하고 모든 부분에서 긍정적인 자아존중감을 가지고 있다. 긍정적인 자아감은 자신이 유능하고 가치 있다고 생각하고 원만한 대인관계, 건전한 성격발달, 성취감에 중요한 영향을 주므로 자신감을 계속 유지하도록 긍정적인 관심과 격려가 필요하다.				

자료제공: 원광대학교 사범대학 부속유치원.

④ 읽기 검사

읽기 검사로는 짧은 동화책을 선정하여 유아가 읽어 보게 하는 방법을 사용하는 것이 간편하고 일반적이다. 교사가 먼저 동화책을 읽어 주고 그림을 보며 꾸며 읽거나 아는 글자를 찾아 읽어 보도록 하고 유아의 행동 수준을 평가하여 기록한다.

〈표 7-8〉 **읽기 검사의 예**

<table>
<tr><th colspan="6">의사소통영역 – 읽기발달 2차</th></tr>
<tr><td>유아명</td><td colspan="2">류ㅇㅇ(5세)</td><td>활동명</td><td colspan="2">'나는 진흙 속이 좋아' 동화책</td></tr>
<tr><td>평가시기</td><td colspan="2">2차: 2017년 6월 30일</td><td>평가유형</td><td colspan="2">개별면접, 평정척도</td></tr>
<tr><td>내용 및 관점</td><td colspan="5">• 읽기>책 읽기에 관심가지기
- 여러 가지 맥락을 활용하여 글의 내용을 추측할 수 있는가?</td></tr>
<tr><td rowspan="10">내용</td><td colspan="4">평정척도</td><td>2차</td></tr>
<tr><td rowspan="4">1단계 그림 중심의 읽기 시도 단계</td><td>하위 1단계</td><td colspan="2">· 이야기를 형성하지 못하는 단계</td><td></td></tr>
<tr><td rowspan="3">하위 2단계</td><td colspan="2">· 이야기를 형성할 수 있는 단계</td><td></td></tr>
<tr><td>하위 2-1단계</td><td>· 구어식으로 읽기를 시도하는 단계</td><td></td></tr>
<tr><td>하위 2-2단계</td><td>· 문어식으로 읽기를 시도하는 단계</td><td></td></tr>
<tr><td rowspan="5">2단계 글자 중심으로 읽기를 시도하는 단계</td><td>하위 1단계</td><td colspan="2">· 글자를 인식하고 읽기를 거부하거나 마음대로 지어 읽는 단계</td><td></td></tr>
<tr><td>하위 2단계</td><td colspan="2">· 한두 가지 요소에 집중하여 읽는 단계
- 글자만 들여다 보면서 아는 글자 찾아 읽는 단계
- 글자를 손으로 짚어가며 아는 글자는 읽고 모르는 글자는 글자수에 맞추어 지어 읽는 형태</td><td></td></tr>
<tr><td>하위 3단계</td><td colspan="2">총체적으로 읽기를 시도하는 단계</td><td></td></tr>
<tr><td></td><td>하위 3-1단계</td><td>· 전략적 읽기단계
- 모르는 단어를 익숙한 다른 단어로 만들어 읽는 형태/글자 수를 맞추어 읽는 형태</td><td>V</td></tr>
<tr><td></td><td>하위 3-2단계</td><td>· 정확하게 읽는 단계(독립적으로 읽기)</td><td></td></tr>
</table>

의사소통영역 – 읽기발달 2차

1. "음머 음머, 나는 진흙속이 좋아." 소가 진흙 속에서 탁탁탁탁 뛰며 놉니다.
   "음-- 음--, 나는 진흙속이 좋아." 소가 진흙 속에서 ______________니다.
2. "꿀꿀꿀꿀, 나는 진흙 속이 좋아." 돼지가 진흙 속에서 데굴데굴 구르며 놉니다.
   "꿀꿀꿀꿀, 나는 진흙 속이 좋아." 돼지가 진흙 속에서 _______ 구르며 __니다.
3. "꽥꽥꽥꽥, 나는 진흙 속이 좋아." 오리가 진흙 속을 철썩 철썩 걸으며 놉니다.
   "꽥꽥꽥꽥, 나는 진흙 속이 좋아." 오리가 진흙 속을 ______ ____ 놀았습니다.
4. 목장 소년이 지나가다가 진흙 속의 오리를 보았습니다. "이리 들어와, 깨끗이 씻자. 쓱싹쓱싹."
   목__소년이 지나가__가 진흙 속의 오리를 보았습니다. "이리 __어와, ____이 씻어야지. 쓱싹쓱싹."
5. 목장 소년이 진흙 속의 돼지를 보았습니다. " 이리 들어와, 깨끗이 씻자. 쓱싹쓱싹."
   목장 소년이 __흙 속의 ____지를 보았습니다. " 이리 ____어와, 깨끗이 씻어야지."
6. 목장 소년이 진흙 속의 소를 보았습니다. "이리 들어와, 깨끗이 씻자. 쓱싹쓱싹."
   목장 소년이 진__ 속의 소를 보았습니다. "이리 __어와, ____이 씻어야지. 쓱싹쓱싹."
7. "내 손도 깨끗이 씻어야지. 쓱싹쓱싹."
   "내 손도 깨끗이 씻어야지. 쓱싹쓱싹."
8. 목장 소년이 집안으로 들어가며 말했습니다. "이제 모두 들어와! 밥 먹을 시간이야."
   목장 소년이 집안으로 들어가며 ______니다. "이제 모두 들어와! ______ 시간이야."
9. 소와 돼지와 오리는 뛰고, 구르고, 걸으며 집안으로 들어갑니다.
   소와 돼지와 오리는 __고, 구르고, _____ 집안으로 들어갑니다.

해석	읽기 발달 1차는 아는 글자를 한 자씩 찾아서 읽는 단계이지만 2차는 읽을 수 있는 글자가 많아져 쉬운 글자와 반복적인 글자를 읽을 수 있다. 모르는 글자는 비슷한 글자로 바꾸어 읽기도 한다.

* 파란색 부분은 5세 유아가 읽은 내용을 교사가 관찰하여 기록한 것이다.
자료제공: 원광대학교 사범대학 부속유치원.

⑤ 기타 교사제작 검사

기존의 검사 외에도 교사의 관심에 따라 제작한 검사를 사용할 수 있다. 가령, 패턴 이해하기나 가위질하기 등 특정한 과제에 대한 유아의 능력을 알아보기 위해 교수–학습 활동의 형태로 제작한 검사를 실시할 수 있다.

〈표 7-9〉 **교사 제작 검사의 예: 패턴 이해하기 검사**

<table>
<tr><th colspan="8">자연 탐구 영역 – 패턴 구성하기1, 2차</th></tr>
<tr><th>유아명</th><td colspan="2">김○○ (5세)</td><th colspan="2">활동명</th><td colspan="3">패턴 구성하기</td></tr>
<tr><th>평가시기</th><td colspan="2">1차: 2017년 3월 21일
2차: 2017년 7월 10일</td><th colspan="2">평가유형</th><td colspan="3">체크리스트, 작업표본 분석</td></tr>
<tr><th>평가내용
평가관점</th><td colspan="7">· 수학적 탐구하기>규칙성 이해하기
- 반복되는 규칙성을 인식하고 모방할 수 있는가?
- 스스로 규칙성을 구성하고 말할 수 있는가?</td></tr>
<tr><th rowspan="7">내용</th><th colspan="3" rowspan="2">체크리스트</th><th colspan="2">1차</th><th colspan="2">2차</th></tr>
<tr><th>예</th><th>아니오</th><th>예</th><th>아니오</th></tr>
<tr><td>1</td><td colspan="2">제시된 패턴을 보고 그대로 복사할 수 있는가?</td><td>V</td><td></td><td>V</td><td></td></tr>
<tr><td>2</td><td colspan="2">제시된 패턴을 보고 다음을 예측하거나 빠진 부분을 알 수 있는가?</td><td>V</td><td></td><td>V</td><td></td></tr>
<tr><td>3</td><td colspan="2">스스로 단순 패턴을 구성할 수 있는가?</td><td>V</td><td></td><td>V</td><td></td></tr>
<tr><td>4</td><td colspan="2">스스로 복합 패턴을 구성할 수 있는가?</td><td></td><td>V</td><td>V</td><td></td></tr>
<tr><td>5</td><td colspan="2">스스로 구성한 패턴의 규칙을 말할 수 있는가?</td><td>V</td><td></td><td>V</td><td></td></tr>
<tr><th rowspan="2">작업표본</th><th colspan="3">1차 패턴</th><th colspan="4">2차 패턴</th></tr>
<tr><td colspan="3">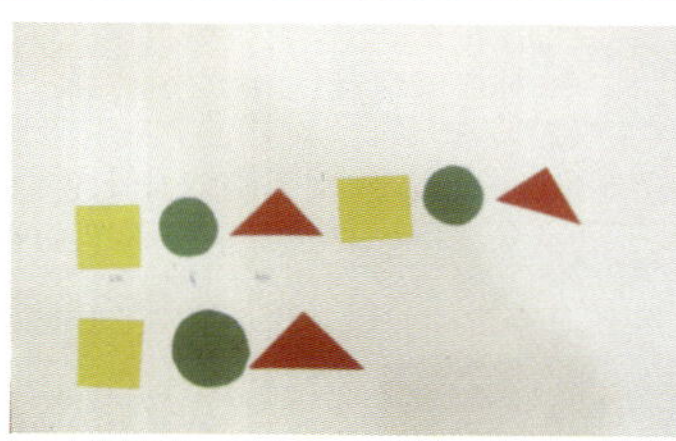
· 패턴규칙성: ABC
· 언어적표상: 네모, 동그라미, 세모</td><td colspan="4">
· 패턴규칙성: AA'BB'CA"
· 언어적표상: 노란동그라미, 빨간동그라미, 빨간세모, 초록세모, 빨간네모, 초록동그라미</td></tr>
<tr><th>해석</th><td colspan="7">패턴구성하기 1차는 ABC형태의 단순패턴을 표상하였으나 2차는 색깔, 모양을 동시에 고려하여 AA'BB'CA" 형태의 복합패턴을 표상할 수 있다. 패턴의 규칙말하기 2차는 두 가지 속성인 색깔과 모양을 언어적으로 표현할 수 있다.</td></tr>
</table>

자료제공: 원광대학교 사범대학 부속유치원.

(3) 유아의 자기평가

유아가 스스로 하는 자기평가의 대표적인 것은 자유선택활동 평가이다. 이는 자유선택활동 시간에 선택한 흥미영역과 활동 내용, 만족도를 그림이나 글씨로 기록하는 방법으로, 자유선택활동계획 및 평가표를 활용하며, 교사의 누적된 자료를 통해 자유선택활동에 대한 유아의 흥미(변화)를 파악할 수 있다.

〈표 7-10〉 **자유선택활동 놀이 선호도 집계표**

사회관계 – 자유선택활동 평가 1차			
유아명	ㅇㅇㅇ (5세)	**활동명**	자유선택활동
평가시기	2017년 3월 6일~2017년 7월 14일	**평가유형**	관찰, 유아 평가

선택활동 놀이 계획 선호도 집계표														
영역 / 월	 쌓기		 역할		 음률		 수·조작		 과학		 미술		 언어	
	계획	실행	계획	실행	계획	실행	계획	실행	계획	실행	계획	실행	계획	실행
3월	16	14	2	2	0	0	3	2	3	3	15	10	15	7
4월	19	13	8	3	0	0	15	11	13	7	19	12	18	11
5월	20	8	0	0	0	0	18	6	20	7	19	7	19	6
6월	25	10	1	0	16	7	22	7	20	5	23	7	18	5
7월	7	6	1	1	6	1	6	3	6	2	5	2	5	2
총계	87	51	12	6	22	8	64	29	62	24	81	38	75	31
해석	자유선택활동 놀이 선호도는 7개 흥미영역 중 쌓기, 미술, 언어 영역 순으로 나타났다. 역할놀이영역과 음률영역 등은 선호도가 낮게 나타났으므로 2학기에는 역할놀이영역과 음률영역에서도 놀이를 할 수 있도록 흥미로운 활동의 제공 및 지도가 요구된다.													

(4) 작업표본 분석

작업표본 분석은 유아의 특정한 능력에 대한 진보 정도를 확인하기 위하여 유아의 작업 과정 및 결과에 대한 표본을 누적적으로 수집, 분석하여 그 변화를 알아보는 것이다(심성경 외, 2012). 작업표본의 예로는 인물화, 입체작품, 관찰기록지, 그림 등이 포함되며 집단 작업의 결과물 역시 포함시킬 수 있다.

〈표 7-11〉 **유아의 작업표본 분석의 예: 인물화**

<table>
<tr><th colspan="6">예술경험 영역 – 인물화 1, 2차</th></tr>
<tr><td>유아명</td><td colspan="2">류○○ (5세)</td><td>활동명</td><td colspan="2">그림 그리기</td></tr>
<tr><td>평가시기</td><td colspan="2">1차: 2017년 4월 4일
2차: 2017년 7월 7일</td><td>평가 방법</td><td colspan="2">평정척도, 작업표본 분석</td></tr>
<tr><td>평가상황 및 관점</td><td colspan="5">· 예술적 표현하기>미술활동으로 표현하기
- 미술활동으로 자신의 생각, 느낌을 표현할 수 있는가?</td></tr>
<tr><td rowspan="8">내용</td><td colspan="3">평정척도</td><td>1차</td><td>2차</td></tr>
<tr><td>1단계</td><td colspan="2">다양한 선들로 긁적거리기를 한다.</td><td></td><td></td></tr>
<tr><td>2단계</td><td colspan="2">두족인처럼 머리에서 바로 팔, 다리가 연결 되게 표현한다.</td><td></td><td></td></tr>
<tr><td>3단계</td><td colspan="2">일자형 인물로 팔, 다리를 선으로 표현한다.</td><td></td><td></td></tr>
<tr><td>4단계</td><td colspan="2">강조표현이 나타나며 팔, 다리를 면으로 표현한다.</td><td>V</td><td></td></tr>
<tr><td>5단계</td><td colspan="2">완전한 사람의 형태가 나타나고 세부적으로 신체부분들을 표현한다.</td><td></td><td></td></tr>
<tr><td>6단계</td><td colspan="2">사람의 팔, 다리에서 동작적 표현이 나타난다.</td><td></td><td>V</td></tr>
<tr><td>7단계</td><td colspan="2">동작적 표현이 세분화되고 세련되어져 나타난다.</td><td></td><td></td></tr>
<tr><td rowspan="2">작업표본</td><td colspan="2">1차</td><td colspan="3">2차</td></tr>
<tr><td colspan="2"></td><td colspan="3"></td></tr>
<tr><td>해석</td><td colspan="5">인물화 그리기 1차는 팔과 다리를 면으로 표현하였지만 2차는 사람이 구체적으로 표현되고 팔 등에서 동작적 표현이 나타났다.</td></tr>
</table>

(5) 면담

면담은 특정 활동이나 과제에 대해 유아의 생각을 직접 묻고 대답하도록 하여 평가하는 방법이다. 교수–학습 활동의 과정에서 자연스럽게 진행할 수 있으며, 유아의 흥미와 사고의 질, 정서 상태를 깊이 있게 파악할 수 있는 기회를 제공해 줄 수 있다. 면담 내용은 김밥 만들기를 한 후 면담한 내용이다.

〈표 7-12〉 **면담의 예: 요리활동 면담**

<table>
<tr><th colspan="6">자연탐구 영역 – 요리활동 1차</th></tr>
<tr><td>유아명</td><td colspan="2">조○○ (5세)</td><td>활동명</td><td colspan="2">김밥만들기</td></tr>
<tr><td>평가시기</td><td colspan="2">2017년 4월 19일</td><td>평가유형</td><td colspan="2">체크리스트, 면담, 작업표본</td></tr>
<tr><td>평가내용 및 관점</td><td colspan="5">· 과학적 탐구하기>물체와 물질 알아보기, 간단한 도구와 기계 활용하기
- 주변의 여러 가지 물질의 기본 특성을 아는가?
- 생활 속에서 간단한 도구와 기계를 활용하는가?</td></tr>
<tr><td rowspan="6">내용</td><td colspan="2" rowspan="2">체크리스트</td><td colspan="3">확인</td></tr>
<tr><td colspan="2">예</td><td>아니오</td></tr>
<tr><td>1</td><td>요리활동에 흥미를 가지고 참여한다.</td><td colspan="2">V</td><td></td></tr>
<tr><td>2</td><td>재료와 도구를 적절히 사용한다.</td><td colspan="2">V</td><td></td></tr>
<tr><td>3</td><td>활동에 관련된 이야기를 나눈다.</td><td colspan="2">V</td><td></td></tr>
<tr><td>4</td><td>안전하게 활동한다.</td><td colspan="2">V</td><td></td></tr>
<tr><th colspan="3">면담 내용</th><th colspan="3">작업표본</th></tr>
<tr><td colspan="3">1. 무엇이 가장 재미있었나요?
싸는 것.</td><td colspan="3" rowspan="4"></td></tr>
<tr><td colspan="3">2. 무엇이 가장 어려웠나요?
밥 놓는 것.</td></tr>
<tr><td colspan="3">3. 이전에 먹어 본 김밥과 꼬마김밥을 비교하여 설명하는가?
엄마김밥은 햄이 있었고 꼬마 김밥은 햄이 없었어요.</td></tr>
<tr><td colspan="3">4. 무엇을 알게 되었나요?
밥을 골고루 놓는 것.</td></tr>
<tr><td>해석</td><td colspan="5">요리활동 1차에서 김에 밥을 펴고 계란, 당근, 오이, 맛살, 단무지를 넣고 동그랗게 말 수 있다.
자신이 이전에 먹어 본 김밥과 꼬마김밥의 차이점을 알고 재료를 비교하여 설명한다.</td></tr>
</table>

자료제공: 원광대학교 사범대학 부속유치원.

(6) 3, 4, 5세 연령별 누리과정 평가도구

3, 4, 5세 연령별 누리과정 평가도구(서울특별시 유아교육진흥원, 2013)는 누리과정의 적용 시 유아 평가에 활용할 수 있는 관찰평정 척도이다. 이 도구는 〈표 7-14〉와 같이 연령별로 누리과정의 5개 영역에 따른 평가 준거로 구성되어 있으며, 유아를 관찰하여 준거의 문항별로 4단계로 평정하도록 되어있는 기술평정 척도이다. 즉, 신체운동·건강영역의 평가 준거 2번 문항의 '소근육조절하기' 항목에 대한 기술평정척도의 구체적인 예를 제시하면 〈표 7-13〉과 같다.

〈표 7-13〉 **소근육조절하기에 대한 기술평정척도**

단계	내 용	확인
1	가위로 직선을 따라 대강의 모양대로 오린다.	
2	가위로 직선을 따라 비교적 정확하게 오린다.	
3	가위로 곡선을 따라 대강의 모양대로 오린다.	
4	가위로 직선과 곡선으로 이루어진 형태(㉄ 꽃모양, 사람모양)를 비교적 정확하게 오린다.	

〈표 7-14〉 3, 4, 5세 누리과정 평가준거

영역	문항	3세	4세	5세
신체운동건강	신체를 인식하고 움직이기	●	●	●
	소근육 조절하기	●	●	●
	이동하며 운동하기		●	●
	신체 활동 참여하기	●	●	●
	공을 이용하여 신체 활동하기	●	●	●
	몸을 깨끗이 하기			●
	주변을 깨끗이 하기	●	●	●
	바른 식생활하기(3, 4세: 바른 태도로 식사하기)	●	●	●
	하루 일과에 참여하기	●	●	●
	안전하게 놀이하기	●	●	●
의사소통	낱말과 문장 듣고 이해하기	●	●	●
	이야기 듣고 이해하기	●	●	●
	바른 태도로 듣기	●	●	●
	낱말과 문장으로 말하기			●
	느낌, 생각, 경험 말하기	●	●	●
	상황에 맞게 바른 태도로 말하기	●	●	●
	글자 읽기에 흥미 가지기	●	●	●
	책에 관심 가지기	●	●	●
	쓰기에 관심 가지기	●	●	●
	쓰기도구를 바르게 사용하기		●	●
사회관계	나를 소중하게 여기기 (3세: 나에 대해 관심가지기)	●	●	●
	나의 일 스스로 하기	●	●	●
	나와 다른 사람의 감정 알고 표현하기 (3세: 나의 감정 알기)	●	●	●
	나의 감정 조절하기		●	●
	가족 구성원에 대해 알기	●		
사회관계	친구와 함께 놀기	●	●	●
	친구와 갈등 해결하기		●	●
	약속과 규칙 지키기	●	●	●
	지역사회에 관심 갖고 이해하기	●	●	●
	우리나라에 관심 갖고 이해하기	●	●	●
	세계의 여러 문화에 관심가지기			●
예술경험	음악적 요소 탐색하기	●	●	●
	다양한 미술 재료와 도구 사용하기	●	●	●
	노래로 표현하기	●	●	●
	움직임과 춤으로 표현하기	●	●	●
	미술활동으로 표현하기		●	●
	극놀이로 표현하기	●	●	●
	다양한 예술 감상하기	●	●	●
	전통 예술 활동에 참여하기			●
자연탐구	탐구하는 태도 기르기	●	●	●
	수량 비교하기	●	●	●
	공간의 기초 개념 형성하기	●	●	●
	도형의 기초 개념 형성하기			●
	기초적인 측정하기	●		
	속성에 따라 비교하고 순서짓기		●	●
	규칙성 이해하기		●	●
	사물을 분류하기	●	●	●
	물질의 변화 과정 탐구하기 (3세: 친숙한 물체와 물질의 특성 알아보기)	●	●	●
	동물이나 식물 탐구하기	●	●	●
	자연현상 탐구하기	●	●	●

* 3세는 38문항, 4세는 43문항, 5세는 48문항으로 구성되어 있다.

4) 유아 평가결과의 활용

(1) 교육개선을 위한 근거자료

평가결과는 교육 과정을 재편성하여 운영하고 교수-학습방법을 개선하는 데 활용될 수 있다. 교사는 평가결과를 통해 교수-학습 자료가 유아들의 발달 수준에 적절했는지, 효과적이었는지 등을 평가하고 추후 교수-학습 자료를 개선하는 데 활용할 수 있다.

(2) 부모님과 공유하기

학부모에게 유아의 발달과정과 진보의 결과를 이해시킬 수 있는 자료로 활용할 뿐 아니라 학부모 면담 시 근거 자료로 활용할 수 있다. 즉 유아가 어떤 능력을 가지고 있는지 학기 초와 비교하여 어느 정도 발달했는지, 어떤 부분에 재능이 있는지 등에 대한 객관적 정보를 제공해 줌으로써 구체적인 상담이 가능해질 수 있다. 또한, 평가 자료를 포트폴리오 형태로 종합하여 연 1회 또는 2회 가정으로 배부하여 유아에 대한 부모의 이해를 높이고 가정과의 연계에 도움을 줄 수 있다. 1차 배부 시에 포트폴리오 자료의 수집 과정과 평가에 대한 학부도의 의견을 받아(학부모 답신란 활용) 2차 포트폴리오 작성 시에 참고할 수도 있다.

(3) 유아와 공유하기

흥미영역에 포트폴리오 파일을 비치하여 유아가 개별적으로 보기도 하고 친구와 함께 보면서 상호작용하는 기회를 제공한다.

(4) 생활기록부 작성 시 참고하기

개별 유아의 평가결과는 생활기록부 작성 시 참고자료로 활용할 수 있다.

2. 교사 평가

교사 평가는 2017년 교원능력개발 평가 실시에 관한 훈령 개정안(교육부 훈령 제 217호)에 따라 이루어지기 시작한 것으로, 실시 대상 교원에 유치원 교사도 포함되어 있다.

유치원 교사 평가 모형은 기존에 실시되고 있는 초·중등 교원능력개발 평가 표준 모형과 유사하게 구성되어 있으며, 동료교원평가와 학부모 만족도 조사로 이루어져 있다. 평가는 자율서술식과 5단계 척도 체크리스트 방식을 병행으로 사용하며 온라인 시스템 평가를 원칙으로 한다.

「유아교육법」 제7조 제3호에 의하면 사립유치원의 경우에는 규모에 따라서 교사 평가의 실시 시기에 차이가 있다. 즉 7학급 이상 사립유치원은 공포일(2017년 5월 19일)부터, 5학급 이상 사립유치원은 2018년 3월 1일부터 교사 평가를 실시하고 2019년 3월 1일부터는 모든 사립유치원의 교원이 교사 평가의 대상이다. 교사의 평가 목적, 평가 방향, 평가 지표의 구성 등을 알아보면 다음과 같다(교육부, 2017a).

1) 평가 목적

① 교원의 교육활동 전반에 관한 전문성을 진단하고 그 결과에 근거한 전문성 향상을 지원한다.

② 교원이 자신의 수업을 새로운 관점에서 검토, 분석할 수 있도록 자기 발전에 필요한 자료를 제공한다.

③ 공정하고 타당한 평가 실시 및 결과 활용을 통해 교원의 지속적인 능력개발을 유도한다.
④ 교원의 전문성 신장을 지원함으로써 유치원 교육의 질 향상 및 공교육에 대한 신뢰를 제고한다.

2) 평가 방향

① 교원의 수업 지도 및 유아 지도를 평가하여 수업의 질적 개선과 유아 지도 능력 함양을 도모한다.
② 교육공동체 구성원이 참여하는 평가를 실시하고 평가결과는 교원의 수업 전문성 향상 및 능력 개발 자료로 적극 활용한다.
③ 교원 상호 간 지식과 경험이 원활하게 공유되고 지속적으로 학습이 일어날 수 있는 체제를 구축한다.
④ 객관적이고 공정한 평가가 이루어질 수 있는 체제를 구축한다.

3) 평가 지표의 구성

교사 평가의 영역은 교원의 교육활동 전반(학습 지도, 생활 지도 등)을 포함하고, 일반교사를 대상으로 하는 평가 지표는 학습 지도(3요소, 8개 지표)와 생활 지도(3요소, 5개 지표) 등 2개 영역으로 구성되며 동료 교원에 의한 평가는 10개 이상의 평가 지표를 중심으로 최소 12문항 이상으로 구성하고 학부모 만족도 조사는 5문항 이상으로 구성한다.

(1) 동료교원 평가 지표: 담임교사용

동료교원들이 개별 교사의 학습 지도 및 생활 지도 영역 등에 대하여 평가한다.

〈표 7-15〉 유치원 일반교사 교원능력개발 평가의 평가 지표 구성의 예

연번	평가 지표	평가문항	매우 우수	우수	보통	미흡	매우 미흡
1	교과내용 분석	현행 교육 과정을 잘 이해하고 이를 반영하여 교수·학습방법을 개선하며 지도한다.					
2	수업계획 수립	수업목표가 활동 내용과 일치하고 구체적이다.					
3	학습환경 조성	유아가 학습에 대한 흥미나 호기심을 갖도록 동기를 유발할 수 있는 환경을 조성한다.					
4	교사 발문	유아가 다양하게 생각하여 대답할 수 있도록 질문한다.					
5	교사-유아 상호작용	교수·학습활동에서 칭찬과 격려를 통해 유아에게 자신감을 준다.					
6	학습 자료 및 매체 활용	유아가 학습 내용을 잘 이해할 수 있도록 적절한 학습 자료를 활용한다.					
7	평가내용 및 방법	유아의 수준에 맞는 평가문항이나 도구를 활용하여 평가한다.					
8	평가결과의 활용	유아의 수준에 맞는 지도를 위해 평가결과를 활용한다.					
9	개별 유아 특성 파악	유아의 문제 파악을 위해 지속적인 관찰과 상담을 한다.					
10	유치원 생활 적응지도	유아가 유치원 생활에 잘 적응할 수 있도록 지도한다.					
11	건강·안전 지도	유아가 건강하게 생활하도록 지도한다.					
12	기본생활습관 지도	유아의 기본생활습관 형성을 위하여 지속적으로 지도한다.					
선생님의 우수한 점							
선생님께 바라는 점							

자료제공: 오산남초등학교 병설유치원.

(2) 학부모 만족도 조사지: 담임교사용

학부모 만족도 조사는 학부모들이 담임교사의 학습 지도 및 생활 지도 영역 등에 대하여 평가한다.

〈표 7-16〉 **자녀의 유치원 생활에 대한 학부모 만족도 조사지의 예**

연번	평가요소	평가 지표	조사 문항	만족도					
				매우 그렇다	그렇다	보통이다	그렇지 않다	전혀 그렇지 않다	잘 모르겠다
1	수업실행	교사-유아 상호작용	자녀가 선생님과의 수업이 재미있다고 말합니다.						
2	평가 및 활용	평가 결과의 활용	선생님께서는 자녀의 수준이나 발달에 맞는 평가를 하고 그 결과를 알려 줍니다.						
3	상담 및 정보 제공	개별 유아 특성 파악	선생님께서는 자녀의 유치원 생활에 대하여 상담해 주며 정보를 제공해 줍니다.						
4	문제 행동 예방 및 지도	유치원 생활 적응 지도	선생님께서는 자녀가 유치원 생활에 잘 적응하도록 지도해 줍니다.						
5	생활습관 및 인성 지도	기본 생활습관 지도	선생님께서는 자녀가 기본 생활습관을 갖도록 도와주십니다.						
선생님의 좋은 점									
선생님께 바라는 점									

출처: 오산남초등학교 병설유치원.

3. 유치원 평가

기관에 대한 평가인 유치원 평가는 2004년 제정된 유아교육법에 평가에 대한 조항이 설치됨으로써 법적 근거가 마련되었다. 이에 교육부는 '유아교육 질적 수준 향상을 위한 유치원 평가 기본계획'에 따라 2007년 전국의 100개 공·사립 유치원을 대상으로 한 시범평가를 시작으로 2008년부터 3년 주기로 시·도교육청별로 유치원 평가를 실시하고 있다.

2013년부터 유치원과 어린이집에서 3~5세 누리과정을 공통 적용하게 되면서, 제4주기 유치원 평가(2017~2019)부터는 어린이집과 공통된 지표를 적용하게 되었다.

1) 유치원 평가의 목적

유치원 평가의 목적은 다음과 같다(교육부, 2017b).

첫째, 누리과정을 충실히 운영할 수 있는 유치원 운영체계 구축 및 유치원의 책무성 제고를 통해 유치원 교육 서비스의 질적 수준 향상

둘째, 유치원 운영 전반을 체계적 종합적으로 점검하고 평가결과 환류 및 맞춤형 지원을 통해 유치원 운영 개선

셋째, 평가결과 공개를 통해 학부모의 알 권리 및 유치원 선택권 보장으로 학부모의 유치원 교육에 대한 만족도 제고

2) 유치원 평가의 기본 방향

유치원 평가의 기본방향에 대해 교육부(2017b)는 다음과 같이 제시하고 있다.

(1) 기관의 다양성을 유지하면서 평가의 객관성과 일관성 제고 도모

통합평가 지표 개발은 기관의 다양성을 유지한다는 통합의 방향성을 견지하면서, 유치원과 어린이집의 질을 객관적으로 상호 비교할 수 있도록 구체적인 평정기준을 제시하여 평가의 객관성 및 일관성을 제고하고자 하였다(박노욱, 이혜원, 이보화, 2014).

(2) 새로운 평가체계의 현장 적합성 증진을 도모

유치원·어린이집 통합평가 지표와 더불어 현장에서 활용 가능한 구체적인 운영 매뉴얼을 개발하여, 보다 타당성 있고, 신뢰성 있는 평가 체계를 마련하고자 한다.

(3) 통합지표는 동일하게 적용하나, 그 운용은 현재 평가체계 활용

통합지표를 마련하였으나, 통합평가의 실행은 유치원과 어린이집의 현재 평가체계 안에서 그 특성을 살려 추진하기로 한다. 유치원은 시도교육청 중심의 '유치원 평가', 어린이집은 3차 평가인증지표를 대체하여 '어린이집평가인증'의 지표로 동일하게 적용하기로 한다.

3) 유치원 평가 지표

제4주기 유치원 평가를 위해 교육부는 보건복지부, 시도교육청 유치원 평가 담당자, 한국보육진흥원 평가인증담당자, 영유아교육보육통합추진단과의 의견 조율과정을 거쳐 공통 지표안을 구성하였다.

제4주기 평가 지표는 4개 영역, 20개 지표, 77개 항목으로 구성되어 있다. 부처 검토와 현장 의견 반영에 의해 초안보다는 축소 조정되었음에도 제3주기 지표(11개 지표, 30요소)에 비해 지표 및 항목 수가 대폭 증가한 것이다. 또한, 평가영역의 수는 4개로 동일하나 3주기 평가 지표의 '교육환경'과 '운영관리' 영역이 통합되고, '교직원' 영역이 추가되었다.

〈표 7-17〉 **제4주기 유치원 평가 지표 및 평가 항목**

영역	평가 지표	평가항목
Ⅰ. 교육과정 (29)	1-1. 교육계획 수립 및 실행 (4)	1. 국가 수준의 교육 과정에 제시된 목표 및 내용을 반영한다.
		2. 유아의 발달 수준 및 학급 특성을 고려하여 연간, 월간, 주간, 일일 계획안을 작성한다.
		3. 연간, 월간, 주간, 일일계획안의 목표 및 내용이 적절하며, 연계성이 있다.
		4. 누리과정의 영역을 반영하여 교육활동을 실시한다.
	1-2. 일과 운영 (5)	1. 계획에 따라 유아의 연령에 적합한 놀이, 활동, 일상생활 경험을 균형 있게 통합적으로 운영한다.
		2. 자유선택활동 시간을 매일 충분히 배정하여 운영한다.
		3. 바깥놀이 시간을 매일 충분히 배정하여 운영한다.
		4. 놀이나 활동을 융통성 있게 운영한다.
		5. (특) 특수교육대상 유아를 위한 관련 서비스(치료지원 포함)를 일과 중에 통합적으로 제공한다.
	1-3. 교수-학습 방법 (6)	1. 주제에 적합한 활동계획을 수립하고 그에 적절한 교수-학습방법과 자료를 활용한다.
		2. 교사는 유아가 활동에 대한 흥미나 호기심을 갖도록 한다.
		3. 교사는 다양한 놀이와 활동이 유아의 자발적 선택에 의해 주도적으로 이루어지도록 격려한다.
		4. 교사는 유아의 놀이상황을 관찰하면서 놀이를 지원한다.
		5. 교사는 유아가 다양하게 생각하여 대답할 수 있도록 발문한다.
		6. 교사의 태도가 안정되고 자신감이 있다.

영역	평가 지표	평가항목
Ⅰ. 교육 과정 (29)	1-4. 교사-유아 상호작용 (6)	1. 교사는 신체적 특성, 가족 및 민족 배경 등으로 인한 편견 없이 모든 유아를 존중한다.
		2. 교사는 유아의 기질, 정서적 상태, 놀이 선호 등을 파악하여 적절히 반응한다.
		3. 교사는 유아의 개별적 요구나 질문을 주의 깊게 듣고, 적절하게 반응한다.
		4. 교사는 유아가 이해할 수 있는 내용으로 눈을 마주치며 이야기한다.
		5. 교사는 위협, 비난, 조롱 등 부정적 언어를 사용하지 않는다.
		6. 교사는 칭찬과 격려를 통해 유아에게 자신감을 준다.
	1-5. 유아 간 상호작용 시 교사 역할 (4)	1. 교사는 유아가 일상에서 또래와 긍정적 상호작용을 하도록 격려한다.
		2. 교사는 유아가 자신의 의견이나 생각을 또래에게 말로 표현하도록 격려한다.
		3. 교사는 유아가 적절한 약속과 규칙을 알고 지킬 수 있도록 격려한다.
		4. 교사는 유아 간 다툼이나 문제가 발생하지 않도록 환경을 마련하고, 발생 시 적절히 개입한다.
	1-6. 평가 (4)	1. 유아의 행동을 객관적으로 관찰·기록한다.
		2. 교육 과정 목표와 내용을 준거로 유아의 발달 특성과 변화를 평가한다.
		3. 유아 평가결과를 교육 과정 편성 및 운영에 반영하고, 부모면담의 자료로 활용한다.
		4. 교육 과정 운영에 대한 평가를 실시하고, 그 결과를 다음 계획안에 반영한다.
Ⅱ. 교육 환경 및 운영 관리 (20)	2-1. 실내 공간 구성 (5)	1. 교실 내 흥미영역은 유아의 연령 및 발달 특성을 고려하여 충분한 공간에 구성한다.
		2. 유아의 요구를 충족하는 다양한 공간을 마련하고 있다.
		3. 실내 시설 및 설비가 유아의 발달 수준에 적합하다.
		4. 계획안의 주제와 관련된 교재·교구들을 유아의 연령수준에 맞게 영역별로 다양하게 구비하고 있다.
		5. 비품과 교재·교구를 보관하는 별도의 공간이 있고, 연령별, 주제별 또는 영역별로 정리되어 있다.

영역	평가 지표	평가항목
II. 교육환경 및 운영관리 (20)	2-2. 실외 공간 구성 (3)	1. 실외(옥외) 놀이터 등을 구비하고 있다.
		2. 유아 발달에 적합한 다양한 놀이기구를 구비하고 있다.
		3. 실외 공간에 다양한 활동 영역을 제공하고 있다.
	2-3. 기관 운영 (5)	1. 학급을 편성 규정에 맞게 운영하고 있다.
		2. 개별 유아의 생활기록부를 작성·관리하고 있다.
		3. 신입유아 적응을 위한 지원을 하고 있다.
		4. 예결산서를 대내외적으로 공개한다.
		5. 입학금과 수업료 외의 기타경비 관련 규정을 마련하여 준수하고 있다.
	2-4. 가정 및 지역사회와의 연계 (5)	1. 부모와 상호 협의하에 유치원을 개방한다.
		2. 부모교육을 다양하게 실시하고 있다.
		3. 부모와 개별면담을 하고 가정과의 소통을 다양한 방법으로 실시하고 있다.
		4. 유아와 가족의 문제를 파악하고 지원한다.
		5. 지역사회와 연계한 다양한 활동을 실시하고 있다.
	2-5. 방과 후 과정 (2)	1. 특성화 활동을 운영지침에 따라 실시한다.
		2. 방과 후 과정을 위한 기본 시설·설비를 구비하고 담당인력을 배치하고 있다.
III. 건강·안전 (15)	3-1. 실내외 공간의 청결 및 안전 (4)	1. 실내외 공간을 청결하고 쾌적하게 관리하고 있다.
		2. 실내외 공간을 유아의 안전을 위해 위험요인 없이 관리하고 있다.
		3. 실내외 놀잇감이 안전하고, 위험한 물건을 안전하게 보관·관리하고 있다.
		4. 안전시설 및 설비를 비상시 효율적으로 사용할 수 있도록 관리하고 있다.
	3-2. 급·간식 (3)	1. 영양의 균형을 고려한 급·간식을 제공하고 있다.
		2. 식자재의 구입·보관 및 조리공간을 위생적으로 관리하고 있다.
		3. 조리 및 배식과정을 청결하고 위생적으로 관리하고 있다.

영역	평가 지표	평가항목
Ⅲ. 건강 · 안전 (15)	3-3. 건강증진을 위한 교육 및 관리 (3)	1. 손 닦기, 양치질 등 청결한 위생습관을 실천한다.
		2. 교사는 유아의 건강 상태를 살펴보고 적절하게 지원한다.
		3. 유아와 교직원의 건강증진을 위한 예방관리와 교육을 실시한다.
	3-4. 등 · 하원의 안전 (2)	1. 유아는 등·하원 시 성인의 보호하에 있다.
		2. 통학차량을 운행할 경우 안전요건을 갖추어 관리한다.
	3-5. 안전교육 및 사고 대책 (3)	1. 유아를 대상으로 안전교육을 지속적으로 실시하고 있다.
		2. 교직원은 안전교육을 받고 유아학대예방 지침을 준수한다.
		3. 영유아, 교직원 및 시설 보험에 모두 적합하게 가입하고 있다.
Ⅳ. 교직원 (13)	4-1. 원장의 리더십 (4)	1. 원장은 자신의 전문성 향상을 위해 노력하고 있다.
		2. 원장은 교직원을 존중하고, 교직원의 발전을 위해 지원하며, 면담을 실시한다.
		3 원장은 정기적인 교사회의 등을 통해 교직원의 의견을 민주적으로 수렴한다.
		4. (사립) 2년 이상 근속한 교사가 전체 교사의 50% 이상이다.
	4-2. 교직원의 근무환경 (3)	1. 교사실과 개인사물함을 별도로 마련하고 있다.
		2. 교사의 업무지원을 위한 자료 및 설비를 충분히 구비하고 있다.
		3. 성인용 화장실/변기를 유아용과 별도로 설치하고 있다.
	4-3. 교직원의 처우와 복지 (3)	1. 교직원 인사와 관련하여 공정한 규정이 있으며, 이를 준수하고 있다.
		2. 교직원의 보수와 관련한 규정이 있으며, 이를 준수하고 있다.
		3. 교직원의 복지를 위해 노력하고 있다.
	4-4. 교직원의 전문성 제고 (3)	1. 신규 교직원에게 업무 관련 오리엔테이션을 실시하고 있다.
		2. 교원의 전문성 제고를 위한 다양한 연수기회를 부여하고 있다.
		3. 교사의 교수-학습방법에 대한 장학을 실시하고 있다.

출처: 교육부(2017b).

제4주기 평가 지표는 충족(Y)/ 미충족(N)의 정량화된 항목으로 제시된 점에서 3주기까지의 정성 평가적 성격의 지표와 큰 차이가 있다. 또한, 지표별, 영역별로 우수/적합/개선필요 등 3등급으로 평가하도록 되어있는데, 이는 어린이집 평가인증제의 지표와 평가방법에 따른 것으로 볼 수 있다. 평가하는 방법의 예시를 보면 다음과 같다.

〈표 7-18〉 **평가방법 예시**

영역	평가 지표	평가항목	충족	지표 등급	영역 등급	영역별 소견
1. 교육과정	1-1. 교육계획 수립 및 실행	1. 국가 수준의 교육 과정에 제시된 목표 및 내용을 반영한다.	□Y □N	□우수 □적합 □개선필요	□우수 □적합 □개선필요	
		2. 유아의 발달 수준 및 학급 특성을 고려하여 연간, 월간, 주간, 일일계획안을 작성한다.	□Y □N			
		3. 연간, 월간, 주간, 일일계획안의 목표 및 내용이 적절하며, 연계성이 있다.	□Y □N			
		4. 누리과정의 영역을 반영하여 교육활동을 실시한다.	□Y □N			

생각해 보세요

활동 1 **교우도 검사를 하면 무엇이 좋을까요?**

활동 2 **윤○○가 좋아하는 친구와 윤○○를 좋아하는 친구의 예시를 보고 교우도를 작성해 보세요. (149p 참고)**

윤○○가 좋아하는 친구는 화살표를 친구에게로 →
친구가 윤○○를 좋아한다고 생각하면 화살표를 윤○○로 ←
서로 좋아하는 경우는 화살표를 쌍방향으로 →←

윤○○가 좋아하는 친구: 김○○, 권○○, 오○○, 박○○, 소○○, 백○○, 이○○, 심○○

윤○○를 좋아하는 친구: 권○○, 박○○, 백○○, 심○○, 최○○, 정○○, 나○○

윤○○

참고문헌

교육과학기술부, 보건복지부(2013). 3~5세 연령별 누리과정 해설서.

교육부(2017a). 교육부교원능력개발 평가 실시에 관한 훈령 개정안 교육부 훈령 217호.

______(2017b). 제4주기 유치원 평가 중앙연수. 교육부.

김지은(2008). 아동관찰 및 행동연구. 경기: 학현사.

김희진, 박은혜, 이지현(2012). 영유아교육기관에서의 관찰. 서울: 창지사.

서울특별시 유아교육진흥원(2013). 유치원 교육 과정 내실화를 위한 연령별 누리과정 평가도구.

심성경, 함은숙(2015). 유아교육기관 현장관찰 및 평가. 경기: 공동체.

심성경, 함은숙, 변길희, 박수경(2012). 유아 평가 바로알기. 서울: 창지사.

박노욱, 이혜원, 이보화(2014). 유치원 · 어린이집 평가체계 연계 · 통합 방안에 관한연구. 국무조정실, 한국조세재정연구원.

8장 학부모 관리

유치원 교사로 일하다 보면 아이들 말고도 많은 사람들을 만나야 한다. 그중 가장 중요한 만남은 부모님과의 만남이다. 유치원에 직접 찾아오시거나 차량운행 중에 뵙게 되는 경우가 많고, 출석카드를 통해 소통하기도 한다. 학기 초에 친구들과 상호작용하거나 교사와 이야기하는 것을 부끄러워하는 유아가 있었다. 학기 초 면담 때 부모님과 함께 이야기를 나누고 대안을 찾아서 함께 노력하자 점차 친구들에게 먼저 말을 걸기도 하고, 교사에게 큰 목소리로 인사하는 모습을 보였다. 그런 모습이 보일 때마다 출석카드에 변화되는 모습을 적어드렸다. 학기 말 쯤 아이의 출석카드에 '선생님께서 써주시는 이야기를 읽고 눈물이 났어요. 감사해요'라는 글이 적혀있었다. 아이들과 상호작용하는 것도 중요하지만 아이가 변화하기 위해서는 교사와 부모와의 상호작용 또한 중요하다는 것을 느끼는 계기가 되었다.

경력교사 1의 저널

유아교육은 가정과의 긴밀한 연계가 필수적이므로, 유치원 교사의 직무 중 학부모 관리는 그 비중이 크다고 할 수 있다. 특히 육아에 관련된 정보의 홍수 속에서 유아의 발달에 부적절하거나 일관성 없는 훈육방법의 사용 등으로, 부모-자녀 간 갈등이 흔히 발생하고 있다는 점에서 학부모 관리의 필요성이 더욱 확실시 된다. 또한, 가정의 기능 약화와 가족 해체에 따른 한 부모 가정의 증가, 빈곤 가정의 증가 등 사회적 상황에 의해 학부모에게 올바른 자녀 양육과 교육에 대한 정보 및 지식을 지원할 교사의 역할을 더욱 기대하게 되었다.

유치원에서의 학부모 관리는 일방적으로 부모를 교육시키고 정보를 주기보다는 부모들의 요구를 반영한 양방향적인 접근으로 이루어져야 한다. 또한, 부모 간에 경험을 서로 나눌 수 있는 기회의 제공을 포함한 적절한 학부모 관리는 유치원과 부모 간의 상호 신뢰를 돈독히 하고 기관과 가정의 일관성 있는 지도를 가능케 한다. 학부모 관리 직무는 초임 교사에게 부담스러운 직무 중 하나이지만 효율적인 학급운영을 위해 매우 중요하다. 학부모 관리 직무를 정리하면 〈표 8-1〉과 같다.

〈표 8-1〉 **학부모 관리 직무**

<table>
<tr><th>직무 구분</th><th>직무 내용</th><th>학년 시작 전에 할 일</th><th>학년 중에 할 일</th><th>학년 말에 할 일</th></tr>
<tr><td rowspan="4">학부모 관리</td><td rowspan="2">부모와의 연계</td><td rowspan="2">학부모 오리엔테이션
학급별 SNS 그룹 만들기</td><td colspan="2">· 학부모와 수시로 정보 교환
· 부모-교사협의회하기
· 학부모 지원 요청
· 학급별 SNS 그룹 관리</td></tr>
<tr><td></td><td>신입생 학부모상담 준비 및 진행</td></tr>
<tr><td>부모상담</td><td>학부모 상담계획 수립</td><td colspan="2">· 전화상담
· 개별·집단면담</td></tr>
<tr><td>부모교육</td><td>부모교육계획 수립</td><td colspan="2">부모교육, 부모참여수업</td></tr>
</table>

〈표 8-1〉과 같이 부모와의 연계를 효율적으로 하기 위해 신학기가 시작되기 직전인 2월에 신입생 및 재원생 학부모를 대상으로 유치원의 운영 전반에 대한 오리엔테이션을 실시한다. 유치원은 학부모 오리엔테이션을 통하여 유치원의 교육철학 및 운영에 대한 학부모의 이해를 높이고, 유치원에 대한 신뢰감을 증진시키며, 교사와 부모 간의 관계형성을 도울 수 있다.

이 장에서는 〈표 8-1〉의 업무 중 부모참여 수업은 9장 행사 및 현장학습에서 다루어지므로, 초임 교사에게도 필수적인 직무인 전화상담과 면담에 대해서만 살펴보고자 한다.

1. 전화상담

전화상담은 교사가 학부모와 의사소통하는 방법 중 가장 많이 사용하는 방법이다. 일반적으로 위급한 문제가 발생한 경우를 제외하고는 주로 유치원 하루 일과가 끝난 후 일과 중에 발생한 사건이나 결석한 유아의 안부 등과 관련하여 전화상담을 실시한다. 또한, 유아의 문제 행동 지도나 올바른 성장을 돕기 위한 협조사항 등과 관련하여 상담을 실시하는 등 전화상담의 내용은 다양하다.

전화상담은 특정한 시기나 방법, 내용 등이 정해져 있지 않다는 점에서 편리한 방법이라고 할 수 있다. 그러나 면대면 상담이 아니기 때문에 학부모의 표정이나 태도, 이해 정도, 전화상담 상황 등에 대한 정보가 제한적일 수 있다. 따라서 효율적인 전화상담을 위해서 일반상담 때보다 더 경청하고 공감하는 자세가 필요하다.

1) 전화상담 시 주의사항

교사는 상담을 준비할 때 상담해야 할 내용을 미리 기록하여 요점을 잃지 않도록 한다. 또한, 상담 중에도 중요한 사항은 기록을 남겨서 다음 상담의 참고

자료가 될 수 있도록 한다. 유아의 문제 행동과 관련된 상담일 때는 부모가 이해할 수 있도록 문제 행동 발생 당시의 상황을 전해 주는 것이 효과적이다. 전화를 하게 된 이유를 설명하기 전에 사소하지만 유아와 관련된 긍정적인 이야기로 시작하는 것이 좋다. 부모가 교사의 이야기에 충격을 받지 않도록 이야기하되 무조건 긍정적 판단이나 해결책을 이야기하지 않는다. 교사는 성급한 판단을 내리지 않아야 하고, 유아의 문제 행동에 대해 학부모와 의논하여 함께 해결점을 찾는 것이 목적임을 명심해야 한다.

2) 전화예절

전화상담은 전화라는 도구를 활용하기 때문에 전화예절이 기본이 된다. 전화를 받고 걸 때의 예절에 대해 살펴보면 다음과 같다.

(1) 전화를 받을 때

① 인사말과 함께 기관명과 전화 받는 사람을 밝힌다.

예 안녕하세요? ○○유치원 교사 ○○○입니다.

② 통화 내용이 분명하지 않을 경우 양해의 말을 한 뒤 다시 한번 확인한다.

예 하원할 때 ○○를 ○○○○에 내려달라는 말씀이시죠?

③ 전화를 바꿔 줄 때는 상대방의 신원을 파악한 후 잠시 기다리라고 한다.

예 네, 누구시라고 전해드릴까요? 잠시만 기다려 주세요.

④ 바꿔 줄 사람이 자리에 없거나 통화 중 혹은 시간이 오래 걸릴 경우에는 전화를 받지 못할 이유를 간략하게 알리고 전화를 끊은 다음 다시 연락하도록 한다.

예 죄송합니다. 지금 자리에 계시지 않는데 오시는 대로 전화드리도록 하겠습니다.

⑤ 통화 중 다른 사람과 대화할 일이 있을 경우 들리지 않도록 수화기를 막고 대화한다.

⑥ 전화를 끊을 때는 끝맺음 인사를 한 후 상대방이 끊고 난 다음 수화기를 내린다.

(2) 전화를 걸 때

① 아침 일찍, 밤늦게, 식사시간, 휴일은 피해서 전화를 건다. 피치 못할 사정으로 아침 일찍 또는 밤늦게 전화를 걸었을 때는 사과 인사를 먼저 한다.

예 아침 일찍(밤늦게) 정말 죄송합니다.

② 상대방이 수화기를 들면 먼저 인사를 하고 자신을 밝힌다.

예 안녕하세요? 저는 ○○반 교사 ○○○입니다.

③ 원하는 상대방이 없으면 메모를 부탁한다.

예 그럼 ○○○어머님에게 ○○반 교사 ○○○에게서 전화 왔었다고 메모 부탁드립니다.

④ 전화하는 상대방을 알지 못할 경우 목소리가 젊게 느껴져도 높임말을 쓴다.

⑤ 통화는 되도록 간단하게 하고, 통화를 끝낼 때는 끝맺음 인사를 하고 전화를 건 쪽이 먼저 끊는다. 그러나 상대방이 윗사람이거나 감사를 표해야 할 경우에는 상대방이 전화를 끊은 후 수화기를 내려놓는다.

2. 면담

학부모 면담은 일반적으로 1년에 1~2회 정도 실시한다. 1학기 면담은 유아에 대한 전반적인 정보를 수집하고 부모와 교사의 긍정적인 관계를 형성하는 데 목적이 있다. 또한, 2학기 면담은 유아의 발달에 대한 변화, 즉 교육을 통해 유아의 향상된 부분과 더 교육이 필요한 부분을 중심으로 이루어지는 것이 일반적이다. 상담은 개별 면담과 집단 면담으로 나눌 수 있다.

1) 개별 면담

개별 면담은 교사와 부모가 1:1로 만나서 개별 유아의 발달 상황과 문제 행동 등에 대해서 상담하는 것이다.

(1) 계획 및 준비 방법

① 예정된 면담 기간 2~3주 전에 부모에게 안내문을 보낸다. 부모에게 면담을 희망하는 일자와 시간대, 상담하고 싶은 내용을 기록하여 보내도록 요청한다.

② 면담 시간표를 작성한다.

- 각 부모의 요구를 기초로 시간이 겹치지 않도록 조정하고, 한 부모당 20~30분 정도 시간을 배당하여 계획한다.

③ 정해진 면담시간은 가정통신문, SNS, 문자 등을 통해 부모에게 알린다.

④ 부모가 상담하고 싶은 내용과 교사가 부모와 상담하고 싶은 내용을 확인하여 자료를 준비한다(유아 관찰일지, 유아 작품 등).

⑤ 면담 당일에는 교실의 문 앞에 면담 시간표를 게시하고 대기하는 장소에 의자와 책, 차와 간단한 간식 등을 준비한다.

⑥ 면담 책상은 교사와 학부모가 마주 앉을 수 있도록 하되 정면보다는 비슷하게 앉도록 한다.

⑦ 면담 중 시간을 확인할 수 있도록 시계를 준비한다.

⑧ 부모들이 주로 하는 질문을 정리하고 경력교사의 도움을 받아 사전에 답변을 만들어 보는 것도 필요하다.

개별 면담 안내문

개별 면담은 교사와 부모가 자녀를 이해하고 바람직한 교육을 하기 위해 실시합니다. 자녀의 보다 나은 성장을 위해 한 분도 빠짐없이 참석해 주시기 바랍니다. 다음 시간표를 보시고 정해진 날짜와 시간을 지켜 주시기 바랍니다.

1. 개별 면담 시간표는 희망하시는 시간대를 고려하여 작성하였습니다. 만약 정해진 날짜와 시간대를 변경하시고 싶으시거나 문의 사항이 있으시면 연락 부탁드립니다.

면담시간표

시간	월(12일)	화(13일)	수(14일)	목(15일)
2:40~3:00	홍○○			도○○
3:05~3:25	한○○	한○○	박○○	백○○
3:30~3:50	신○○	박○○	김○○	류○○
4:00~4:20	이○○	양○○		
4:30~4:50		최○○		오○○
5:00~5:20	박○○	임○○	최○○	유○○
5:30~5:50		방○○	김○○	이○○

2. 개별 면담은 담임교사가 유아와 유치원에서 함께 생활하면서 관찰 기록했던 여러 가지 자료를 기초로 부모님께 유아의 현재 상황을 말씀드리는 시간입니다.

3. 면담 소요 시간은 20분입니다.

20○○년 ○○월 ○○일

○○유치원

(2) 진행 방법

① 일상적인 이야기나 날씨 등을 화제로 자연스럽게 대화를 시작한다.
② 먼저 부모의 이야기를 주의 깊게 듣는다.
③ 부모의 유아에 대한 고민을 듣고 관찰한 내용을 토대로 교사의 의견을 이야기한다.
④ 유아의 장점을 먼저 이야기하고, 도움이 필요한 부분에 대해 이야기한다.
⑤ 교사의 의견을 제시할 때 단정적으로 이야기하지 않도록 주의한다.
⑥ 면담 내용을 기록하고 필요시 지속적으로 유아를 관찰하고 전화상담으로 연결한다.

2) 집단 면담

집단 면담은 교사가 부모를 집단으로 만나서 상담하는 것으로, 부모 상호 간의 의견 교환이 이루어진다는 점에서 개별 면담과 차이가 있다. 한 학급의 부모를 한번에 모아 대집단으로 실시할 수도 있고 두세 개의 소집단으로 나누어 실시할 수도 있으며, 1년 동안 1회 또는 2회 실시하는 것이 일반적이다. 집단 면담 시에는 보통 교육 과정에 대한 간단한 안내가 이루어지며, 주제를 정해 실시함으로써 부모 상호 간에 자녀나 양육자로서 부모 자신의 문제나 관심사에 대해 의견을 나누고 해결 방안을 공유할 기회를 제공한다는 점에서 가치가 있다.

(1) 계획 및 준비 방법

① 집단 면담의 주제 또는 목적을 정한다.
- 예를 들어 '자녀와 효과적으로 대화할 수 있는 방법' 등 부모들이 관심 있어 할 사항과 유아들에게 많이 나타나는 문제 행동을 중심으로 주제를 정하도록 한다.

② 보통 50분~60분 정도로, 가능한 한 모든 부모가 참석할 수 있는 시간대를 고려하여 일정을 계획하여야 한다.

③ 집단 면담의 목적과 주제, 시간 및 장소를 알리는 안내문을 작성하여 가정으로 보낸다.

④ 면담을 위한 자료를 준비한다.

- 개인조사서와 관찰기록지 등을 통해 주제와 관련된 유아의 특성, 친구관계 등을 파악하여 기록한다.
- 주제에 관련하여 지도 원리나 방법 등을 정리하고 동료 교사 특히 경력교사와의 토의를 통해 적절한 지도사례 등에 대한 자료를 준비한다.

⑤ 부모들이 서로를 알 수 있도록 유아의 이름표를 책상에 놓거나 착용할 수 있도록 준비한다.

소그룹면담 안내문

안녕하세요.
소그룹면담에 대해 안내해드립니다.
이번 소그룹면담의 주제는 '자녀와 효과적으로 대화할 수 있는 방법'입니다.
면담은 약 1시간 정도 이루어지며, 주제 이외에도 유아의 가정생활, 유치원 생활 및 지도방법 등 관심사에 대해 부모님들과 함께 의견을 나누는 방식으로 진행될 예정입니다.
유아들의 가정생활에 대한 많은 이야깃거리와 경험담의 공유를 기대합니다.

일시	유아명	면담 장소
23일(월) 17:20~18:20	곽ㅇㅇ, 남ㅇㅇ, 도ㅇㅇ, 민ㅇㅇ, 박ㅇㅇ, 박ㅇㅇ, 방ㅇㅇ, 신ㅇㅇ, 양ㅇㅇ	대나무반
24일(화) 15:00~16:00	강ㅇㅇ, 김ㅇㅇ, 류ㅇㅇ, 박ㅇㅇ, 백ㅇㅇ, 한ㅇㅇ, 홍ㅇㅇ, 오ㅇㅇ	원장 선생님방
24일(화) 17:00~ 18:00	노ㅇㅇ, 이ㅇㅇ, 이ㅇㅇ, 임ㅇㅇ, 최ㅇㅇ, 최ㅇㅇ, 한ㅇㅇ	대나무반

편안한 마음으로 이야기보따리를 풀어 주세요.

- 면담일에 유아가 유치원에 남아 있어야 하는 경우는 출석카드에 메모 부탁드립니다.
- 별도의 메모가 없으면 정상 귀가합니다. 그럼, 다음 주에 기쁜 마음으로 뵙겠습니다.

20ㅇㅇ년 ㅇㅇ월 ㅇㅇ일

ㅇㅇㅇㅇ유치원

(2) 진행 방법

① 부모들이 서로의 얼굴을 볼 수 있도록 원이나 반원으로 앉도록 한 후 시작한다.

② 학급 구성, 교육 과정 등에 대해 간단히 안내한다.

- 학급의 남녀 비율, 1년 동안 이루어지는 건강신체·운동, 의사소통, 예술경험, 사회관계, 자연탐구 영역별로 중점적으로 지도하는 내용 등을 안내한다.

③ 면담의 취지와 진행 방법을 간단히 안내하고 적극적 참여를 부탁한다.

- 집단면담의 가치를 중심으로 취지를 설명하고 진행 방법을 안내한다.

④ 면담의 주제를 간단히 설명한다.

- 안내해 드린 바와 같이, 오늘 함께 생각해 볼 주제는 '자녀와 효과적으로 대화할 수 있는 방법'입니다.

⑤ 주제를 중심으로 부모 간 의견을 나누도록 하되, 그 외에 유아의 친구관계나 기본생활습관 지도에 대한 고민 등에 대해서도 공유할 수 있도록 지원한다.

- 친구관계에서 궁금한 내용, 가정에서 자녀를 지도할 때 어려웠던 점 등에 대해 문제를 제기하면 부모들이 서로의 경험담을 나눌 수 있도록 유도한다.

⑥ 편안하고 개방적인 분위기를 유지하도록 하여 부모에게 골고루 이야기할 기회를 제공한다.

- 부모 몇 명에 집중되지 않도록 주의하여 모든 부모에게 발언권이 갈 수 있도록 한다.

⑦ 교사는 유아를 관찰한 내용을 근거로 자신의 의견을 제시한다.

- 부모가 자신의 자녀에게만 문제 행동이 나타나는 것이 아니라 발달 특성상 다른 부모들도 비슷한 고민을 가지고 있음을 인식하도록 돕는 것이 중요하다.

- 문제 행동에 대해 유치원에서 어떻게 지도할 것인지 설명하며, 신중하되 자신감 있는 태도로 신뢰감을 주는 것이 중요하다.

⑧ 마무리 단계에서는 주제에 대한 부모들의 의견과 결론을 정리하여 설명한다.

⑨ 끝으로, 학급운영을 위한 부모의 협조사항이나 공지사항 등을 안내한다.

생각해 보세요

활동 1 학부모 관리 중 학년시작 전에 학부모 관리를 위해 해야 할 일을 써 보세요.

활동 2 학부모 상담 중 전화상담 시 전화를 걸때 지켜야 할 예절에 대하여 써 보세요.

활동 3 학부모 면담 중 개별면담 시 준비할 사항을 써 보세요.

활동 4 학부모 집단 면담 시 진행 방법에 대해 써 보세요.

9장 행사 및 현장학습

우리 유치원에서는 새로운 한해가 시작되면 일 년 동안 진행될 행사를 계획한 후 담당 교사를 정한다. 행사 담당자는 자신이 맡은 행사에 대한 전 년도 프로그램과 평가를 기본으로 새로운 계획을 하고 협의과정을 거쳐 실행한 후 다 함께 평가하는 과정을 진행한다.

교사가 행사 진행 책임을 맡는 것은 어려운 일이긴 하지만 원장선생님이나 원감선생님의 지시에 의한 일방적인 계획, 진행이 아니어서 교사의 역량이 최대한 발휘되고 이러한 과정을 통해 교사의 능력 신장이 이루어진다고 생각한다. 행사의 취지와 목표를 수립한 후 이에 적절한 행사의 전체적인 프레임을 구성하고, 관련 물품을 직접 조사하고 구입함으로써 관련 정보를 습득할 수 있는 기회가 되기도 한다. 또한, 전체적인 과정을 이끌어감으로써 리더로서의 역량을 키울 수 있는 좋은 경험을 하게 된다.

그 외에도 행사 준비의 주체가 교사이므로 유아와 함께 준비할 수 있는 부분에 대해 적극적으로 생각할 수 있어서 좋다. 운동회를 할 때 이벤트나 체육 교사의 준비와 진행으로 행사가 이루어진다면 교사는 매우 수동적일 수밖에 없다. 실제로 운동회 준비를 하면서 유아와 함께 준비해야 할 부분을 적극적으로 생각하고, 부모가 행사에 대해 요구하는 부분에 즉각적으로 반응할 수 있어서 만족도가 높게 나오기도 했다.

행사 진행을 할 때 중요한 점은 다른 교사들에게 일이 균등하게 배분되었는지 잘 체크해서 협조가 원활하도록 해야 한다. 혹 관계가 원만하지 못한 교사와는 전달이 잘 안 되거나 협력이 원만하게 이루어지지 않아 갈등을 형성할 수도 있기 때문이다.

신입교사가 오면 행사 진행을 가장 부담스러워하는 것 같다. 이럴 때 선배인 내가 어떤 부분을 도와야 할지 고민도 된다. 모든 일에는 일장일단이 있지만 그래도 유치원의 행사는 주인공이 유아인 만큼 이를 준비하는 사람도 그 아이들과 함께하는 교사가 되어야 한다고 생각한다.

경력 교사 K의 저널

유치원에서는 정규적인 교육활동 외에 소풍이나 생일축하, 어린이날 행사, 졸업식, 부모참여수업 등의 행사와 현장학습을 진행하며, 이때 내부결재용과 외부결재용 기안문을 작성, 결재하여 보관하여야 한다. 따라서 행사와 현장학습의 계획과 실행, 평가는 유치원 교사의 중요한 직무이다. 행사 관리 직무는 대부분 유치원에서 초임 교사가 주도적으로 진행하기보다는 경력교사를 도와서 준비하는 것이 보통이다. 1년 동안 이루어지는 다양한 종류의 행사를 계획하고 교사 간에 역할 분담을 하여 효율적으로 진행하도록 한다. 행사 실시 후에는 평가를 하여 다음 행사에 반영하도록 한다. 따라서 본 장에서는 유치원 행사의 개념 및 교육적 가치, 행사의 유형, 행사 운영의 실제에 대해 살펴보고자 한다. 또한, 현장학습은 행사로 볼 수도 있으나, 교육 과정의 생활주제에 따른 교육활동의 일환이라는 점에서 다른 행사들과는 그 개념 및 가치, 실시 방법에 차이가 있으므로 별도로 살펴보고자 한다. 행사 및 현장 학습 직무와 관련된 직무를 정리하면 〈표 9-1〉과 같다.

〈표 9-1〉 **행사 및 현장학습 직무**

직무구분	직무 내용	학년 시작 전에 할 일	학년 중에 할 일	학년 말에 할 일
행사	행사계획 및 운영	연간 행사계획 수립	행사별 계획, 실행, 평가	연간 행사 평가
현장 학습	현장학습 계획 및 운영	연중 현장학습 계획 수립	현장 학습별 계획, 실행, 평가	연간 현장 학습 평가

1. 행사

1) 행사의 개념 및 교육적 가치

유치원의 행사란 유치원이 주체가 되어 정규적인 교육활동 외에 기념일이나 명절에 특별히 계획하여 진행하는 활동을 의미한다. 즉, 정규 일과 외의 특별한 교육활동으로, 생일축하나 어린이날 등 특별한 날 행사와 부모참여수업, 소풍, 졸업식 등을 대표적인 행사로 볼 수 있다.

유치원의 행사는 유아를 대상으로 하는 행사와 학부모와 유아가 함께하는 행사, 학부모만을 위한 행사로 나눌 수 있다. 유아를 대상으로 하는 행사는 유아에게 흥미롭고 특별한 경험을 제공하여 즐거움을 주고 질서, 양보, 나눔, 협력, 절제 등 인성의 함양과, 사회구성원으로서 지녀야 할 가치의 형성을 효율적으로 돕는 데에 그 목적이 있다. 또한, 부모와 유아가 함께하는 행사나 부모만 참여하는 행사는 자녀교육에 대한 올바른 이해와 부모역할 등에 필요한 지식, 태도 등을 익히도록 부모를 지원한다는 점에서 가치가 크다. 덧붙여, 유치원의 교육방향과 실정에 대한 부모의 이해를 높이며 바람직한 가정과의 연계를 구축하도록 함으로써 유치원의 효율적인 운영에 도움이 될 수 있다.

2) 행사의 유형

유치원 행사는 〈표 9-2〉와 같이 학사일정에 따른 정규적인 행사, 국가 및 지역사회와 관련한 행사, 기관설립목적에 따른 행사, 특별한 날 관련 행사로 구분할 수 있다. 또한, 졸업식 등 유치원 내 또는 외부의 대여 공간에서 이루어지는 행사와 축제 참여 등 유치원 밖의 특별한 장소에서 이루어지는 행사로도 구분할 수 있다.

〈표 9-2〉 유치원의 행사 유형 및 행사명

행사 유형	행사명	비고
학사일정에 따른 정규적인 행사	· 오리엔테이션 · 입학식 · 봄, 가을 소풍 · 물방울 축제 · 운동회 · 부모참여수업 · 나눔 장터 · 수료식 및 졸업식	유치원 학사일정에 따라 정규적으로 진행하며 소풍 이외에는 주로 유치원 내에서 이루어짐
국가 및 지역사회 연계 행사	· 올림픽, 월드컵 · 지역 축제 · 박람회 체험	국가나 지역사회의 행사 및 축제 참석은 일반적으로 유치원 밖에서 이루어짐
기관 설립목적 관련 행사	· 설립기념일 · 부활절 · 추수감사절	설립목적에 따라 기관마다 진행하는 행사가 다름
특별한 날 행사	· 생일축하 · 어린이날 · 어버이날 · 추석 · 석가탄신일 · 성탄절	주로 유치원 내에서 진행하며 특별한 날과 연관됨

행사의 시기나 내용 및 방법은 유치원의 사정에 따라 융통성 있게 운영할 수 있으나 같은 시기에 행사가 몰리는 경우 교사의 직무상 부담이 크므로 월별로 균형 있게 계획하여 실시하여야 한다. 월별 행사계획의 예를 행사 유형별로 구체적으로 살펴보면 〈표 9-3〉과 같다.

〈표 9-3〉 **월별 행사계획의 예**

시기	행사명	생활주제	행사 유형			
			학사 일정에 따른 정규 행사	국가 및 지역사회 연계행사	기관 설립목적 관련행사	특별한 날 행사
2월	부모오리엔테이션		○			
3월	입학식	유치원과 친구	○			
4월	부활절	봄과 동식물			○	
	봄소풍		○			
5월	어린이날 및 어버이날	나와 가족				○
	석가탄신일				○	
6월	부모참여수업	우리동네	○			
7월	물방울축제	건강과 안전	○			
9월	추석					○
10월	민속놀이 한마당	우리나라				○
	지역축제			○		
	운동회		○			
	가을소풍		○			
11월	박람회 체험	환경과 생활		○		
	추수감사절				○	
12월	성탄절	겨울				○
	나눔장터		○			
2월	수료식 및 졸업식	유치원을 떠나며	○			
매월	생일축하					○

3) 행사 운영의 실제

일부 유치원에서는 행사가 갖는 본연의 교육적 가치와 상관없이, 원아모집과 유치원의 홍보를 위해 보여 주기식의 행사를 실시하는 경우가 있다. 즉, 외부의 행사요원이 투입되어 정규 일과에 따른 교육 활동을 소홀히 하고 발달에 부적절한 공연연습으로 이루어지는 재롱잔치, 정규 교육 과정에 의한 교수–학습활동과 관련이 없는 획일적인 작품전시 등이 그 예라고 할 수 있다. 이러한 비교육적인 무리한 행사 진행은 유아에게 스트레스로 작용할뿐 아니라 교사에게도 신체적·정신적 부담을 가중시키는 심각한 요인이 된다. 바람직한 유치원 행사는 교육 과정과 연계하여 교사의 주도하에 유아와 부모가 함께 주체가 되어 이루어져야 한다. 행사를 통하여 유아가 새로운 경험을 하고 흥미롭게 지식을 확장하며 성취감과 소속감 등을 함양할 수 있도록 하기 위해 고려해야 할 점을 알아보면 다음과 같다.

- 연간 교육 과정을 고려하여 연간계획부터 수립, 진행해야 한다.
- 학사 일정 및 공휴일 등을 고려하여 계획, 진행해야 한다.
- 유아의 발달, 유치원의 인적·물적 환경과 여건에 적절해야 한다.
- 부모 및 지역사회와의 긴밀한 협력과 지원체제 구축을 지원해야 한다.
- 유아·교사·부모의 신체적, 물적, 심리적 부담을 최소화해야 한다.
- 행사의 과정 및 결과에 대한 평가를 추후 계획에 반영해야 한다.

(1) 행사계획 및 준비 방법

행사의 운영을 위해서는 구체적이고 체계적인 계획과 그에 따른 철저한 준비가 필요하다. 행사의 계획 및 준비를 위해 고려할 점을 살펴보면 다음과 같다.

첫째, 행사의 성격(참여 대상 등), 장소 및 소요시간을 고려하여 계획한다.
둘째, 전년도 평가결과를 참고하여, 가능한 한 모든 교사가 함께 계획한다.
셋째, 진행 절차나 담당자, 필요한 자료나 물품 등을 구체적으로 계획한다.

넷째, 행사의 소요 경비에 대한 내용을 포함하여 계획한다.

다섯째, 계획에 따라 필요한 사항을 점검, 철저히 준비한다.

여섯째, 예상치 못한 상황 발생 시의 대책을 마련해 두어야 한다. 예를 들어 실외행사의 경우, 날씨로 인한 문제 발생 시의 대비책을 세워 놓아야 한다.

(2) 행사 운영 방법

행사의 운영을 위해서는 먼저 교직원 회의를 통해 구체적인 행사 내용 및 방법에 대해 숙지하여 업무분장을 한다. 행사 담당자는 기안문을 작성하여 결재를 받은 후 행사 준비 및 업무분장에 대한 문서를 만들어 전 교직원에게 공지한다.

대표적인 행사인 학부모 오리엔테이션과 졸업식, 부모참여수업과 생일축하를 중심으로 행사의 계획에서 평가에 이르기까지 필요한 문서를 포함하여 운영의 실제를 구체적으로 살펴보면 다음과 같다.

① 학부모 오리엔테이션

학부모 오리엔테이션은 신입 원아의 부모를 대상으로 유치원의 교육방침, 교육방향, 당해 연도의 중점교육, 교직원 등을 소개하는 시간이다. 재원생 학부모에 대한 오리엔테이션과 신입 원아 학부모 오리엔테이션은 별도로 계획하여 진행하도록 한다. 행사를 마친 후 평가를 하여 다음 해 오리엔테이션 진행 시 반영하도록 한다.

◆ 학부모 오리엔테이션 계획 및 준비 방법

학부모 오리엔테이션을 준비하기 위해 교직원 회의를 실시한 후 계획 및 준비과정에 대한 내부결재를 받아야 한다. 학부모 오리엔테이션 기안문, 일정 및 업무 분장 등을 구체적으로 살펴보면 〈표 9-4〉부터 〈표 9-6〉까지와 같다.

〈표 9-4〉 학부모 오리엔테이션 기안문의 예

○○유치원

수신: 내부결재
(경유)

제목: 20○○학년도 학부모 오리엔테이션 계획
20○○학년도 본 유치원 운영계획에 의하여 오리엔테이션을 다음과 같이 시행하고자 합니다.

붙임 1. 20○○학년도 오리엔테이션 일정 및 준비 업무담당표 1부.
2. 가정통신문 1부. 끝.

담당 교사　　　원감　　　원장

협조자
시행 교무(　　)-(　　)　　　접수(　　.　.　.)
우　　/　　　http://www.
전화　　　전송　　　/공개, 비공개

〈표 9-5〉 **학부모 오리엔테이션 일정 및 업무분장 예**

일시		2월 4일(토) 오전 10:30~12:30		
대상		신입생 학부모(00명)		
시간	활동	내용	학부모	담당교사
10:30	등원	· 학부모 이름표 · 차량시간표 · 현관준비 · 볼펜, 주차권		· 1층 안내 - 손○○ · 2층 안내 - 김○○ · 주차권 - 소○○
10:30~ 10:50	서류 확인	· 음악 · 차(녹차, 커피), 과일(귤), 떡 1~2 종류 · 체육복(사이즈별로 준비) · 안내서류(연간행사, 차량시간, 동의서, 건강기록지, 행동관찰, 작성서류 등) · 볼펜 준비	· 안내 서류받고 사인하기 · 체육복사이즈 확인하기 · 가방받기 · 간식(차, 귤, 떡) · 서류작성하기	· 음악: 오○○ · 간식: 오○○, 박○○, 최○○, 문○○ · 체육복: 김○○, 조○○, 황○○ · 안내서류, 명찰, 방명록: 강○○, 윤○○, 이○○ · 유아지도: 송○○, 김○○, 박 ○○
10:50	개식사			· 황○○
10:50~ 11:00	원장인사			· 원장선생님
11:00~ 11:20	유치원 교육방향	· 파워포인트 자료(유치원 교육철학, 교육방향 등) · 행사소개, 공지사항		· 원감선생님
11:20~ 11:50	교육예산 안내	· 교육예산	· 교육예산확인	· 원감선생님
	교직원 소개	· 반별 교사소개		· 원장선생님
	공고	· 차량에 대해 궁금한 사항 안내 · 납입금 책정 동의서 안내 · 건강검진결과서 제출 안내 · 학비지원(행복카드 발급)안내		· 조○○, 윤○○
11:50~ 12:20	서류 작성	· 오리엔테이션 종료 후 서류 안내 및 작성한 서류 분류	· 서류제출하기	· 김○○, 이○○
12:20~	귀가			

〈표 9-6〉 가정통신문

모시는 말씀

안녕하십니까?
봄 향기와 더불어 새로움으로 설레는 3월을 맞이하여 신입 원아 학부모님을 대상으로 오리엔테이션을 실시합니다. 학부모님들의 협력으로 올 한해 ○○ 유치원 운영을 함께 하고자 합니다.
○○유치원 교직원들은 유아들이 언제 어디서나 자신 있고 아름다운 눈으로 세상을 볼 수 있는 사람으로 자라날 수 있도록 최선의 노력을 다하겠습니다.

20 년 월 일

○○유치원장

오리엔테이션 일정

1. 일시: 20 년 월 일 시 분
2. 장소: ○○유치원 강당

개식사 …………………………… 사회자
원장인사 …………………………… 원 장
유치원 교육방향 …………………………… 원 감
교직원 소개 …………………………… 원 장
폐식사 …………………………… 사회자

◆ 학부모 오리엔테이션 진행 방법

- 식장을 깨끗이 정리하여 쾌적한 환경을 구성한다.
- 출석한 학부모를 확인하고 각종 안내 서류를 배부하여 작성하도록 한다.
- 정시에 시작하고 유치원의 전반적인 교육방향과 교직원 소개 등을 한다.
- 기타 운영에 대한 안내를 구체적으로 한다.
- 행사를 마친 후 유아와 함께하는 다음 오리엔테이션 일정을 안내한다.

◆ 학부모 오리엔테이션 평가

학부모 오리엔테이션을 마친 후에는 평가하여 다음 해의 학부모 오리엔테이션 진행 시 반영하도록 한다.

- 학부모 오리엔테이션의 계획 및 준비에서 빠진 점은 없었는가?
- 교직원들의 업무분장은 적절하였는가?
- 학부모 오리엔테이션 진행의 시간과 내용에서 보완사항은 무엇인가?
- 학부모 오리엔테이션 장소의 환경 구성과 청소 등은 적절하고 청결하였는가?
- 학부모 오리엔테이션에서 제공한 간식과 음료는 적절하였는가?
- 학부모들의 반응은 어떠하였는가?

② 졸업식

졸업식은 유치원 과정을 마치고 초등학교에 입학하게 된 유아를 격려하고 축하하는 중요한 행사이다. 유아가 유치원 생활을 회상하면서 선생님들께 감사한 마음을 갖도록 지도하고 친구들과 인사를 나누고 헤어짐의 아쉬움을 위로한다.

◆ 졸업식 계획 및 준비 방법

행사 담당자는 먼저 교직원 회의를 실시한 후 졸업식의 계획 및 준비과정에 대한 내부결재를 받아야 한다. 이후 업무분장을 하고, 행사에 필요한 자료들을 구체적으로 준비하여야 한다. 졸업식장을 정비하고 환경을 구성하는 일 역시 중요하며, 국민의례, 원가, 졸업가, 졸업증서 수여 등은 유아들에게 익숙하지 않은 의식으로 미리 방법을 익힐 수 있도록 지도하여야 한다. 이외에도 각 기관의 배경이나 특색을 고려하여 졸업식의 계획 및 준비가 이루어지는 것이 적절하다.

〈표 9-7〉 **졸업식 준비를 위한 업무 분장의 예**

내용	준비사항	담당	완료일	확인
행사총괄	가정통신문 작성 및 발송 행사 진행자 및 역할분담 배정	김○○(원감)	○○월 ○○일까지	
졸업 준비 자료	음악, 졸업과 관련한 동영상	백○○	○○월 ○○일까지	
	졸업증서, 상장, 선물	류○○	○○월 ○○일까지	
사회	전체행사 점검, 청소, 실내·외 안전점검	김○○(원감)	○○월 ○○일까지	
환경 구성	현수막 제작 및 걸기	한○○	○○월 ○○일까지	
	화분 및 꽃 준비	박○○	○○월 ○○일까지	
	졸업식장 게시판 및 안전점검	최○○	○○월 ○○일까지	
졸업식장 준비	식장 음향 및 영상점검(태극기, 애국가, 국기에 대한 맹세, 기관의 깃발) 사진촬영	이○○	○○월 ○○일까지	
	단상 준비, 자리배치(의자)	백○○	○○월 ○○일까지	
	식장 장식(꽃, 화분 배치)	류○○	○○월 ○○일까지	
	물, 컵, 화장지, 휴지통	김○○ (조리사)	○○월 ○○일까지	
선물준비	선물 및 포장	이○○ 류○○	○○월 ○○일까지	

〈표 9-8〉 졸업식 일정의 예

시간	내용
10:50~11:00	학부모 입장
11:00~11:10	동영상 감상(유치원 교육활동 영상)
11:10~11:20	졸업생 입장 및 국민의례
11:20~11:30	원장님 말씀
11:30~11:50	졸업증서 수여
11:50~12:00	동생반 축하무대 및 꽃 전달, 졸업생 공연 예 노래, 나의 꿈, 동생에게 하고 싶은 말
12:00~12:10	원가, 졸업가
12:10~	담임교사와 인사 후 귀가

◆ 졸업식 진행 방법

- 식장을 깨끗이 정리하여 꾸미고 적절한 온도로 쾌적한 환경을 구성한다.
- 담임교사가 각 교실에서 유아의 출결석을 체크하고 졸업의 의미와 식장에서의 태도 등에 대해 간단히 이야기 나눈다.
- 유아와 함께 식장으로 이동, 진행자의 안내에 따라 학부모의 박수를 받으며 입장하여 자리에 앉도록 한다.
- 동영상 감상이나 인사말 등은 유아가 지루해하고 소란해지지 않도록 짧게 조절한다.
- 졸업식의 분위기는 축하와 감사, 헤어짐이란 의미에 맞아야 하며, 교사의 복장과 태도 역시 그에 부합되어야 한다.
- 식을 마친 후에는 담임교사와 유아, 부모가 인사를 나눈 후 마무리한다.

◆ 졸업식에 대한 평가

졸업식을 마친 후에는 평가하여 다음 해의 졸업식 진행 시 반영하도록 한다.

- 졸업식의 계획 및 준비에서 빠진 점은 없었는가?
- 교직원들의 업무분장은 적절하였는가?
- 졸업식 진행의 시간과 내용에서 보완사항은 무엇인가?
- 졸업식장의 환경 구성과 청소 등은 적절하고 청결하였는가?
- 학부모들의 반응은 어떠하였는가?

③ 부모참여 수업

유치원 교육활동에 함께 참여해 봄으로써 부모가 유치원의 교수-학습 실제에 대해 실질적으로 이해하도록 돕는다. 유아의 유치원 생활, 행동과 태도를 관찰할 수 있는 기회를 제공함으로써 부모가 유아를 보다 잘 이해할 수 있도록 돕는다. 학급이나 동일 연령유아의 부모들과 함께하는 경험을 통해 학부모 간 교류를 할 수 있는 기회를 갖도록 돕는다. 부모참여수업은 년 1~2회 진행한다.

◆ 부모참여수업의 계획 및 준비방법

행사업무 담당자는 먼저 교직원 회의를 실시하고 부모참여수업의 계획 및 준비과정에 대한 내부결재를 받아야 하며 일반적인 준비 순서는 다음과 같다.

첫째, 업무분장을 한다.

둘째, 가정통신문을 보내어 행사를 안내하고 참석여부를 조사한다.

셋째, 부모참여 수업에 필요한 공통자료를 준비한다.

넷째, 각 학급 부모참여수업의 활동 내용에 따라 자료를 준비하고 환경을 구성한다.

다섯째, 부모참여수업에 연관된 활동들을 주간, 일일교육계획에 반영한다. 즉, 예를 들면 부모님과 함께하고 싶은 놀이 그려 보기, 초대장 만들기 등의 활동을 계획할 수 있다. 부모참여수업을 위한 준비를 위해 〈표 9-9〉와 같이 업무 분장 및 점검표를 작성하여 전 교직원에게 공지해 활용함으로써 행사 진행 시 차질이 없도록 한다.

〈표 9-9〉 **부모참여수업 준비를 위한 업무 분장 및 점검표의 예**

	준비내용	담당자	점검상태	
			예	아니오
부모참여 수업 사전 준비	가정통신문 작성 및 배부 참여자 조사	원감 행사담당자 각반 담임		
	환경 구성 이름표(부모, 유아) 수업계획, 활동자료목록 구입자료 목록	원감 각반 담임		
	부모용 평가지	원감 및 부장		
	간식 주문	원감 및 조리사		
부모참여 수업 당일 준비	수업 활동자료 배치	각반 담임		
	이름표(부모, 유아)	각반 담임		
	안내장 일일교육계획안 배치	각반 담임		
	부모평가지	각반 담임		
	간식	각반 담임		
	사진촬영	보조교사		

◆ 부모참여수업 진행 방법

- 깨끗하고 쾌적하게 환경을 정리하고 활동자료를 효율적으로 비치한다.
- 일정표와 활동별 장소에 대한 안내표지판을 보기 쉽게 게시한다.
- 입구에서 유아와 부모를 친절히 맞이하면서 이름표 뒷면의 일정표를 배부하고 제시한다.
- 가능한 한 정시에 시작하며 간단히 인사를 나눈 후 일정을 안내한다.
- 활동 진행 시에는 유아–부모 간 활발하게 상호작용하면서 즐겁고 긍정적인 경험을 가질 수 있도록 세심히 지원한다.
- 모든 활동이 끝나면 다 같이 정리하도록 하고 평가 시간을 갖도록 한다(느낌, 활동 결과물 전달하기 등).
- 귀가 시 친절하게 유아와 부모와 인사를 나누며 배웅한다.

◆ 부모참여수업에 대한 평가

부모참여수업을 마친 후 다음과 같은 항목에 대해 평가하고 기록을 남겨 다음의 부모참여수업 진행 시 반영하도록 한다.

- 부모참여수업 계획 및 준비에서 빠진 점은 없었는가?
- 고직원들의 업무분장은 적절하였는가?
- 수업에 활용되었던 자료나 물품 등의 수량은 적절했는가?
- 부모참여수업 진행의 시간과 내용에서 보완사항은 무엇인가?
- 부모참여수업 환경 구성과 청소 등은 적절하고 청결하였는가?
- 부모들의 반응은 어떠하였는가?

④ 생일축하

생일축하는 학급별 또는 유치원의 전체 행사로 생일이 같은 달인 유아들을 모아 정해진 날에 단체로 축하하는 방법과 학급별로 각각 태어난 생일날에 개별적으로 축하하는 방법이 있으나 개별적인 축하 행사가 더 바람직하다. 생일축하는 유아가 자신에 대해서 소중함을 느끼고 긍정적 정체감을 형성하도록 돕고 자신의 탄생과 성장 과정에 대해 알아보고 부모님께 감사함을 갖도록 돕는 데 목적이 있다. 더불어 친구의 생일을 축하하는 진심 어린 마음과 축하의 방법, 기쁨을 배우도록 돕는다. 이에 개별적인 생일축하 행사를 중심으로 진행 방법에 대해 알아보고자 한다.

◆ 진행시기

- 유아가 태어난 날을 원칙으로 하되, 공휴일이나 유치원의 다른 행사 일정을 고려하여 부모와 의논하여 날짜를 결정한다. 같은 날이 생일인 유아가 또 있는 경우 같이 진행하거나 일정을 조정해 다른 날 따로 축하해 줄 수도 있다.

◆ 생일축하의 계획 및 준비 방법

- 교실에 월별로 생일을 맞은 유아들의 사진과 이름 날짜 등이 기록된 생일

판을 게시하여 미리 자신과 친구의 생일을 예측해 볼 수 있도록 한다.

- 당일 자유선택활동 시간을 이용해 카드 또는 편지쓰기, 만들기 등으로 친구의 생일축하 선물을 준비하도록 하되, 획일화되지 않은 창의적 작업을 격려한다.
- 부모의 협조를 받아 생일인 유아의 성장 과정 관련 에피소드나 사진, 물건(배냇저고리, 탯줄 도장, 아기 신발 등) 부모님의 편지나 카드 등을 미리 준비하되 큰 부담을 주지 않도록 한다.
- 개별적인 생일축하 시에는 유치원에서 케이크를 준비하기 어려우므로 부모의 협조가 필요하나 큰 부담이 되지 않도록 주의한다.
- 생일인 유아를 위한 모자나 왕관, 생일축하 메시지를 담은 현수막을 준비한다.
- 원장이 생일축하에 참여하는 경우에는 정확한 시간 약속이 필요하며, 원장은 교사의 도움을 받아 카드를 준비하되 메시지를 통해 유아의 개성이나 발전한 모습을 칭찬, 격려해 줌으로써 교육적 효과를 높일수 있도록 하며 형식적인 축하가 되지 않도록 주의한다.
- 가정통신문을 통해 생일축하 대상인 유아의 부모에게 행사 일시와 협조사항을 안내한다.
- 유아들이 매번 별도로 생일축하 선물을 준비하는 것은 번거롭고 부담이 될 수 있으므로 지양해야 하며, 부모들의 협의가 이루어지는 경우라면 생일인 유아가 답례품을 준비하도록 할 수 있다.

◆ 생일축하 진행 방법

생일축하는 대집단 활동으로 진행하며 일반적인 방법을 알아보면 다음과 같다.

- 반원형 책상에 케이크와 선물 등으로 간단히 생일상을 준비하고 뒤쪽에 현수막 등으로 장식하여 생일축하 분위기를 만든 후 시작한다.
- 생일인 유아를 나오도록 하여 생일상 앞에 앉도록 하고 나머지 유아들은

한 줄 또는 두 줄로 반원 형태로 앉아 진행한다.

- 케이크에 초를 꼽고 불을 붙인 후 생일축하 노래를 불러 주는 것으로 시작한다. 초의 수를 함께 세어 보도록 하며, 너무 흥분해 소리지르는 등 소란스럽거나 장난치는 분위기가 되지 않도록 주의한다.
- 생일인 유아가 소원을 빌고 촛불을 끄도록 한 후, 가져온 사진이나 에피소드 또는 아기 때의 물품 소개하기와 교사(원장)의 축하 카드나 편지, 유아들이 각자 만든 카드나 편지 전달의 순서로 진행한다.
- 유아들이 노래, 춤, 수수께끼, 가마 태워 주기 등의 선물을 해 주는 시간을 갖는다. 이때 돌림판이나 뽑기 상자 등을 이용해 흥미롭고 즐겁게 진행하도록 하며, 생일인 유아에게 선물을 줄 친구를 선택하도록 함으로써 주인공으로서의 혜택과 기쁨을 누릴 수 있도록 해 준다.
- 생일 맞은 유아도 노래나 카드 등으로 감사의 마음을 표현해 보도록 한다.
- 생일축하는 케이크 등 간식을 먹는 시간으로 마무리한다.
- 생일 맞은 유아가 가져온 사진 등의 자료는 귀가 시간까지 교실에 전시한다.

〈표 9-10〉 **생일축하에 대한 가정 통신문의 예**

○○부모님께 드립니다.

○월 ○○일은 ○○의 생일입니다.
○○의 생일 축하시간에 ○○의 성장 과정을 우리반 유아들과 함께하고 축하하는 시간을 갖고자 합니다.
○○의 어렸을 때 사진이나 사용했던 물건을 설명과 함께 보내 주세요.
○○에게 축하카드도 함께 보내 주시면 감사하겠습니다.
보내 주신 사진과 사용했던 물건은 교실에 전시할 예정입니다.

○○유치원

◆ 생일축하에 대한 평가

생일 축하를 마친 후에는 다음과 같은 항목에 대해 평가해 봄으로써 다음 생일축하진행 시 반영하도록 한다.

- 유아들에게 의미 있는 시간이었는가?
- 진행시간이나 순서가 적절했는가?
- 모든 유아들이 축하하고 적극적으로 참여하였는가?
- 부모님께 생일축하의 가치나 의미는 잘 전달되었는가?

2. 현장학습

1) 현장학습의 개념 및 교육적 가치

유치원 현장학습이란 교육 과정의 생활주제와 연관 지어 학습내용을 의미 있고 흥미롭게 전개하기 위해 특별히 계획하여 진행하는 교육활동이다. 유치원 밖의 환경에서 일어나는 실제의 사건이나 사물을 직접 체험하거나 관찰하는 등 실제적이고 풍부한 경험을 통해 의미 있는 학습의 기회를 제공한다는 점에서 교육적 가치가 있다.

유아는 유치원 내의 일상적인 환경 속에서의 교사의 지시나 설명보다는 새롭고 흥미로운 상황과 구체적 경험을 통해 더 효과적으로 학습하므로 주제에 따른 현장학습이 이루어질 필요가 있다. 예를 들면 여름이란 생활주제에서 곤충 주제를 다룰 때 '여름 곤충에 관심을 갖는다'를 목표로 할 경우, 직접 숲속이나 풀숲의 벌레를 찾아 소리도 들어보고 직접 관찰해 보는 경험이 필요하며 이를 위한 현장학습이 진행되어야 할 것이다. 또한, 현장학습은 동일한 생활주제가 진행되는 동일 연령의 학급별로 이루어지는 것이 바람직하다. 정운길(1999)에 의하면 현장학습은 교실 밖에서 일어나는 실제의 사건이나 사물을 관찰함으로써 얻어지는 구체적이고 직접적인 경험을 통해 추상적 사고와 활동을 위한 기초를 마련해 주는 데 가치가 있는 학습방법이다.

2) 현장학습의 목적

현장학습이 본연의 교육적 가치를 실현하기 위해서는 다음의 목적에 기반을 두어야 한다(김희진 외, 2011).

- 유아와 세상(실제 삶)을 연계하기
- 유아의 시각을 깊고 넓게 하기
- 평생 지속될 수 있는 흥미 개발하기
- 학습하는 주제에 대한 개념 형성 및 지식 확장하기
- 시민의식 함양하기

3) 현장학습 운영의 실제

효율적인 현장학습의 실시를 위해 고려해야 할 점은 다음과 같다.

- 교육 과정과 연계하여 연간계획부터 수립해야 한다.
- 사전답사를 통해 현장의 여건을 고려한 구체적인 계획을 수립해야 한다.
- 현장학습장소의 선정 시에는 접근성과 편리성을 고려해야 한다.
- 학습을 심화, 확장시킬 수 있는 내용과 방법으로 이루어져야 한다.

- 안전을 최우선으로 하여 계획, 진행해야 한다.
- 유아의 발달에 적절한 경험을 제공해야 한다.
- 유아에게 흥미롭고 오감을 활용한 체험 기회를 제공해 주어야 한다.
- 현장학습 후에는 진행과정 및 결과를 평가하여 추후 계획에 반영해야 한다.

현장학습의 실시에 있어 교사의 기본 역할과 자세는 다음과 같다.

- 필요한 준비물을 철저히 점검한다.
  - 유아 이름표(비상연락처 기입), 유아 명단 일정표, 비상연락망, 약품, 여분의 옷, 카메라, 휴지, 쓰레기봉투, 물(음료), 필기도구, 활동에 필요한 자료 등을 철저히 점검한다.
- 활동적이면서 품위에 어긋나지 않는 옷차림과 신발을 착용한다.
  - 활동적인 옷차림을 하되 교사의 품위에 어긋나는 짧은 반바지에 헐렁한 면티 등 지나치게 캐주얼 한 복장은 피해야 한다.
- 유아의 지도에 방해되는 물건은 절대 소지하지 않는다.
  - 이어폰, 양산, 선글라스 등 유아 지도에 방해되는 물건은 소지하지 않는다.
- 수시로 인원 점검을 한다.
  - 버스 승하차 시는 물론이고 화장실을 보내거나 장소를 이동할 때 등 수시로 인원을 점검한다.

(1) 현장학습의 계획 및 준비방법

현장학습을 위해 교육 과정의 생활주제와 연계하여 월별로 〈표 9-11〉과 같은 계획이 이루어질 수 있다.

〈표 9-11〉 **월별 현장학습 계획 예시**

월	생활주제	현장학습
3	유치원	
4	봄	수목원
5	나와 가족	어린이회관
6	동물 우리 동네	동물원(농장) 경찰서 우체국 마트
7	여름 건강과 안전	치과병원
9	우리나라 세계 여러 나라	박물관 유아교육진흥원
10	가을	김제벽골제 농경문화체험
11	교통기관 생활도구	교통공원 농업박물관
12	겨울	
2	생활과 환경 초등학교	지역초등학교 방문

현장학습은 유아가 교실에서 경험하기 어려운 교육내용을 현장을 통해 구체적이고 직접적으로 다양한 체험을 할 수 있도록 탐색, 조사, 관찰, 관람, 수집 등의 방법을 사용하도록 계획되어야 한다. 구체적이고 체계적인 계획이 필수적이며 다음과 같은 점을 고려하여 계획, 준비되어야 한다.

첫째, 현장학습의 목표를 진행되고 있는 생활주제나 현재의 이슈 등과 연계하여 유아가 지식을 보완, 확장시킬 수 있도록 계획한다.

둘째, 현장학습 장소, 시기, 소요시간, 교통편, 유아 인원수 등을 고려하여 계획한다.

셋째, 1~2주 전에 현장학습 장소를 답사하여 시간, 교통편, 주의사항, 경비, 현장 안내원 등을 체크, 기록하여 현장의 여건에 맞는 구체적 계획을 수립해야 한다.

넷째, 현장학습 장소나 기관의 담당자를 통하여 주의사항, 신청, 예약 및 협조문을 발송해야 한다.

다섯째, 경비 발생 시 계획을 수립하고 필요한 자료 및 물품을 준비한다.

여섯째, 날씨 등에 의해 문제가 생길 경우를 위한 대책을 마련해 놓아야 한다.

현장학습 계획 및 준비에 있어서도 먼저 교직원 회의를 하고 담당자가 기안문을 작성, 결재를 받은 후 현장학습 준비 및 업무분장을 위한 문서를 만들어 전 교직원에게 공지하여 준비한다.

(2) 현장학습 운영 방법

'동물원' 현장학습을 예로 하여 필요한 문서 등을 중심으로 운영방법을 구체적으로 살펴보면 다음과 같다.

① 현장학습 안내 및 동의서

현장학습에 대한 내용을 부모들에게 안내하고 〈표 9-12〉와 같이 동의서를 받은 후에 불참석에 대한 이유를 담임교사는 파악해 놓아야 한다.

〈표 9-12〉 현장학습 안내

현장학습 안내

안녕하십니까? 산천이 부드러운 아름다운 계절에 ㅇㅇ유치원 원아들이 아래와 같이 동물원으로 현장학습을 갑니다. 이번 현장학습은 다양한 동물들을 관찰하여 동물들의 생김새, 특징 등에 대하여 재미있고 흥미롭게 관찰하는 시간이 될 것입니다.

일정은 아래와 같으며 첨부된 동의서를 작성하시어 ㅇㅇ편으로 ㅇㅇ일까지 보내 주시기 바랍니다.

아래

1. 장소: ㅇㅇ 동물원
2. 날짜: 20ㅇㅇ년 ㅇ월 ㅇ일 ㅇ요일
3. 활동시간: 오전 ㅇ시 출발 ~ 오후 ㅇ시 유치원 도착
4. 대상유아: ㅇㅇ반

현장학습 참여 부모동의서

현장학습 참여 여부를 해당란에 표시하여 주시기 바랍니다.

유아 이름:

부모 이름: (인)

참여		불참
불참 이유		

② 현장학습 준비를 위한 업무 분장 및 점검표

모든 교사가 균형 있게 업무를 분담하여 현장학습이 원활하게 진행되도록 한다.

〈표 9-13〉 **현장학습 준비 업무 분장 및 점검표의 예**

내용	준비사항	담당	완료일	확인
현장학습 총괄	안내문 및 동의서 작성 및 발송 현장학습 역할분담 배정, 당일 일정	김ㅇㅇ(원감)	ㅇㅇ.ㅇㅇ까지	
현장학습 준비자료	사전답사	백ㅇㅇ, 함ㅇㅇ	ㅇㅇ.ㅇㅇ까지	
	각반 참여명단, 부모연락처	각반 담임	ㅇㅇ.ㅇㅇ까지	
	비상약품, 물, 종이컵, 필기도구	각반 담임	ㅇㅇ.ㅇㅇ까지	
차량준비 입장료	차량예약 보험관계 확인 입장료	김ㅇㅇ(원감)	ㅇㅇ.ㅇㅇ까지	
사전활동	동물원 견학시 지켜야 할 안전	각반 담임		
	동물에 대한 이야기 나누기	각반 담임		

③ 사전 협조문

사전 답사나 전화 문의 후 공문발송이 필요한 경우 협조문을 발송한다.

④ 현장학습 계획서

현장학습 계획서는 〈표 9-14〉와 같이 구체적으로 작성되어야 하며, 현장학습의 진행 단위에 따라 연령별, 또는 학급별로 작성하여야 한다.

〈표 9-14〉 현장학습 계획서

현장학습 계획서		
일시	20○○년 ○월 ○일 ○요일 ○:○~○:○	
장소	○○○동물원(예약 확인 유, 무)	
연령 및 원아 수	만 3, 4세(20+50) 70명	
인솔교사	이○○, 백○○, 함○○, 부담임 3명, 교생 6명, 원감, 원장	
안전 관리 사항	동물에 대한 안전 주의/교사와 떨어질 경우 그 자리에 서 있기	
교통편	00인승: 0대 / 00인승: 0대 / 도보: 0명	
준비물	교사	쓰기도구, 반 출석부, 부모 연락처, 물, 물수건, 종이컵, 수건, 여벌옷, 비상연락망, 구급상자, 카메라
	유아	이름표, 모자, 간편한 복장, 신발, 물
예상 비용	항목	산출 내역
	현장학습비(입장료)	70×1,000=70,000원
	교통비	120,000원
	주차료	20,000원
사전답사	답사자(인원)	강○○, 백○○(2명)
	사전답사 전달사항	· 시간, 주차장 장소 확인 · 화장실 위치 확인 · 사진 촬영 위치 확인
현장학습 관련정보	연락처	010-0000-0000(동물원)
	운영시간	09~18시까지
	기타	
사전 지도 내용	· 동물의 특성 및 먹이 생김새에 대해 관심을 가진다. · 현장학습 안전에 대해 이야기 나눈다(교통안전, 실종, 유괴안전)	
학습목표	· 동물에 대해 관심을 가진다.	
예상 일정 및 활동 내용	10:00 차량탑승 확인, 유치원 출발 10:50 동물원 도착, 화장실 다녀오기 11:10 동물 관찰하기 11:50 화장실 다녀오기, 인원 점검하기 12:00 동물원 출발 12:40 유치원 도착	

⑤ 현장학습에 대한 평가

현장학습 실시 후에는 준비에서 마무리까지 전 과정에 대하여 원활하게 이루어졌는지, 목표는 무리 없이 달성했는지, 장소, 시간, 일정이 유아발달에 적절했는지 등에 대하여 〈표 9-15〉와 같은 항목에 대해 평가, 기록하여 다음 현장학습에 반영한다.

〈표 9-15〉 **현장학습 평가서의 예**

현장학습 평가서				
일시	○월 ○○일 ○요일 10:10~12:40			
소요 경비	항목		지출 내역	
	현장학습비(입장료)		70,000원	
	교통비		120,000원	
	주차료		20,000원	
당일 일정 및 활동 내용	10:00 차량탑승 확인/유치원 출발 10:50 동물원 도착/화장실 다녀오기 11:10 동물 관찰하기 11:50 화장실 다녀오기, 인원 점검하기 12:00 동물원 출발 12:40 유치원 도착			
항목	평가내용		예	아니오
	1	현장학습 시기는 적절했는가?		
	2	현장학습의 목표가 무엇인지 확인하였는가?		
	3	실행이 가능한 프로그램을 계획했는가?		
	4	현장학습지까지 이동시간은 적절했는가?		
	5	차량운행은 잘 이루어졌는가?		
	6	수시로 인원을 점검했나?		
	7	유아의 안전에 대하여 노력했는가?		
	8	유아들에게 필요한 현장학습이었나?		
	9	유아들이 동물에 대해 관심을 보였는가?		
	10	담당자들과 협조는 잘 이루어졌는가?		
	11	유아와의 상호작용은 잘 이루어졌는가?		
	12	모두에게 즐거운 현장학습이었는가?		

기타(다음 행사 시 개선사항, 참고사항 등)

생각해 보세요

활동 1 유치원 행사의 개념을 간략히 정리해 보세요.

활동 2 유치원 행사 유형 네 가지를 써 보세요.

①

②

③

④

활동 3 유치원 행사 운영 시 고려할 점을 써 보세요.

활동 4 현장학습의 교육적 가치를 써 보세요.

활동 5 현장학습의 가치를 실현시키기 위한 목적을 써 보세요.

참고문헌

김희진, 김현주, 김은영, 최명희(2011). 현장학습 바로 알기. 서울: 창지사.

정운길(1999). 유아교육사전(용어편) 서울: 한국사전연구사.

4부

인사 및 문서 관리

10장 인사 관리

○○유치원에서 3년 근무하고 잠깐 쉬었다가 지금 다시 일하고 있다. **먼저 근무했던 유치원에서 임용보고 할 때 날짜가 늦어지는 바람에 여러 가지가 문제가 생긴 것 같다.** 그때는 초임 교사라서 임명보고가 어떻게 되는지 전혀 몰랐다. 서류를 내라고 하셔서 냈고 근무는 2월 마지막 주부터 했다. 그런데 다른 초임 교사가 서류를 안 낸 것이 있어서 내 서류까지 같이 늦게 보고가 되었다. 나중에 알게 되었는데 3월 10일에 임용이 되었다. 그냥 그런가보다 하고 넘어갔다. 그런데 이번에 1급 정교사 연수를 살펴보다 보니까 그 것 때문에 내가 대상자가 안 된다는 것을 알았다. 열흘간의 시간 때문에 호봉승급도 계속 문제가 되었다. 신입교사가 들어오면 그런 얘기를 꼭 해 주고 놓치지 않도록 도와주려고 한다.

경력교사 H의 저널

조직의 운영에는 3M, 즉 돈(money), 물자(material), 사람(man)의 3요소가 필요하며, 그중 가장 핵심적인 요소는 사람이다. 조직운영의 과정이나 결과는 그 조직을 운용하고 관리하는 사람들에 의해 좌우될 수밖에 없기 때문이다(조동섭, 2013). 따라서, 교육의 가장 중요한 요소는 교원이고, 그를 확보하여 적소에 배치·활용하고, 이들이 좋은 조건 속에서 근무할 수 있도록 하는 교원인사제도는 조직 운영에 있어 핵심 중의 핵심이라고 할 수 있다.

인사란 직원의 임용이나 해임, 평가 등과 관계되는 행정적인 일을 의미한다. 이에 교원의 인사란 교육활동의 핵심역할을 담당할 인적자원을 확보하고 체계적인 교육, 배치, 관리 등을 통해 교육활동에 전념하며 전문직으로 성장할 수 있도록 하는 일련의 행정지원 활동이라고 할 수 있다(이순례, 이현옥, 박희숙, 2014). 이 장에서는 유치원 교원의 인사 관리를 교원의 임용, 복무, 보수로 나누어 살펴보고자 한다.

1. 유치원 교원의 임용

「교육공무원법」 제2조에 의하면 교육공무원의 임용은 신규채용, 승진, 승급, 전직, 전보, 겸임, 파견, 강임, 휴직, 직위해제, 정직, 복직, 면직, 해임 및 파면을 말한다. 국공립 유치원 교원은 물론 사립유치원 교원의 임용도 이와 같다.

〈표 10-1〉 **교원의 임용**

구분	내용
승진	하위직급에서 상위직급으로 이동함
승급	호봉이 올라감
전직	종별과 자격을 달리하여 임용함 예 유치원 교원이 공개전형을 통해 교육전문직으로 이동하는 경우
전보	동일 직위, 자격 내에서 근무기관이나 부서를 달리하여 임용함
겸임	일정한 직무 외에 다른 직무를 겸함

파견	임시로 임무를 주어 임지에 보냄
강임	동종직무 내에서 하위직위에 임용함
휴직	신분을 보유하면서 일정기간 직무에 종사하지 않음
직위해제	신분은 보유하면서 직위를 부여하지 않음
정직	신분은 보유하면서 일정기간 직무가 정지됨
복직	휴직, 직위해제 및 정직 중에 있다가 직위에 복귀시킴
면직	직위에서 물러나게 함. 본인의 의사에 의하는 의원면직(依願免職)과 임용권자의 일방적 의사에 의하는 직권면직 및 징계처분으로서 행하여지는 징계면직(파면)이 있음
해임 및 파면	임무 또는 직무(직책)를 그만두게 함. 파면이 더 중한 징계임

1) 신규임용

유치원 준교사 이상의 자격을 취득한 자 또는 취득 예정자일 때 유치원 교원 임용이 가능하다. 그러나 현실적으로 준교사 자격취득 검정이 이루어지지 않고 있어 유치원 2급 정교사 자격취득이 필요하다. 국·공립(병설과 단설)유치원과 사립유치원의 임용절차에는 다음과 같은 차이가 있다.

국·공립은 교육공무원에 속하며 소속교원의 신분을 국가가 보장하고 임용도 국가가 관리한다. 국·공립 유치원의 신규교사 임용은 공개전형에 의하여 선발하며, 응시연령을 제한하지 않는다. 임용시험은 2단계로 이루어지며 1차는 교직(논술), 교육 과정(서답형)을 보고 2차는 수업실기(교육계획안 작성과 수업실연)와 심층면접으로 이루어진다. 한국사능력 검정시험은 3급 이상 인증이 필수이다.

전라북도교육청 공고 제2017 - 266호

2018학년도 전라북도 공립 유치원·초등학교·특수학교(유치원·초등) 교사 임용후보자 선정경쟁시험 시행계획 공고

2018학년도 전라북도 공립 유치원·초등학교·특수학교(유치원·초등)교사 임용후보자 선정경쟁시험 시행계획을 다음과 같이 공고합니다.

2017년 9월 14일

전라북도교육감

1 선발예정 분야 및 인원

구분	유치원 교사	초등학교교사	특수학교 교사		합계
			유치원	초등	
일반	19명	59명	3명	16명	97명
장애인	1명	1명	1명	5명	8명
합계	20명	60명	4명	21명	105명

※ 장애인 구분선발 근거: 「장애인고용촉진 및 직업재활법」 제27조 제2항

※ 상기 법령에 의거 최종 합격자 선발 시 장애인 합격자 수가 장애인 선발예정 인원에 미달될 경우 선발예정 분야별 일반응시자에서 충원하지 않습니다.

2 응시자격

가. 선발예정 분야별 응시자격

구분		응시자격 요건
유치원 교사		· 유치원 준교사 이상의 자격증 소지자 또는 2018년 2월말 이내 취득 예정자
초등학교교사		· 초등학교 준교사 이상의 자격증 소지자 또는 2018년 2월말 이내 취득 예정자
특수학교 교사	유치원	· 특수학교(유치원) 준교사 이상의 자격증 소지자 또는 2018년 2월말 이내 취득 예정자
	초등	· 특수학교(초등) 준교사 이상의 자격증 소지자 또는 2018년 2월말 이내 취득 예정자

나. 응시연령: 제한 없음 (단, 「교육공무원법」 제47조(정년)에 해당되지 않는 자)

다. 장애인 구분 선발 응시자격 및 일반시험 응시가능 여부

1) 「장애인고용촉진 및 직업재활법 시행령」 제3조의 규정에 해당하는 자로서 응시원서 접수 마감일〈2017. 9. 29. (금) 18:00〉 현재까지 장애인 또는 국가유공자 중 상이등급이 유효하게 등록된 자

2) 장애인은 장애인 구분선발에 관계없이 일반시험에도 비장애인과 동일한 조건으로 응시할 수 있습니다.

라. 현역군인 및 재외국민 응시자격

1) 시험시행 공고일 현재 병역복무 중인 자도 시험에 응시할 수 있으며, 최종합격하였을 경우 임용후보자 등록기간 내에 〈전역 예정증명서〉 또는 〈군복무확인서〉를 제출하여야 임용유예를 받을 수 있습니다.

2) 시험시행 공고일 현재 재외국민인 외국 영주권자도 시험에 응시할 수 있으나, 최종 합격하였을 경우 「교육공무원임용령」 제12조의 규정에 따라 임용후보자명부의 유효기간 내에 복무관리상 문제가 없음을 증명하여야 합니다.

3 시험 일정 및 시험 장소

<table>
<tr><th>구분</th><th>시험일자</th><th>시험과목</th><th>시험시간</th><th>시험장소</th><th>대상</th></tr>
<tr><td rowspan="4">제1차 시험</td><td rowspan="4">2017. 11. 11. (토)</td><td>교직 논술</td><td>09:00~10:00(60분)</td><td rowspan="3">2017.11.3.(금) 〈본청 홈페이지〉</td><td rowspan="3">선발예정 분야별 응시자 전원</td></tr>
<tr><td>교육 과정 A</td><td>10:40~11:50(70분)</td></tr>
<tr><td>교육 과정 B</td><td>12:30~13:40(70분)</td></tr>
<tr><td>한국사</td><td colspan="3">한국사능력 검정시험으로 대체</td></tr>
<tr><td rowspan="4">제2차 시험</td><td>2018. 1. 3. (수)</td><td>교직적성 심층면접</td><td colspan="2" rowspan="4">제1차 시험 합격자 발표 시 안내 〈본청 홈페이지〉</td><td rowspan="3">선발예정 분야별 제1차 시험 합격자</td></tr>
<tr><td rowspan="2">2018. 1. 4. (목)</td><td>교수·학습 과정안 작성</td></tr>
<tr><td>수업실연</td></tr>
<tr><td>2018. 1. 5. (금)</td><td>영어면접 및 영어수업 실연</td><td>초등학교 교사 제1차 시험 합격자</td></tr>
</table>

4 시험 과목, 출제범위

※ 시험과목·출제범위·출제형식·배점 등에 관한 구체적인 사항은 한국교육 과정평가원 홈페이지 참고

1차 시험

선발 분야	시험과목	배점	출제 범위	문항수	시간(분)	비고
유치원 교사	교직 논술	20	유치원 교직·교양 전 영역	1	60	논술형 (원고지형태 1,200자 이내)
	교육 과정	80	유치원 교육 과정 전 영역	16문항 내외	140	기입형, 서술형
	한국사	한국사능력검정시험으로 대체(3급이상 취득)				

2차 시험

선발 분야	시험과목	배점	평가영역	문항수	시간(분)	비고
유치원 교사	교직적성 심층면접	40	• 교사로서의 적성, 교직관, 인격 및 소양	4	15	구술형
	교수·학습 과정안 작성	40	• 교과과정의 일정주제에 대한 교수·학습과정안 작성	1	60	서술형
	수업실연	20	• 교사로서의 학습 지도 능력과 의사소통 능력	1	15	구술형

시험범위

구분	출제 범위
유치원 교사	2015 개정 유치원 교육 과정(3~5세 연령별 누리과정)[교육부 고시 제2015-61호] (2015년 2월 24일 고시)

출처: 전라북도 교육청 홈페이지.

한편, 사립유치원의 신규교사 임용은 사립학교법에 근거하여 원장(이사장) 또는 재단책임자 권한에 속하며, 임용권자는 지원자의 학력, 자격증, 인성 등을 참고로 채용한다. 임용권자는 먼저 교사채용에 관한 공고를 내고, 희망교사의 이력서 및 자기소개서를 제출받는다. 그 후 서류심사결과에 따라 희망교사를 대상으로 면접을 본 후 임용 여부를 결정한다.

유치원 임용예정자는 신원조사 의뢰를 위해 기본증명서와 신원진술서를 각 1부씩 유치원에 제출해야 한다. 또한, 유치원을 옮기는 경우는 교육청에서 증명하는 경력증명서를 받아야 하고 채용을 위한 신체검사 결과, 교원자격증 원본, 교육공무원 인사기록카드를 작성해야 한다. 교사의 신원조사 의뢰용 서류를 제출받은 유치원은 신원조사와 성범죄 경력조회를 경찰서에 의뢰하고 기본등록지에 공문을 발송하여 결격사유를 조회해야 한다. 신원조사 의뢰는 법정 소요기간이 1개월이며, 결격사유 조회와 성범죄 경력조회는 약 2주 정도가 소요되므로 유치원은 가능한 한 새로운 학기가 시작되기 최소 1개월 전에 교원임용을 확정하고 교육청에 임용보고를 해야 한다. 임용예정자의 서류가 모두 준비되고 각종 결과를 확인한 후에 각 유치원은 임용을 확정하고 7일 이내에 교육청에 임용을 보고해야 한다. 교육청에 임용보고가 완료된 후부터 교원의 경력 산정이 시작되므로 교육청 임용보고가 늦어지지 않도록 교사와 유치원은 각별히 신경써야 한다.

2) 징계

교원이 국가공무원법 및 사립학교법과 이 법에 따른 명령을 위반한 경우, 직무상의 의무를 위반하거나 직무를 태만히 한 경우, 직무의 내외를 불문하고 체면 또는 위신을 손상한 경우 징계를 받게 된다. 국·공립교원의 경우 국가공무원법에 따라 징계는 파면, 해임, 강등, 정직, 감봉, 견책 6종류로 구분되며, 사립학교 교원의 경우는 사립학교법에 따라 파면, 해임, 정직, 감봉, 견책 5종류로 구분되며, 강등이 없는 것이 국·공립교원과의 차이점이다. 징계는 파면, 해임, 정직(停職), 감봉 및 견책으로 구분하며 교직원으로서 징계처분을 받은 자에 대하여는 그 처분을 받은 날 또는 그 집행이 끝난 날부터 다른 법령 또는 이 규칙이 정하는 기간 동안 승진임용 또는 승급할 수 없다. 징계의 종류와 효력은 〈표 10-2〉와 같다.

〈표 10-2〉 **징계의 종류와 효력**

구분	종류	효력
중징계	파면	파면은 가장 강력한 징계로서 교원으로서의 신분이 상실된다. 5년 동안 공직 취임이 제한되며 재직기간이 5년 미만인 경우는 퇴직급여의 1/4, 5년 이상인 경우는 퇴직급여의 1/2을 감한다.
	해임	해임은 파면과 함께 신분을 상실시키는 배제징계의 하나로 3년간 공직 취임이 제한된다. 퇴직금은 전액 지급한다.
	강등 (국·공립만 해당)	동종 직무에서 하위직에 임명한다. 보수의 2/3를 감한다.
	정직(1~3개월)	교직원의 신분은 보유하나 직무에 종사하지 못한다. 보수의 2/3를 감한다.
경징계	감봉(1~3개월)	보수의 1/3을 감한다.
	견책	전과(前過)에 대하여 훈계하고 회개하게 한다.

교원은 「교육공무원법」 제48조, 「교원의 지위 향상 및 교육활동 보호를 위한 특별법」 제4조, 「사립학교법」 제60조 교원의 불체포 특권에 의해 현행범인 경우를 제외하고는 소속 학교장의 동의 없이 학원 안에서 체포되지 않을 권리가 있고, 징계를 받은 교원이 징계처분에 대한 취소 변경을 구하고자 할 때는 처분을 받은 지 30일 이내에 소청심사청구를 할 수 있다.

3) 퇴직

교원은 법령에 규정된 일정한 사유 발생 시 징계절차 없이 자동적으로 현직에서 물러나거나 근로관계가 소멸되어 당연퇴직하게 된다. 당연퇴직은 「국가공무원법」 제33조에 의거 결격사유에 해당하는 경우와 「교육공무원법」 47조에 의거 정년이 도래하는 경우이다. 국·공립유치원 교원은 만 62세에 정년퇴직을 한다. 정년에 달한 날이 속하는 학기의 말일이 퇴직일이며, 퇴직일 전일까지 신분을 유지한다. 예를 들어 만 62세 생일이 2017년 9월 24일이라면 해당 학기의 마지막 날인 2018년 2월 말일에 당연퇴직한다. 사립유치원 교원도 이에 준한다.

「국가공무원법」 제33조(결격사유)

1. 피성년후견인 또는 피한정후견인
2. 파산선고를 받고 복권되지 아니한 자
3. 금고 이상의 실형을 선고받고 그 집행이 종료되거나 집행을 받지 아니하기로 확정된 후 5년이 지나지 아니한 자
4. 금고 이상의 형을 선고받고 그 집행유예 기간이 끝난 날부터 2년이 지나지 아니한 자
5. 금고 이상의 형의 선고유예를 받은 경우에 그 선고유예 기간 중에 있는 자
6. 법원의 판결 또는 다른 법률에 따라 자격이 상실되거나 정지된 자
7. 공무원으로 재직기간 중 직무와 관련하여 「형법」 제355조 및 제356조에 규정된 죄를 범한 자로서 300만 원 이상의 벌금형을 선고받고 그 형이 확정된 후 2년이 지나지 아니한 자
8. 징계로 파면처분을 받은 때부터 5년이 지나지 아니한 자
9. 징계로 해임처분을 받은 때부터 3년이 지나지 아니한 자

(1) 직권면직

임용권자의 일방적 의사와 직권에 의하여 행하여지는 면직을 의미한다. 「국가공무원법」 제70조(직권면직)에 따라 교직원이 다음 각호의 어느 하나에 해당하면 직권으로 면직시킬 수 있다.

① 직제와 정원의 개폐 또는 예산의 감소 등에 따라 폐직(廢職) 또는 과원(過員)이 되었을 때

② 휴직기간이 끝나거나 휴직 사유가 소멸된 후에도 직무에 복귀하지 아니하거나 직무를 감당할 수 없을 때
③ 직위해제로 대기발령을 받은 자가 그 기간에 능력 또는 근무성적의 향상을 기대하기 어렵다고 인정된 때
④ 징병검사·입영 또는 소집의 명령을 받고 정당한 사유 없이 이를 기피하거나 군복무를 위하여 휴직 중에 있는 자가 군복무 중 군무를 이탈하였을 때
⑤ 해당 직급·직위에서 직무를 수행하는 데 필요한 자격증의 효력이 없어지거나 면허가 취소되어 담당 직무를 수행할 수 없게 된 때

(2) 명예퇴직

20년 이상 근속한 자로서 정년퇴직일 1년 이상의 기간 중 자진하여 퇴직하는 경우를 의미한다.

(3) 의원면직

본인의 의사표시에 의하여 퇴직하는 경우이며, 면직발령일 전일까지 신분을 유지한다.

(4) 징계면직

징계위원회의 의결을 거쳐 파면(5년간 공무원 임용제한), 해임(3년간 공무원 임용제한) 시키는 경우를 의미한다.

◈ 신원조사 후 교원 임용(퇴직)보고 제출 서류 예시◈

○ ○ ○유치원

수신	경기도 ○○교육지원청교육장(교수학습지원과장)
(경유)	
제목	○○○유치원 교사 임용(퇴직) 보고

1. 관련: 「사립학교법」 제54조
2. 2016학년도○○유치원 교사를 아래와 같이 임용(퇴직, 해임) 보고합니다.

연번	성명 (한자)	주민등록번호	현주소	임용직위	최종출신교 (졸업일)	소지자격 (자격취득일)	임용일 (퇴직일)	임용사유 (퇴직사유)
1	○○○ (한자)			교사 원감 원장	○○대학교 (0000.00.00.)	정교사 1급 (0000.00.00.)	0000. 00.00.	○○○교사 퇴직 (의원면직)

붙임: 1. 임용장(퇴직자: 사직원) 1부
2. 기본증명서 1부(원본)
3. 교원자격증 사본 1부(원본 지참)
4. 채용신체검사서 1부
5. 성범죄·아동학대 범죄경력조회서 1부
6. 신원조사 회보서 1부
7. 인사기록카드 1부(임용일 기재 및 직인 반드시 날인)
8. 경력증명서 각 1부
9. 졸업증명서 1부. 끝.

> 퇴직자의 경우 붙임서류 2~9번은 첨부하지 않는다.
> 사직원은 반드시 자필로 쓴다.

○ ○ ○유치원장

수신자					
담당		원감		원장	
협조자					
시행	○○○유치원 - (20○○. ○○. ○○.)			접수	
우편번호	-	경기도 ○○시 ○○○동 ○○○○번지			/
전화	)	전송	)	/	/비공개

기타 임용에 관한 내용을 한국유치원총연합회 유치원 교원 인사규정(2013)에서 일부 발췌하였다.

제3장 임용

제8조(채용의 제한)

① 「교육공무원법」에 따른 교원(기간제 교원 포함) 및 「유아교육법」 제23조에 따른 강사 등으로 재직하는 동안 다음 각호의 어느 하나의 행위로 인하여 파면·해임되거나 금고 이상의 형을 선고받은 사람(집행유예의 형을 선고받은 후 그 집행유예 기간이 경과한 사람을 포함한다)은 본 유치원의 교원으로 신규채용 또는 특별 채용할 수 없다.

1. 삭제〈2012. 1. 26.〉
2. 금품수수 행위
3. 시험문제 유출 및 성적조작 등 학생성적 관련 비위행위
4. 학생에 대한 신체적 폭력행위

제9조(결격사유)

다음 각호의 어느 하나에 해당하는 사람은 교직원으로 임용될 수 없다.

1. 「국가공무원법」 제33조 각호의 어느 하나에 해당하는 사람
2. 미성년자에 대한 「성폭력범죄의 처벌 등에 관한 특례법」 제2조에 따른 성폭력범죄 행위로 파면·해임되거나 100만 원 이상의 벌금형이나 그 이상의 형을 선고받아 그 형이 확정된 사람(집행유예를 선고받은 후 그 집행유예 기간이 경과한 사람을 포함한다)

제12조(신규채용 구비서류)

교직원으로 채용을 희망하는 자는 다음 각호의 서류를 갖추어 기간 내에 제출하여야 한다.

1. 이력서, 인사기록카드
2. 기본 증명서, 주민등록등본
3. 경력증명서, 최종학력증명서
4. 자격(면허)증 사본
5. 채용신체검사서
6. 신원증명서
7. 범죄경력조회서

제14조(인사기록 및 인사 사무처리)

① 원장은 소속 교직원의 인사기록을 작성·유지·보관하여야 한다.

② 제1항에 따른 인사기록의 작성·유지·보관 및 인사 사무처리에 필요한 사항은 「교육공무원 인사기록 및 인사 사무처리규칙」에 따른다.

제4장 신분변동

제17조(휴직)

① 교직원이 다음 각호의 어느 하나에 해당하는 사유로 휴직을 원하면 원장은 휴직을 명할 수 있다. 다만, 제1호부터 제4호까지 및 제11호의 경우에는 본인의 의사와 관계없이 휴직을 명하여야 하고, 제7호 및 제7호의 2의 경우에는 본인이 원하면 휴직을 명하여야 한다.

1. 신체상·정신상의 장애로 장기요양이 필요할 때(불임·난임으로 인하여 장기간의 치료가 필요한 경우를 포함한다)
2. 「병역법」에 따른 병역 복무를 위하여 징집되거나 소집된 경우
3. 천재지변이나 전시·사변 또는 그 밖의 사유로 생사(生死)나 소재(所在)를 알 수 없게 된 경우
4. 그 밖에 법률에 따른 의무를 수행하기 위하여 직무를 이탈하게 된 경우
5. 학위취득을 목적으로 해외유학을 하거나 외국에서 1년 이상 연구 또는 연수를 하게 된 경우
6. 국제기구, 외국기관, 국내외의 대학·연구기관, 다른 국가기관, 재외교육기관 또는 대통령령으로 정하는 민간단체에 임시로 고용되는 경우
7. 만 8세 이하(취학 중인 경우에는 초등학교 2학년 이하를 말한다)의 자녀를 양육하기 위하여 필요하거나 여성 교직원이 임신 또는 출산하게 된 경우

7의 2. 만 19세 미만의 아동(제7호에 따른 육아휴직의 대상이 되는 아동은 제외한다)을 입양(入養)하는 경우

8. 교육부장관 또는 교육감이 지정하는 연구기관이나 교육기관 등에서 연수하게 된 경우
9. 사고 또는 질병 등으로 장기간 요양이 필요한 부모, 배우자, 자녀 또는 배우자의 부모를 간호하기 위하여 필요한 경우
10. 배우자가 국외 근무를 하게 되거나 제5호에 해당하는 된 경우
11. 「교원의 노동조합 설립 및 운영 등에 관한 법률」 제5조에 따라 노동조합 전임자로 종사하게 된 경우

② 「정당법」 제22조 제1항에 따라 정당의 당원이 될 수 있는 교원이 국회의원으로 당선된 때에는 「국회법」 제29조 제3항에 따라 임기 중 그 교원의 직은 휴직된다.

③ 원장은 제1항 제7호 및 제7호의 2에 따른 휴직을 이유로 인사상 불리한 처우를 하여서는 아니되며, 같은 호의 휴직기간은 근속기간에 포함한다.

제18조(휴직기간 등)

① 휴직기간은 다음 각호와 같다.

1. 제1항 제1호의 사유로 인한 휴직기간은 1년 이내로 한다. 다만, 공무상 질병 또는 부상으로 인한 휴직기간은 3년 이내로 한다.
2. 제1항 제2호 및 제4호의 사유로 인한 휴직기간은 그 복무기간이 끝날 때까지로 한다.
3. 제1항 제3호의 사유로 인한 휴직기간은 3개월 이내로 한다.
4. 제1항 제5호의 사유로 인한 휴직기간은 3년 이내로 한다. 다만, 학위취득을 하려는 경우에는 3년의 범위에서 연장할 수 있다.

5. 제1항 제6호의 사유로 인한 휴직기간은 그 고용기간으로 한다.
6. 제1항 제7호의 사유로 인한 휴직기간은 자녀 1명에 대하여 1년(여성 교직원은 3년) 이내로 하되, 분할하여 휴직할 수 있다.

6의 2. 제1항 제7호의 2의 사유로 인한 휴직기간은 입양자녀 1명에 대하여 6개월 이내로 한다.

7. 제1항 제8호의 사유로 인한 휴직기간은 3년 이내로 한다.
8. 제1항 제9호의 사유로 인한 휴직기간은 1년 이내로 하되, 재직기간 중 총 3년을 초과할 수 없다.
9. 제1항 제10호의 사유로 인한 휴직기간은 3년 이내로 하되, 3년의 범위에서 연장할 수 있다. 다만, 총 휴직기간은 배우자의 국외 근무, 해외 유학·연구 또는 연수기간을 초과할 수 없다.
10. 제1항 제11호의 사유로 인한 휴직기간은 그 전임자로 종사하는 기간으로 한다.

② 제1항 제6호 또는 제9호에 따라 2년 이상 휴직한 교직원은 복직하려면 원장이 정하는 바에 따라 연수를 받아야 한다.

제20조(직위해제)

① 원장은 다음 각호의 어느 하나에 해당하는 교직원에게는 직위를 부여하지 아니할 수 있다.

1. 직무수행 능력이 부족하거나 근무성적이 극히 나쁜 자
2. 파면·해임 또는 정직에 해당하는 징계 의결이 요구 중인 자
3. 형사 사건으로 기소된 자(약식명령이 청구된 자는 제외한다)

② 제1항에 따라 직위를 부여하지 아니한 경우에는 그 사유가 소멸되면 원장은 지체없이 직위를 부여하여야 한다.

③ 제1항 제1호에 따라 직위해제된 자에게 3개월의 범위에서 대기를 명한다.

④ 원장은 제3항에 따라 대기명령을 받은 자에게 능력회복이나 근무성적의 향상을 위한 교육훈련 또는 특별한 연구과제의 부여 등 필요한 조치를 하여야 한다.

2. 유치원 교원의 복무

복무란 교원의 근무사항관리와 휴가처리 업무, 휴일 또는 근무 시간 외의 당직에 관한 사무 등을 말한다. 국공립유치원 교원의 복무에 관해서는 「국가공무원법」 및 「국가공무원 복무규정」과 「국·공립학교의 교원에 관한 규정」을 준용한다. 사립유치원 교원도 「사립학교법」 제55조에 의거하되 국공립유치원 교원이 지켜야 하는 직무상의 의무규정을 적용받는다.

1) 의무

교원의 의무는 교원으로서 마땅히 해야 할 직분을 의미한다. 「국가공무원법」에 제시되어 있는 교원의 의무는 〈표 10-3〉과 같다.

〈표 10-3〉 **국가공무원법에 제시된 유치원 교원의 의무**

1. 법령을 준수하여 성실히 맡은 직무를 수행하여야 한다.	성실의 의무	제56조
2. 법령에서 규정하는 직무와 관련된 법규를 지켜야 한다.	법령준수의무	제56조
3. 정당한 권한을 가지고 있는 자가 직무와 관련하여 지시를 하였을 때는 교원의 자주성과 전문성이 보장되는 범위내에서 이를 따라야 한다.	복종의 의무	제57조
4. 소속 상관의 허가 없이 또는 정당한 이유 없이 유치원을 이탈해서는 안된다.	직장이탈 금지 의무	제58조
5. 직무 외에 영리를 목적으로 하는 업무에 종사하지 못한다.	영리 및 겸직 금지 의무	제64조
6. 국민에게 친절하고 공정하게 직무를 집행하도록 하는 의무이므로 유치원 교원은 유아를 사랑하고 존중하며 공평하게 대해야 한다.	친절공정 의무	제59조
7. 재직 중은 물론 퇴직 후에도 직무상 알게 된 정보(자료) 등 비밀을 누설하거나 부당한 목적을 위하여 사용해서는 아니 된다.	비밀엄수 의무	제60조
8. 직무와 관련하여 직·간접적으로 사례·증여 또는 금품수수 등 향응을 주거나 받을 수 없다. 직무상의 관계 여하를 불문하고 그 소속 상관에게 금품 등을 증여하거나 소속 직원으로부터 증여를 받아서는 아니 된다.	청렴의무	제61조
9. 직무상 교내·외를 불문하고 그 품위가 손상되는 행위를 하여서는 아니 된다.	품위유지의무	제63조
10. 정치적 입장에서 중립을 취할 의무가 있다.	정치활동 금지 의무	제65조
11. 노동운동이나 그 밖에 직무 외의 일을 위하여 집단행위를 하여서는 아니 된다.	집단행위 금지 의무	제66조

2) 휴가

유치원 교원이 휴가를 받고자 할 때에는 1주일 전에 휴가원을 제출하여 원장의 허가를 받아야 한다. 다만, 긴급한 경우에는 당일 오전 12시까지 소정의 휴가원을 제출하되, 이를 다른 교직원에게 대행하게 할 수 있다. 교직원의 휴가원이 접수되었을 경우 원장은 업무에 특별한 지장이 없는 한 이를 허가하여야 한다. 규정에서 정한 휴가 일수를 초과한 휴가는 결근으로 본다. 유치원 교원의 휴가는 연가(年暇), 병가, 공가(公暇), 특별휴가 및 출산휴가로 구분한다.

(1) 연가

교원의 연가는 1년에 일정한 기간을 쉴 수 있는 유급휴가로 일수는 재직기간에 따라 다르게 산정된다.

〈표 10-4〉 **교원의 연가 일수**

재직기간	연가 일수	재직기간	연가 일수
3월 미만	0	3년 이상 4년 미만	14
3월 이상 6월 미만	3	4년 이상 5년 미만	17
6월 이상 1년 미만	6	5년 이상 6년 미만	20
1년 이상 2년 미만	9	6년 이상	21
2년 이상 3년 미만	12		

재직기간에는 휴직기간, 정직기간, 직위해제 기간에 따라 직무에 종사하지 못하는 기간은 산입하지 아니한다. 다만, 다음 각호의 휴직기간은 재직기간에 산입한다.

1. 「국가공무원법」 제71조 제2항 제4호의 사유에 따른 휴직(만 8세 이하의 자녀를 양육하기 위하여 필요하거나 여성교직원이 임신 또는 출산하게 된 때)
2. 법령에 따른 의무수행으로 인한 휴직
3. 「사립학교 교직원연금법」에 따른 직무상 질병 또는 부상으로 인한 휴직

원장은 매년 교직원의 연가계획을 수립하여 실시하고 교직원이 연가신청서를 제출하였을 때에는 직무수행에 특별한 지장이 없으면 이를 허가하여야 한다. 연가 일수가 7일을 초과하는 교직원에 대하여는 연 2회 이상으로 나누어 허가해야 하나, 공무 외의 국외여행이나 그 밖의 특별한 사유가 있는 경우에는 그러하지 아니한다. 연가는 오전 또는 오후의 반일(半日) 단위로 허가할 수 있으며, 반일 연가 2회는 연가 1일로 계산한다.

결근 일수, 정직 일수, 휴직 일수 및 직위해제 일수에 따라 직무에 종사하지 못하는 일수는 연가 일수에서 공제한다. 다만, 법령에 따른 의무 수행이나 공무상 질병 또는 부상으로 인하여 휴직한 경우는 예외로 한다. 질병이나 부상 외의 사유로 인한 지각·조퇴 및 외출은 누계 8시간을 연가 1일로 계산한다.

(2) 병가

원장은 교직원이 다음 내용에 해당할 경우에는 연 60일의 범위에서 병가를 허가할 수 있다. 이 경우 질병이나 부상으로 인한 지각·조퇴 및 외출은 누계 8시간을 병가 1일로 계산하고, 제26조 제3항에 따라 연가 일수에서 빼는 병가는 병가 일수에 산입하지 아니한다.

1. 질병 또는 부상으로 인하여 직무를 수행할 수 없을 때
2. 전염병으로 인하여 그 교직원의 출근이 다른 교직원의 건강에 영향을 미칠 우려가 있을 때

원장은 소속 교직원이 공무상 질병 또는 부상으로 직무를 수행할 수 없거나 요양이 필요할 경우에는 연 180일의 범위에서 병가를 허가할 수 있다. 병가 일수가 7일 이상일 경우에는 의사의 진단서를 첨부한 병가 신청서를 제출하여야 한다.

(3) 공가

교원이 국가기관 업무 수행에 협조하거나 법령상 의무이행이 필요한 다음 내용에 해당될 경우 부여받는 휴가이다. 「국가공무원 복무규정」 제19조에서 규정하고 있는 공가의 사유는 다음과 같다.

1. 「병역법」이나 그 밖의 다른 법령에 따른 병역판정검사·소집·검열점호 등에 응하거나 동원 또는 훈련에 참가할 때
2. 공무와 관련하여 국회, 법원, 검찰 또는 그 밖의 국가기관에 소환되었을 때
3. 법률에 따라 투표에 참가할 때
4. 승진시험·전직시험에 응시할 때
5. 원격지(遠隔地)로 전보(轉補) 발령을 받고 부임할 때
6. 「산업안전보건법」 제43조에 따른 건강진단 또는 「국민건강보험법」 제52조에 따른 건강검진을 받을 때
7. 「혈액관리법」에 따라 헌혈에 참가할 때
8. 「공무원 인재개발법 시행령」 제32조 제5호에 따른 외국어능력에 관한 시험에 응시할 때
9. 올림픽, 전국체전 등 국가적인 행사에 참가할 때
10. 천재지변, 교통 차단 또는 그 밖의 사유로 출근이 불가능할 때
11. 「공무원의 노동조합 설립 및 운영 등에 관한 법률」 제9조에 따른 교섭위원으로 선임(選任)되어 단체교섭 및 단체협약 체결에 참석할 때

(4) 특별휴가

교직원은 본인이 결혼하거나 그 밖의 경조사가 있을 경우에는 아래의 기준에 따른 경조사 휴가를 받을 수 있다.

〈표 10-5〉 **경조사별 휴가 일수 기준**

구분	대상	일수
결혼	본인	5
	자녀	1
출산	배우자	5
입양	본인	20
사망	배우자, 본인 및 배우자의 부모	5
	본인 및 배우자의 조부모 · 외조부모	2
	자녀와 그 자녀의 배우자	2
	본인 및 배우자의 형제자매	1

원장은 임신 중인 교직원에 대해서는 그 출산 전후를 통하여 90일의 출산휴가를 허가하되, 출산 후의 휴가기간이 45일 이상이 되게 하여야 한다. 교사는 생리기간 중 휴식과 임신한 경우의 검진을 위하여 매월 1일의 여성보건 휴가를 받을 수 있다. 다만, 생리기간 중 휴식을 위한 여성보건 휴가는 무급으로 한다.

임신 중인 여직원으로서 임신 후 12주 이내에 있거나 임신 후 36주 이상에 해당하는 교직원은 1일 2시간의 범위에서 휴식이나 병원 진료 등을 위한 모성보호시간을 받을 수 있다. 생후 1년 미만의 유아를 가진 여직원은 1일 1시간의 육아시간을 받을 수 있다. 인공수정 또는 체외수정 등 불임치료 시술을 받은 여직원은 시술 당일에 1일의 휴가를 받을 수 있다. 다만, 체외수정 시술의 경우 난자 채취일에 1일의 휴가를 추가로 받을 수 있다. 풍해 · 수해 · 화재 등 재해로 인하여 피해를 입은 교직원과 재해지역에서 자원봉사활동을 하려는 교직원은 5일 이내의 재해구호휴가를 받을 수 있다.

원장은 소속 여직원이 유산(「모자보건법」 제14조 제1항에 따라 허용되는 경우 외의 인공임신중절에 의한 유산은 제외한다.)하거나 사산한 경우 해당 여직원이 신청하면 다음의 기준에 따라 유산휴가 또는 사산휴가를 주어야 한다.

1. 임신기간이 11주 이내인 경우: 유산하거나 사산한 날부터 5일까지
2. 임신기간이 12주 이상 15주 이내인 경우: 유산하거나 사산한 날부터 10일까지
3. 임신기간이 16주 이상 21주 이내인 경우: 유산하거나 사산한 날부터 30일까지
4. 임신기간이 22주 이상 27주 이내인 경우: 유산하거나 사산한 날부터 60일까지
5. 임신기간이 28주 이상인 경우: 유산하거나 사산한 날부터 90일까지

교직원 복무에 관한 기타 사항은 한국유치원총연합회 유치원 교원 복무규정(2013)에서 일부 발췌하여 기술하였다.

제3장 교직원 근무

제15조(당직 및 비상근무)

① 원장은 휴일 또는 근무 시간 외의 화재·도난 또는 그 밖의 사고의 경계와 문서처리 및 업두연락을 하기 위하여 교직원에게 일직·숙직 등 당직 근무를 명할 수 있다.
② 당직 근무자는 순찰 등을 통해 모든 사고를 방지하여야 하며, 사고가 발생하였을 때에는 신속하게 필요한 조치를 하여야 한다.
③ 원장은 천재지변 또는 그 밖에 이에 준하는 비상사태가 발생한 경우에는 소속 교직원에게 이에 따른 휴일 근무 또는 연장근무 등 비상근무를 명할 수 있다.
④ 당직 근무자는 근무 장소를 이탈해서는 아니 되며, 품위를 손상하는 행위 등 당직 근무에 지장을 초래하는 일을 하여서는 아니 된다.

제16조(출장)

① 원장의 명을 받아 출장하는 교직원(이하 '출장 교직원'이라 한다)은 해당 업무수행을 위하여 전력을 다하여야 하며, 사적인 일을 위하여 시간을 소비해서는 아니 된다.
② 출장 교직원은 지정된 출장기일 안에 그 업무를 완수하지 못할 사유가 발생하였을 때에는 전화, 전보 또는 그 밖의 방법으로 원장에게 보고하고 그 지시를 받아야 한다.
③ 출장 교직원이 출장 용무를 마치고 귀원한 때에는 지체 없이 원장에게 결과보고서(별지 제2호 서식)를 제출하여야 한다. 다만, 경미한 사항에 대한 결과보고는 구두로 할 수 있다.

제19조(근무 복장)

① 본 유치원의 교직원은 근무 중 품위를 유지할 수 있는 단정한 복장을 하여야 한다.
② 본 유치원의 교직원이 직무를 수행할 때에는 근무 기강을 해치는 정치적 주장을 표시하거나 상징하는 복장 또는 관련 물품을 착용해서는 아니 된다.

제20조(근무 시간)

① 본 유치원 교직원의 1주간 근무 시간은 점심시간을 제외하고 40시간으로 하며, 토요일은 휴무를 원칙으로 한다.

② 본 유치원 교직원의 1일 근무 시간은 유치원의 특성상 오전 8시 30분부터 오후 5시 30분까지로 하며, 점심시간은 낮 12시부터 오후 1시까지로 한다. 다만, 원장이 필요하다고 인정할 경우에는 1시간의 범위에서 점심시간을 달리 정할 수 있다.

③ 방과 후 과정(종일반)을 운영할 때에는 근무조(1명 또는 2명으로 편성)별로 오후 3시까지 근무하게 할 수 있다. 다만, 유치원 운영상 필요한 경우에는 시간을 변경하여 운영할 수 있다.

제21조(교직원의 출근)

① 본 유치원의 교직원은 근무 시간으로 정한 시간 안에 출근하여야 하며 근무 시간을 지킬 수 없을 경우에는 원장에게 미리 보고 하여야 한다.

② 교직원이 당일 오전 12시까지 보고도 없이 출근하지 못할 경우에는 결근으로 처리한다.

제22조(지각, 조퇴 및 외출)

본 유치원의 교직원은 다음 각호의 사유가 발생하였을 때에는 미리 원장의 허가를 받아 외출 및 조퇴 등을 하여야 한다.

1. 다음날 늦게 출근하여야 할 불가피한 사유가 있을 때(지각)
2. 질병이나 기타 사유 등으로 인하여 퇴근 시간 전에 퇴근하고자 할 때(조퇴)
3. 근무 시간 중에 외출이 필요할 때(외출)

제23조(시간외 근무 및 공휴일 등 근무)

① 원장은 유치원 운영상 필요하다고 인정할 때에는 근무 시간 외의 근무를 명하거나 토요일 또는 공휴일 근무를 명할 수 있다.

② 원장은 제1항에 따라 토요일 또는 공휴일에 근무한 교직원에 대하여 그 다음 정상 근무일을 휴무하게 할 수 있다. 다만, 본 유치원의 업무사정이나 그 밖의 부득이한 사유가 있는 경우에는 다른 정상 근무일을 지정하여 휴무하게 할 수 있다.

제32조(휴가 기간 중의 공휴일)

휴가 기간 중의 토요일 또는 공휴일은 그 휴가 일수에 산입하지 아니한다. 다만 휴가 일수가 30일 이상 계속되는 경우에는 그 휴가 일수에 토요일 또는 공휴일을 산입한다.

제33조(공무 외의 국외여행)

교직원은 휴가기간의 범위 안에서 공무 외의 목적으로 국외여행을 할 수 있다. 이 경우에는 사전에 원장의 허가를 받아야 한다.

3. 유치원 교원의 보수

유치원 교원의 보수는 「교육공무원법」 제34조에 의거 우대하도록 되어 있다. 특히 동법 조항은 「사립학교법」 제2조에 따른 학교법인과 사립학교 경영자는 사립학교 교원의 보수를 국공립학교 교원의 보수수준으로 유지해야 한다고 밝히고 있어 원칙적으로 사립유치원 교원도 국·공립 유치원 교원과 동일한 보수를 받아야 한다. 교원의 보수는 호봉에 따른 기본급과 담임수당, 정근수당 등 기타 수당을 합한 금액을 의미한다.

1) 호봉획정

유치원 교원의 호봉획정 기준은 다음과 같다.

호봉=(학령-16)+가산연수+기산호봉+경력	
학령	초등 1학년부터 대학까지 수학연한
가산연수	수학연한 2년 이상의 사범계 대학(대학의 교육계열 학과 포함)을 졸업한 자에게 추가하는 1년
기산호봉	준교사 5호봉, 2급 정교사 8호봉, 1급 정교사 9호봉

예를 들어 3년제 유아교육과를 졸업한 신규교사라면 7호봉에서 시작하게 된다. 4년제 대학 유아교육과를 졸업한 신규교사라면 9호봉에서 시작한다. 교원의 호봉 간 승급에 필요한 기간은 1년이며 매달 1일자로 승급한다. 그러나 징계처분, 직위해제 또는 휴직(공무상 질병으로 인한 휴직은 제외한다) 중인 교원, 법령의 규정에 따른 근무성적 평정점이 최하등급(근무성적이 불량한 자)에 해당되는 교원, 징계처분의 집행이 끝난 날부터 다음 각목의 기간(정직은 18개월, 감봉은 12개월, 근신 또는 견책은 6개월, 금품 및 향응 수수, 공금 횡령·유용으로 인한 징계처분의 경우에는 각각 3개월을 가산한 기간)이 지나지 아니한 교원

은 승급을 제한한다.

2) 연금

연금이란 노령, 폐질, 계약상의 근무 기간 종료 등의 이유로 퇴직한 사람에게 주어지는 일련의 정기적인 금전 지급을 의미한다(다음백과, 2017).

국·공립유치원 교원은 공무원 연금적용을 받게 된다. 공무원연금은 공무원 및 유족을 위한 종합사회보장제도로, 공무원의 퇴직 또는 사망과 공무로 인한 부상·질병·장애에 대하여 적절한 급여를 실시하여 공무원 및 그 유족의 생활 안정과 복리 향상에 기여함을 목적으로 한다. 퇴직 후 생계보장을 위한 연금급여, 근로 보상적 성격의 퇴직수당, 근로 재해에 대한 보상 및 부조급여, 공무원 및 그 유족의 생활안정과 복리 향상 공적보험원리에 의하여 작동되는 장기 소득보장제도 등 국가에 의한 공무원부양제도로서의 성격을 가지고 있다. 급여에 소요되는 비용은 국가 또는 지방자치단체와 공무원이 각각 부담하는 것으로 한다. 국가 또는 지방자치단체가 부담하는 비용 부분을 부담금이라 하고, 공무원이 부담하는 비용 부분을 기여금이라고 한다. 공무원연금제도의 운용에 관한 사항은 행정자치부 장관의 위탁을 받아 공무원연금관리공단에서 관장한다.

사립유치원 교원은 사립학교 교직원 연금적용을 받는다. 사립학교 교직원 연금법은 연금제도의 핵심이라 할 수 있는 급여제도에 관해서는 전적으로 공무원 연금법을 준용하고 있다. 사립학교 교직원 연금재정에 필요한 비용은 개인부담금·국가부담금·법인부담금·재해보상부담금 및 그 운용수익금으로 충당한다. 사립학교 교직원의 연금사업을 관장하여 운영하는 주체는 법인인 사립학교 교직원 연금관리공단이며, 이 관리공단에 대한 감독기관은 교육부장관이다.

생각해 보세요

활동 1 **유치원 교사 신규임용에 관한 다음 문장의 ( )를 채워 보세요.**

유치원 임용예정자는 신원조사 의뢰를 위해 기본증명서와 (① ____________)를 각 1부씩 유치원에 제출해야 한다. 또한, 유치원을 옮기는 경우는 교육청에서 증명하는 경력증명서를 받아야 하고 채용을 위한 (② ____________), (③ ____________), 교육공무원 인사기록카드를 작성해야 한다. 교사의 신원조사 의뢰용 서류를 제출받은 유치원은 신원조사와 (④ ____________)를 경찰서에 의뢰하고 기본등록지에 공문을 발송하여 결격사유를 조회해야 한다.

활동 2 **다음 조건의 유치원 교사 호봉을 획정해 보세요.**

호봉=(학령−16)+가산연수+기산호봉+경력

1) 4년제 OO대학교 사범대학(일반대학) 유아교육과 졸업 신규임용 김OO

____

2) 4년제 OO대학교 아동학과 졸업 신규임용 최OO

____

3) 3년제 OO대학교 유아교육과 졸업 경력 3년차 교사 강OO

____

활동 2 **다음 문장의 빈칸을 채워 보세요.**

연금이란 노령, 폐질, 계약상의 근무 기간 종료 등의 이유로 퇴직한 사람에게 주어지는 일련의 정기적인 금전 지급을 의미한다. 국·공립유치원 교원에 적용되는 연금은 (① ____________)이고, 사립유치원 교원은 (② ____________) 적용을 받는다.

참고문헌

다음백과사전(2017).

이순례, 이현옥, 박희숙(2014). 초임 유아교사를 위한 교직실무. 경기: 공동체.

조동섭(2013). 교육환경 변화에 따른 교원인사제도의 발전방향. 교육논총, 33(1), 75-92.

한국유치원총연합회(2013). 교원임용규정, 교원복무규정, 교원보수규정.

전라북도 교육청 홈페이지(www.jbe.go.kr). 알림마당. 시험/채용정보(2019. 9. 14.)

11장 문서 관리

현장에 오기 전에는 막연히 연간, 주간, 일안처럼 교육에 관련되는 문서만 있는 줄 알았다. 하지만 막상 현장에 와 보니 내가 생각했던 것보다 훨씬 많은 종류의 문서가 날 기다리고 있었다. 연간, 주간, 일안은 기본이었고, 교구대장, 수업 활동안, 차량일지, 안전점검표, 행사 평가표 등 종류도 다양했다. 처음에는 주안, 일안을 작성하며, 어떤 활동을 할지, 그 활동을 어떻게 할지 정하는 것이 신기하고 재미있기도 했지만 좋은 활동인지 고민도 되고 여러 활동을 찾아보고 비교해 보며 시간이 많이 걸렸으며, 특히 활동 목표를 작성하는 것이 어려웠다. 다른 문서들의 경우에는 그날그날 작성하는 것이 어려웠던 것 같다. 교구대장은 교구를 교체할 때 바로, 수업 활동안도 수업이 끝나면 바로, 안전점검표도 매주 요일을 정해서 바로바로 하면 쉽게 할 수 있는 문서들이지만 초임 교사일 때는 수업 준비와 다른 일들에 바빠서 문서들을 그때그때 처리한다는 게 힘들었었다. 그래서 주말에 일하기도 하고 한꺼번에 하느라 더 힘들게 느껴졌다. 지금은 유치원에서의 일들에 여유와 융통성이 생기면서 문서를 처리하는 것이 조금은 수월해졌다. 주안, 일안을 작성하는 데는 여전히 여러 고민들로 시간이 걸리지만 그것은 유아들에게 좀 더 멋진 교사가 되기 위한 행복한 고민이라고 생각한다.

경력교사 L의 저널

유치원 교사는 학급 경영에 있어 교육활동 수행을 중심으로 한 학급운영의 직무 외에 문서 관리의 직무를 수행해야 한다. 즉, 〈표 11-1〉과 같이 문서 관리 직무에 연관지어 다양한 문서를 작성하고 관리하는 업무를 수행할 책임이 있다. 이 중 귀가 시 안전 동의서의 예를 제시하면 〈표 11-2〉와 같다.

〈표 11-1〉 **문서 관리 직무 내용**

<table>
<tr><th>직무 구분</th><th>직무 내용</th><th>학년 시작 전에 할 일</th><th>학년 중에 할 일</th><th>학년 말에 할 일</th></tr>
<tr><td rowspan="7">문서 관리</td><td>유아 문서 준비</td><td>· 신입 유아 문서준비
- 입학원서, 유아 개인 조사서, 개인정보의 수집·이용·제공 및 활용 동의서, 응급처치 동의서 및 비상연락망, 귀가 시 안전 동의서, 주민등록등본 등</td><td></td><td></td></tr>
<tr><td rowspan="6">학사 운영을 위한 기본 문서</td><td>· 출석부 준비</td><td>· 출결상황기록 및 월별 통계 산출</td><td>· 출석부 출결상황 통계 산출</td></tr>
<tr><td></td><td></td><td>· 수료식과 관련된 문서(수료증서)
· 졸업식과 관련된 문서(졸업증서, 상장, 졸업대장 등)</td></tr>
<tr><td>· 생활기록부 인수</td><td></td><td>· 생활기록부 작성 및 인계</td></tr>
<tr><td colspan="3">· 투약 보고서</td></tr>
<tr><td colspan="3">· 사고 보고서</td></tr>
<tr><td colspan="3">· 공문서</td></tr>
</table>

〈표 11-2〉 **귀가 시 안전관리 협조 공문의 예**

귀가 시 안전관리 협조

안녕하세요?
본 유치원에서는 귀가 시 부모님이 마중 나오시는 것을 원칙으로 하며 부모님이 전화연락 없이 마중을 나오지 않는 경우에는 다시 유치원으로 데리고 옵니다. 이는 유아의 안전관리가 무엇보다 중요하기 때문이므로 학부모님의 협조가 필요합니다. 단 부득이하게 하원 시 버스에서 하차하는 장소를 변경하는 경우가 있으므로 다음과 같은 동의서를 받습니다. 동의서는 유아의 귀가 시 마중 나오시는 분을 알아보고 그 이후 일체 사고에 대한 책임이 학부모님에게 있음을 확인하기 위한 것입니다. 부득이한 사정으로 다른 장소로 직접 귀가할 경우라도 기존 정차지역에서만 유아를 내려 줍니다. 이 경우에도 부모님이 지정한 성인이 마중을 나오지 않을 때는 유치원으로 다시 데리고 옵니다.
다음을 확인하셔서 해당란에 ∨표해 주세요.

다음

부모동의서

□ 반명: □ 유아명:

<table>
<tr><th colspan="2" rowspan="2">귀가장소</th><th colspan="3">마중 나오는 분</th></tr>
<tr><th>부모님 마중</th><th>부모님이 지정한 성인 마중</th><th>비고</th></tr>
<tr><td>집</td><td></td><td></td><td></td><td>관계:</td></tr>
<tr><td>기타</td><td></td><td></td><td></td><td></td></tr>
</table>

유치원에서 귀가 시 부모가 꼭 마중을 나오며 귀가 장소의 변경을 하지 않는 것을 원칙으로 하는 것에 동의합니다. 그러나 부득이한 사정으로 귀가장소의 변경이나 마중을 나오지 않는 경우 이로 인해 발생하는 안전사고 및 기타 문제에 대한 책임은 유치원에 있지 않고 유아의 부모에게 있음에 동의합니다.

20 년 월 일

아버지명 인
어머니명 인
대리보호인명 인

○○○ 유치원장 귀하

이 장에서는 먼저 학사운영을 위한 기본 문서인 출석부와 생활기록부의 정의와 작성 방법 등에 대해 살펴보고, 투약 보고서와 사고 보고서, 기관 내 또는 기관 간에 결재나 업무 협조 등을 위해 작성해야 하는 공문서의 순으로 각각의 정의와 작성방법에 대해 살펴보고자 한다.

1. 출석부

1) 출석부의 정의

사전적 정의에 의하면 출석부란 출석하고 출석하지 않음을 적는 장부를 말한다(민중서림편집국, 2011). 출석부 관리는 각 학급 담임교사의 기본적 업무로, 일과가 끝난 뒤 유아 개인의 출결사항을 출석부에 기록하고 결석 유아의 이름과 결석사유를 기록하여야 한다.

2) 출석부 작성

출석부에 기재하는 모든 문자는 한글로, 숫자는 아라비아 숫자로 기재한다. 출석부의 기재 요령을 제시하면 다음과 같다.

① 유아 이름: 생활기록부와 동일한 순서로 기재한다. 단, 중도에 입학한 경우는 입학한 순으로 기재한다.

② 일요일: 빨간색 펜으로 세로로 선을 긋는다.

③ 공휴일이나 자율휴일: 빨간색 펜으로 첫 칸부터 공휴일의 명칭을 쓰고 세로로 선을 긋는다.

④ 방학: 방학식 다음 날부터 해당 월 방학 기간 날까지 빨간색 펜으로 좌상우하로 사선을 긋고 여름방학 또는 겨울방학이라고 기재한다.

⑤ 전출생: 전출일에 빨간색 펜으로 '퇴'라고 쓰고 그 후일은 빨간색 펜으로

선을 긋는다. 단, 전출한 달의 통계란에는 선을 긋지 않고 그 다음 달부터 2월까지 빨간색 펜으로 선을 긋는다. 사유란에는 빨간색 펜으로 기재하며, 예를 들어 '전출: ○○○, 06. 23., 서울 ○○유치원'이라고 쓴다.

⑥ 전입생: 전입 당일에 검정색 펜이나 파란색 펜으로 '㉺'이라고 쓰고, 그 전일까지 검정색 펜이나 청색 펜으로 선을 긋는다. 사유란에는 검정색 펜이나 파란색 펜으로 기재하며, '전입: ○○○, 05. 21., 대전 ○○유치원'이라고 쓴다.

⑦ 결석: 유치원의 규칙에 따라 출석해야 할 날짜에 출석하지 않았을 경우 결석처리한다.

- 전입생의 경우 결석 일수는 원적 유치원의 결석 일수와 합산하되, 중복되는 재학기간의 결석 일수는 제외한다.
- 병결은 출석한 날부터 3일 이내에 의사의 진단서를 첨부하여 결석신고서를 제출하였거나 병으로 인한 결석임이 객관적으로 인정되는 경우를 말한다.
- 기타결은 병결로 처리되는 경우 이외의 무단결석한 경우를 말한다.

⑧ 월말 통계:

- 토요일과 일요일은 수업 일수에서 제외한다.
- 전출일과 전입일은 수업 일수에 포함한다.
- 월말 통계 처리 후 담임란에 서명하고 원장의 결재를 받는다.

⑨ 정정: 수정할 글자나 숫자 중앙에 선을 두 줄 긋고 담당자가 날인한다.

〈표 11-3〉 **출석부 작성 예**

7월 출석부

	날짜	1	2	3	4	5	6	7	8	9	10	11	12	13	14	15	16	17	18	19	20	21	22	23	24	25	26	27	28	29	30	31
	이름 요일	일	월	화	수	목	금	토	일	월	화	수	목	금	토	일	월	화	수	목	금	토	일	월	화	수	목	금	토	일	월	화
1	김 민 수		·	·	·	·	·			·	·	·	·	·			·	·	·	·												
2	강 명 준		·	·	·	·	·			·	·	·	·	·			·	·	·	·		여										
3	고 윤 미		·	·	·	·	·			·	·	·	·	·			·	·	·	·												
4	고 현 미		·	·	·	·	·			·	·	·	·	·			·	·	·	·		름										
5	김 단 비		·	·	·	·	·			○	·	·	·	·			·	·	·	·			방									
6	김 대 승		·	·	·	·	·			·	·	·	·	·			·	·	○	○												
7	김 동 규		·	·	·	·	·			·	·	·	·	·			·	·	·	·				학								
8	김 민 아		·	·	·	·	·			·	·	·	·	·			·	·	·	·												
9	김 설 아		·	·	·	·	·			·	·	·	·	○			·	·	·	·												
10	김 태 민		·	퇴																												
11	노 민 주		·	·	·	·	·			·	·	·	·	·			·	·	·	·												
12	나 혜 경		·	·	·	·	·			·	·	·	·	·			·	·	·	·												
13	류 나 은		·	·	·	·	·			·	·	·	·	·			·	·	·	·												
14	류 시 민		·	·	·	·	·			·	·	·	·	·			·	·	·	·												
15	이 도 원		·	·	·	·	·			·	·	·	·	·			·	·	·	·												
16	정 유 민		·	·	·	·	·			·	·	·	·	·			·	·	·	·												
17	정 해 승		·	·	·	·	·			·	·	·	·	·			·	·	·	·												
18	최 경 민		·	·	·	·	·			·	·	·	·	·			·	·	·	·												
19	최 현 서		·	·	·	·	·			·	·	·	·	·			·	·	·	·												
20	최 형 주		·	·	·	·	·			·	·	·	○	·			·	·	·	·												
21																																
22																																
23																																
24																																
25																																
26																																
27																																
28																																
29																																
30																																
31																																
32																																
33																																
출석 아동 수			20	20	19	19	19			18	19	18	19	18			19	19	18	18												
결석 아동 수			·	·	·	·	·			1	·	1	·	1			·	·	1	1												
지각 아동 수			·	·	·	·	·			·	·	·	·	·			·	·	·	·												
조퇴 아동 수			·	·	·	·	·			·	·	·	·	·			·	·	·	·												
기타(경조·경사) 아동 수			·	·	·	·	·			·	·	·	·	·			·	·	·	·												

결재	담임	원감	원장

합계			
출석	결석	지각	조퇴
14	·	·	·
14			
14			
14			
13	1		
12	2		
14			
14			
13	1		
2			
14			
14			
14			
14			
14			
14			
14			
14			
14			
13	1		

결석 및 기타사항		
월 · 일	이름	사유
7.9.	김단비	열
7.12.	최형주	감기
7.13.	김설아	감기
7.18~19.	김대승	가족여행

신입 · 퇴원 · 기재적 사항		
월 · 일	이름	사유
7 . 3 .	김 태 민	전출, 서울 ○○유치원

MEMO

통계	교육일	신입 아동 수	퇴원 아동 수
	14		1
		기재적 아동 수	현재적 아동 수
			19

※ **출석부 기재 요령에 따라 아래의 내용을 반영하여 출석부를 작성해 보세요.**

- 전출: 송ㅇㅇ, 6월 24일 전출
- 전입: 고ㅇㅇ, 6월 15일 전입
- 결석: 박ㅇㅇ, 6월 4일 결석
- 병결: 김ㅇㅇ, 6월 8일 결석

○ 월 출석부

	날짜	1	2	3	4	5	6	7	8	9	10	11	12	13	14	15	16	17	18	19	20	21	22	23	24	25	26	27	28	29	30	31
	이름 요일																															
1																																
2																																
3																																
4																																
5																																
6																																
7																																
8																																
9																																
10																																
11																																
12																																
13																																
14																																
15																																
16																																
17																																
18																																
19																																
20																																
21																																
22																																
23																																
24																																
25																																
26																																
27																																
28																																
출석 아동 수																																
결석 아동 수																																
지각 아동 수																																
조퇴 아동 수																																
기타(경조·경사) 아동 수																																

결재	담임	원감	원장

합계			
출석	결석	지각	조퇴

결석 및 기타사항		
월일	이름	사유

신입 · 퇴원 · 기재적 사항		
월 일	이름	사유

MEMO

통계	교육일	신입 아동 수	퇴원 아동 수
		기재적 아동 수	현재적 아동 수

2. 생활기록부

1) 생활기록부의 정의

생활기록부는 유아의 유치원 생활 전반에 대하여 기록하는 것으로, 유아에 대한 총체적 이해를 돕는다. 생활기록부는 유아의 발달 상황 등을 파악하는 등 유아를 전반적으로 이해할 수 있도록 하여 교수-학습 활동의 계획 및 수행을 위한 참고 자료로 사용되며, 부모에게 자녀에 대한 객관적인 정보를 제공할 수 있다. 또한, 생활기록부는 공공기록물 관리에 관한 법률에 의하여 준영구 보존되어야 하는 법적 기록물의 성격을 가지고 있다.

2) 생활기록부의 내용

생활기록부의 내용은 인적사항, 학적사항, 출결상황, 신체발달상황, 유아발달상황 등의 영역으로 구분되어 있다. 생활기록부는 교사가 유아를 직접 관찰한 내용과 부모 면담을 통해 얻은 자료 등 다양한 방식으로 수집한 자료를 토대로 기록한다. 전학을 여러 번 하더라도 유치원 생활기록부는 한 유아당 1부를 작성하며, 입학은 최초 유치원 입학을, 졸업은 초등학교 입학 직전의 유치원 졸업을 의미한다. 따라서 한 유아의 유치원 입학과 졸업의 수는 각 1회이며 졸업과 입학 사이의 유치원 변동 사항은 전출, 전입, 퇴학, 수료로 표시된다. 유치원 생활기록부 작성 및 관리지침([시행 2014. 09. 29.] [고시 제2014-50호, 2014. 09. 29., 일부 개정] 중 생활기록부 작성에 필요한 기본적인 내용을 제시하면 다음과 같다.

제3조(입력 · 서식 등)

① 유치원 생활기록부는 「공공기록물관리에 관한 법률 시행령」 제2조 제7호에 따른 전자기록생산시스템을 통해 전자적으로 생산 · 관리하여야 한다. 다만, 전자기록생산시스템을 통한 생산 · 관리가 불가능한 경우에는 유치원 생활기록부를 비전자기록물로 생산 · 관리할 수 있다.

② 유치원 생활기록부의 서식은 별지 제1호와 같다.

③ 유치원 생활기록부는 한글로 입력하고, 입력란이 부족할 때에는 유치원의 필요에 따라 추가할 수 있다.

④ 유치원 생활기록부 작성에 필요한 보조기록부는 각 유치원의 실정에 맞게 작성 · 사용함을 원칙으로 하되, 필요할 경우 시 · 도 교육청별로 일정한 서식을 작성 · 사용하게 할 수 있다.

제4조(정정)

① 매 학년이 종료된 이후에는 당해 학년도 이전의 유치원 생활기록부 입력 자료에 대한 정정은 원칙적으로 금지한다.

② 제1항의 규정에도 불구하고, 정정이 불가피한 경우에는 반드시 정정내용에 관한 증빙자료를 첨부하여 유치원 생활기록부 정정대장의 결재 절차에 따라 정정 처리해야 한다.

③ 제2항에 따른 증빙자료는 전자기록생산시스템에 등록하여 관리하여야 하고, 유치원 생활기록부 정정대장에 증빙자료의 문서번호를 등록하여 함께 보관하여야 한다.

④ 유치원 생활기록부 정정대장의 서식은 별지 제2호와 같다.

제5조(보관 · 활용)

① 유치원 생활기록부는 준영구 보존해야 한다.

② 유치원장은 유아의 보호자 또는 유아가 입학한 초등학교장 및 특수학교장이 유아의 생활지도에 필요하여 요청하면 보호자가 동의할 경우 유치원 생활기록부를 출력하여 송부하여야 한다.

③ 유아가 전학할 경우 유치원장은 보호자의 요청에 따라 유치원 생활기록부 출력물과 전산자료를 전학하는 유치원에 송부하고, 퇴학할 경우에는 유치원 생활기록부를 퇴학일을 입력하여 전자기록생산시스템에 등록한다.

제6조(인적사항) 유치원 생활기록부의 인적사항은 다음 각호와 같이 입력한다.

1. '성명'은 한글로 입력한다. 다만 부득이한 경우 해당국 언어로 입력할 수 있다.
2. '성별'은 남, 여로 입력한다.
3. '생년월일'은 주민등록등본상의 생년월일을 입력한다.
4. '주소'는 입학 당시의 주소와 변경된 주소를 차례로 입력하고, 졸업 당시의 주소를 최종적으로 입력한다.
5. '가족상황'란에는 부모(보호자)의 성명, 생년월일을 입력한다.
6. '특기사항'란에는 유아 이해에 도움이 될 수 있는 내용이 있는 경우 보호자의 동의를 받아 입력한다.

제7조(학적사항)

① 입학의 경우 연월일, 원명, 연령을 입력한다.

② 재입학·편입학·전학·휴학·퇴학·수료·졸업의 경우 줄을 추가하고 제1항에 따른 입학의 경우와 동일한 방법으로 입력한다.

③ '특기사항'란에는 특기할 만한 사유를 입력한다.

④ '졸업후의 상황'란에는 진학한 학교 등 유아의 진로상황을 입력한다.

제8조(출결상황)

① 출결상황은 각 항목에 따라 아라비아 숫자로 입력한다.

② '수업 일수'는 「유아교육법 시행령」 제12조의 규정에 의하여 원장이 정한 총 출석해야 할 일수를 입력한다.

③ '출석 일수'는 출석한 일수를 입력한다.

④ '결석 일수'는 결석한 일수를 입력한다.

⑤ '특기사항'란에는 일주일 이상 장기 결석한 경우 사유 등을 간략하게 입력한다.

제9조(신체발달상황)

「학교건강검사규칙」 제4조에 따라 신체검사 결과를 다음 각호와 같이 입력한다.

1. '검사일'은 아라비아 숫자로 입력한다.
2. '특기사항'란에는 유아의 신체가 학습활동에 영향을 미치는 내용이 있는 경우 보호자의 동의를 받아 입력한다.

제10조(유아발달상황)

① 유치원 교육 과정에 제시된 신체운동·건강, 의사소통, 사회관계, 예술경험, 자연탐구 5개 영역의 발달상황에 대한 관찰 결과를 구체적인 문장으로 입력하며, 문장의 끝맺음은 '~함', '~임' 등으로 통일하여 입력한다.

② 기술내용은 유치원 교육 과정에 제시된 세부 내용을 준거로 입력하고, '종합발달상황'란에는 유아의 발달상황에 대한 종합적 평가를 간략하게 입력한다.

제11조(기타)

① '수료·졸업대장번호'란에는 만 3세~만 6세 유아가 수료·졸업할 경우 아라비아 숫자로 수료·졸업학년도 및 수료·졸업대장번호를 입력한다.

② (삭제)

③ '사진'란에는 상반신 칼라 사진을 입력한다.

④ '반'란에는 반명을 입력한다.

⑤ '담임 성명'란에는 담임 성명을 입력한다.

〔별지 제2호〕

유치원 생활기록부

구분 \ 연령	만 3세	만 4세	만 5세
수료·졸업대장번호			
반			
담임 성명			

사진
(3㎝×4㎝)

1. 인적사항

성명		성별		생년월일	
주소					
가족상황	구분 \ 관계	부	모	특기사항	
	성명				
	생년월일				

2. 학적사항

년	월	일	유치원	만 세 입학	특기사항
※이하 빈칸은 학적 변동에 따라 추가 가능					
졸업 후의 상황	초등학교 진학, 기타:				

3. 출결상황

구분 연령	수업 일수	출석 일수	결석 일수	특기사항
만 3세				
만 4세				
만 5세				

4. 신체발달상황

구분 연령	1학기			2학기			특기사항
	검사일	키	몸무게	검사일	키	몸무게	
만 3세		㎝	㎏		㎝	㎏	
만 4세		㎝	㎏		㎝	㎏	
만 5세		㎝	㎏		㎝	㎏	

5. 유아발달상황 (성명:)

연령	영역별	발달상황
만 3세	신체운동·건강	
	의사소통	
	사회관계	
	예술경험	
	자연탐구	
	종합발달상황	
만 4세	신체운동·건강	
	의사소통	
	사회관계	
	예술경험	
	자연탐구	
	종합발달상황	
만 5세	신체운동·건강	
	의사소통	
	사회관계	
	예술경험	
	자연탐구	
	종합발달상황	

영역별 기술의 예를 제시하면 〈표 11-4〉와 같다.

〈표 11-4〉 **생활기록부 기술의 예**

영역	기술의 예
신체운동·건강	• 식사 시간에 즐겁게 참여하며, 약간의 편식이 있지만 골고루 먹으려고 노력함 • 겉옷을 스스로 입고 벗을 수 있음 • 매트, 후프, 공, 뜀틀 등 다양한 도구를 이용한 신체활동에 즐겁게 참여함 • 뛰기, 달리기 등의 동적인 활동에 매우 적극적임 • 기초체력 중 특히 근력, 근지구력, 평형성이 향상됨 • 기초체력 평가의 경우 심폐지구력, 유연성, 평형성, 민첩성이 발달함 • 기초체력은 평형성이 가장 발달함 • 직선, 지그재그선, 긴곡선 등을 비교적 정확하게 오릴 수 있음 • 적당량의 음식을 골고루 먹는 편임 • 손 씻기, 옷 입기, 정리정돈 등의 기본생활습관이 잘 형성됨 • 정리에 잘 참여하며 자신이 사용하지 않은 장난감도 함께 정리함 • 대체적으로 기초체력이 균형 잡혀 있으며, 특히 민첩성의 향상이 돋보임 • 기본운동 능력 중 줄넘기 활동을 잘함
의사소통	• 바른 자세로 동화 내용을 주의 깊게 들음 • 관심 있는 책을 스스로 선택하며, 좋아하는 책을 반복적으로 선택하여 봄 • 책 읽기에 관심이 많으며, 글자를 능숙하게 읽음 • 책을 읽을 때 글자 중심 읽기를 시도하는 단계로 아는 글자를 찾아 읽음 • 주변에서 볼 수 있는 글자와 동화책 읽기에 흥미를 가지고 있음 • 글자를 정확하게 읽음 • 자신의 이름글자에 나오는 자모음을 표기하지만 거꾸로 표기하거나 어순을 반대로 표기하기도 함 • 스스로 쓸 수 있는 글자가 많아졌으며 자·모음의 방향이 반대로 나타나기도 함 • 소리 나는 대로 쓰는 편이지만 자신의 느낌, 생각, 경험을 다양한 문장으로 씀 • 이야기 나누기 주제에 대해 잘 알고 있음 • 발표를 잘하지는 않지만 자신이 궁금한 내용에 대해서 스스로 손을 들고 질문함 • 자신의 느낌, 생각을 상황에 맞게 이야기하기 좋아하고 자신의 생각을 다양한 문장으로 쓸 수 있음 • 다른 사람의 이야기를 끝까지 잘 들음
사회관계	• 여러 친구들과 함께 놀이하기보다는 단짝 친구와의 놀이를 더 즐김 • 항상 웃는 얼굴로 즐겁게 생활함 • 새로운 놀이나 장난감에 호기심을 가지고 주도적으로 참여함 • 능력, 신체, 가족, 교우관계 면에서 대부분 긍정적인 자아개념을 가지고 있음 • 친구와 사이좋게 지내며, 친구와 갈등이 있을 때 긍정적인 방법으로 해결함 • 블록놀이를 즐겨하며 친구들과 놀이를 확장해 나가는 것을 좋아함 • 좋아하는 친구가 명확한 편이며 긍정적인 자아개념을 가지고 있음 • 순서 지키기, 양보하기, 조용히 하기 등 집단생활의 규칙을 알고 지키는 편임

예술경험	• 주제에 맞는 대상을 간략하게 표현하며, 교사가 권유하면 여러 가지 색채를 사용하기도 하지만 사실적 색채를 나타내지는 않음 • 다양한 블록으로 구성하기를 즐기며, 자동차나 비행기 등을 반복적으로 구성하고 구성한 작품을 가지고 놀이함 • 익숙한 노래를 따라 부를 수 있으나 즐겨 참여하지는 않음 • 친구들과의 리듬 악기 연주나 키보드의 다양한 소리 탐색에 관심을 나타냄 • 입체와 평면 구성방식을 혼합하여 주제의 특징이 잘 나타나게 표현함 • 다양한 재료와 도구를 창의적으로 활용하여 그리기, 만들기 활동을 좋아함 • 음악에 맞추어 율동하기를 좋아함 • 노래 부르기를 잘함 • 극놀이 시 대사와 행동을 잘 표현함 • 인물화의 완전한 사람형태가 나타남 • 인물화의 동작적 표현이 나타남 • 신체표현활동에 적극적으로 참여하며 친구와 협동하여 표현하는 것을 좋아함 • 신체와 도구를 활용하여 주변의 움직임을 다양하게 표현하며 즐겁게 참여함 • 동극, 노래극 등의 내용을 이해하고 등장인물에 맞게 대사나 몸짓을 표현함
자연탐구	• 7까지의 수를 일대일로 셀 수 있음 • 수의 이름과 수량을 바르게 연결할 수 있음 • 도형으로 이루어진 ABAB 형태의 패턴을 스스로 구성하고 규칙을 설명함 • 복합패턴을 구성할 수 있지만 단순패턴으로 인식하고 규칙을 설명함 • 반복되는 규칙성을 알고 복합패턴을 구성할 수 있음 • 모양과 색깔을 고려하여 스스로 복잡한 규칙성을 만듦 • 생활 속에서 구체물을 활용하여 더하기, 빼기 등을 할 수 있음 • 구체물을 활용하여 더하기, 빼기와 관련된 게임을 잘함 • 도형의 뒤집기와 돌리기를 시도하며 칠교를 구성할 수 있음 • 요리활동에 흥미를 가지고 참여함
종합발달상황	• 항상 웃는 얼굴로 즐겁게 생활하고 동적인 놀이를 즐기며 친구들과 즐겨 놀이함 • 익숙한 상황에 적극적으로 참여하며 친구들이 좋아함 • 그림그리기와 꾸미기, 줄넘기를 잘함 • 대부분의 활동에 흥미를 가지고 즐겁게 참여하며 규칙을 잘 지켜 생활함 • 자신의 생각, 경험, 느낌 등을 창의적으로 그림으로 표현함

〔별지 제2호〕

유치원 생활기록부 정정대장

번호	정정 연월일	정정 대상자		정정 사항				증빙자료		비고		
		연령 (수료·졸업 대장 번호)	성명	항목	오류 내용 (정정 전)	정정 내용 (정정 후)	정정 사유	제목	문서번호 (등록일자)	담임	원감	원장

3. 투약 보고서

1) 투약 보고서의 정의

투약 보고서는 유아의 가정에서 보내온 투약 의뢰서를 근거로 유아에게 투약한 결과에 대해 기록한 것이다. 투약은 유아의 건강과 직결되기 때문에 교사는 투약 의뢰서의 내용에 따라 정확하게 투약한 후 투약 보고서에 구체적으로 기록하여 가정으로 보내고, 투약 의뢰서는 유치원에 보관하여야 한다.

2) 투약 보고서의 작성 및 활용

부모가 투약을 의뢰할 경우에는 유치원의 현관이나 양호실에 비치되어 있거나 가정에 보내 준 투약 의뢰서에 날짜, 원아 이름, 학급 이름, 원아의 증상, 투약 방법 및 시간을 기록하여 사인한 후 약과 함께 담임교사나 양호교사에게 인계한다.

교사는 유아에게 투약 의뢰서에 따라 투약을 한 후 투약자 사인을 한다. 또한, 투약시간, 용량, 투약자 등의 내용을 정확하게 투약 보고서에 기입하여 부모에게 전달한다.

투약 시 유의 사항

- 투약 의뢰서 없이 약만 보내온 경우 반드시 부모에게 문의하여 정확한 투약 용량을 확인한 경우에만 투약한다.
- 약의 보관 방법을 반드시 지킨다(냉장 보관, 실온 보관).
- 약은 유아의 손이 닿지 않으면서 교사가 잘 볼 수 있는 곳에 둔다.
- 투약을 하지 못한 경우에는 유아의 건강을 위하여 부모에게 바로 연락한다.
- 투약할 유아가 많을 경우 약이 섞이지 않도록 한 명씩 먹이고 이를 바로 기록한다.

투약 의뢰서

금일 아래 유아의 투약을 선생님께 의뢰합니다.

이름	
증상	
약의 종류	
보관 장소	실온 · 냉장
투약 용량	
투약 시간	
비고	

20 년 월 일

보호자 ______________(인)

※ 투약으로 인한 책임은 의뢰자가 집니다.

원광대학교 사범대학 부속유치원

투약 보고서

아래와 같이 투약하였음을 확인합니다.

이름	
투약시간	오전/오후 시 분
용량	물약(cc), 가루약(포), 알약(알)
투약자	

20 년 월 일

담당교사 ______________(인)

원광대학교 사범대학 부속유치원

투약일지

날짜	유아명	증상	약의 종류	투약 용량	투약시간
		감기/기타:	가루약/물약/알약	가루약(포)/ 물약(cc)/알약(알)	시 분
		감기/기타:	가루약/물약/알약	가루약(포)/ 물약(cc)/알약(알)	시 분
		감기/기타:	가루약/물약/알약	가루약(포)/ 물약(cc)/알약(알)	시 분
		감기/기타:	가루약/물약/알약	가루약(포)/ 물약(cc)/알약(알)	시 분
		감기/기타:	가루약/물약/알약	가루약(포)/ 물약(cc)/알약(알)	시 분
		감기/기타:	가루약/물약/알약	가루약(포)/ 물약(cc)/알약(알)	시 분
		감기/기타:	가루약/물약/알약	가루약(포)/ 물약(cc)/알약(알)	시 분
		감기/기타:	가루약/물약/알약	가루약(포)/ 물약(cc)/알약(알)	시 분
		감기/기타:	가루약/물약/알약	가루약(포)/ 물약(cc)/알약(알)	시 분
		감기/기타:	가루약/물약/알약	가루약(포)/ 물약(cc)/알약(알)	시 분
		감기/기타:	가루약/물약/알약	가루약(포)/ 물약(cc)/알약(알)	시 분

자료제공: 원광대학교 부속유치원.

4. 사고 보고서

1) 사고 보고서의 정의

사고 보고서는 유치원의 하루 일과 중 발생한 사고에 의해 유아가 다쳤을 때 그와 관련된 내용을 기록하는 것이다. 즉 사고 보고서에는 기관명, 상해유아명, 사고 일자, 목격자명, 부모에게 연락한 사항, 연락시간, 119 신고여부, 사고 발생 장소, 사고 당시 활동 내용, 상해를 입힌 시설 설비, 상해의 유형, 사고 원인, 다친 부위, 유치원에서 행해진 응급처치, 응급처치자, 의료기관 진료 관련 내용 등이 포함된다.

2) 사고 보고서 작성

사고 발생 24시간 이내에 교사는 사고 보고서를 작성하여 부모에게 전달하여야 한다. 사고 발생 시 사고처리 후 가능한 한 바로 '사고 보고서'를 구체적으로 작성해 두면 원활하고 신속한 사후 대처에 도움이 될 수 있다. 사고 보고서 작성은 육하원칙에 의거하여 개조식으로 사실대로 기록하여야 한다.

사고 보고서

기관명				전화번호	
기관주소					
상해 유아명		성별	남 / 여	생년월일	년 월 일
사고일자	년 월 일			사고시간	am/pm
목격자명		부모에게 연락한 사항			
연락시간	am/pm	119 신고 여부	□안함 □신고함(am/pm)		
사고발생 장소	□수송중 □견학중 □실외놀이터 □실내놀이실 □화장실 □복도 □주방 □대근육활동실 □교사실 □식당 □계단 □기타(_____)				
사고 당시 활동 내용	□목욕 및 배변시간 □교실활동 □계단 오르내리기 □실내자유놀이 □점심/간식시간 □실외자유놀이 □물놀이 □현장학습 □기타(_______)				
상해를 입힌 시설설비	□실내고정물(____________________) □놀이시설물(□미끄럼틀 □회전대 □시소 □조합놀이대 □오르기 시설) □실외고정물(____________________) □바퀴 달린 탈 것 □놀잇감(______________) □책상 등 비품(____________________) □기타(________________________)				
상해의 유형	□화상 □쇼크/질식 □추락/강타 □물체에 끼임 □찢어짐 □뼈가 부러지거나 탈구 □압박, 눌림 □베임 □찰과상(벗겨짐) □삠 □중독 □기타(__________)				

<table>
<tr><td colspan="2">상해를 입은 다른 유아가 있는가?</td><td colspan="3">□ 예 □ 아니오</td></tr>
<tr><td>사고 원인</td><td colspan="4">□ 바닥으로 떨어짐(떨어진 높이 약____m / 바닥의 형태 : __________)
□ 뛰거나 발을 헛디뎌 넘어짐 □ 다른 유아에게 물림
□ 다른 유아에게 맞거나 밀림 □ 바퀴 달린 탈 것(인라인스케이트 등)
□ 물체에 의해 다침 □ 음식물에 의한 질식
□ 곤충에 물리거나 쏘임 □ 동물에게 물림
□ 열, 추위에 노출 □ 기타(____________________)</td></tr>
<tr><td>다친 부위
(좌, 우 표시)</td><td>□ 머리
□ 입
□ 엉덩이(L, R)
□ 다리(L, R)</td><td>□ 눈(L, R)
□ 목
□ 생식기
□ 발(L, R)</td><td>□ 귀(L, R)
□ 가슴
□ 팔(L, R)</td><td>□ 코
□ 등
□ 손(L, R)</td></tr>
<tr><td colspan="5">유치원에서 행해진 응급처치(상술 예: 압박붕대, 세척, 붕대, 위로 등)</td></tr>
<tr><td colspan="5"></td></tr>
<tr><td>응급처치자</td><td colspan="2"></td><td>의료기관 진료여부</td><td>□ 안함 □ 함</td></tr>
<tr><td>의료기관
진료를 한 경우</td><td colspan="4">□ 외래 진료를 받음(예 진료실, 응급실)
□ 입원(밤새 혹은 ________시간)</td></tr>
<tr><td colspan="2">유아의 보호(치료)를 위한
추후 계획</td><td colspan="3"></td></tr>
<tr><td colspan="2">재발방지에 필요한 교정활동</td><td colspan="3"></td></tr>
<tr><td>직원 서명</td><td colspan="4">(인) 날짜: . . 오전/오후</td></tr>
<tr><td>부모 서명</td><td colspan="4">(인) 날짜: . . 오전/오후</td></tr>
</table>

출처: 교육부(2015).

이상과 같이 개별학급 담임으로서 작성, 관리하는 문서 외에, 유치원 교사는 유치원의 전체적인 운영에 관련된 문서에 대한 공동 관리의 책임을 수행해야 한다. 박은혜 등(2015)에 의하면 일반적으로 공동관리가 필요한 문서의 유형은 〈표 11-5〉와 같다.

〈표 11-5〉 **공동 관리 문서의 유형**

교육 과정 관련	현장학습 계획서, 행사기록부, 놀이터 관리대장 등
건강 및 안전 관련	연금 및 보험철, 차량 관리, 운영 일지, 시설점검표, 식단표, 영양교육, 소방계획서, 화재대피훈련 일지, 소방시설 관련 점검 일지 등
교사 관련	교사 회의록, 교원연수 대장, 교사 연수철 등
운영 관리 관련	차량시간표 작성 및 관리, 차량 운행 관리 대장, 원아대장, 퇴원 원아대장, 내부기안, 개인정보 관리, 학부모운영위원회, 홈페이지(카페)관리, 정보공시관리, 품의 요구서 등
교재·교구 관련	비품 및 소모품 대장, 교재·교구 대장(연령별, 주제별), 컴퓨터 및 시청각 기자재 대장, 컴퓨터 소프트웨어 대장, 도서 대장, 음률 자료 대장(악기, Tape, CD-R), 과학실 기자재 대장, 체육기구 대장 등
특성화 활동 관련	방과 후 특성화 참여 원아 명단, 활동계획안, 근무상황부 등
기타	AS관리 대장, 업무 인수인계, 하모니 관리 대장 등

출처: 박은혜 외(2015).

5. 공문서

1) 공문서의 정의

행정기관 내, 행정기관 상호 간, 대내·외적으로 공무상 작성하거나 시행되는 문서와 행정기관이 접수하는 모든 문서를 공문서라고 한다.

2) 문서 작성

(1) 기안 문서

교육계획 수립, 각종 행사계획 수립, 내부규정 제정 등에 대한 의사결정, 감독청이나 외부기관에 필요한 사항 요구, 이들 기관에서 요구한 사항을 보고·처리하기 위해 자체에서 생산하는 모든 문서를 기안이라 한다. 기안의 효력이 발생하기 위해서는 결재권자(원장)나 전결권자(원감이나 수석 교사 등)의 결재를 얻어야 한다.

(2) 기안 형식

문서의 기안은 원칙적으로 전자문서로 하지만 업무의 성격상 특별한 사정이 있을 시에는 종이 문서로 기안한다.

문서는 두문, 본문, 결문으로 구성될 수 있으며 기재할 내용은 다음과 같다.

구분	기재내용
두문	기관명/수신자/(경유)
본문	제목/내용/붙임
결문	발신명의/기안자·검토자·결재권자·협조자의 직위 또는 직급 서명/생산등록번호와 시행일자/접수등록번호와 접수일자/행정기관의 우편번호·주소·홈페이지 주소·전화번호·모사전송번호/공무원의 공식 전자우편 주소 및 공개구분

문서의 내용을 둘 이상의 항목으로 구분할 필요가 있으면 그 항목을 다음과 같이 순서대로 표시한다.

구분	항목기호	비고
첫째 항목 둘째 항목 셋째 항목 넷째 항목 다섯째 항목 여섯째 항목 일곱째 항목 여덟째 항목	1., 2., 3., 4.… 가., 나., 다., 라.… 1), 2), 3), 4)… 가), 나), 다), 라)… (1), (2), (3), (4) (가), (나), (다), (라)… ①, ②, ③, ④… ㉮, ㉯, ㉰, ㉱…	둘째, 넷째, 여섯째, 여덟째 항목의 경우, 하., 하), (하), ㉻ 이상 계속되는 때에는 거., 거), (거), ㉲, 너., 너), (너), ㉳…로 표시

첫째 항목기호는 왼쪽 처음부터 띄어쓰기 없이 바로 시작하고, 둘째 항목부터는 상위 항목 위치에서 오른쪽으로 2타씩 옮겨 시작한다. 항목이 한 줄 이상인 경우에는 항목 내용의 첫 글자에 맞추어 정렬하고 항목기호와 그 항목의 내용 사이에는 1타를 띄우며 하나의 항목만 있는 경우에는 항목기호를 부여하지 않는다.

수신∨∨ㅇㅇㅇ유치원장
(경우)
제목∨∨ㅇㅇㅇㅇㅇ
1.∨ㅇㅇㅇㅇㅇㅇㅇㅇㅇㅇㅇ
∨∨가.∨ㅇㅇㅇㅇㅇㅇㅇㅇㅇㅇㅇ
∨∨∨1)∨ㅇㅇㅇㅇㅇㅇㅇㅇㅇㅇㅇ
∨∨∨∨ ∨∨가)∨ㅇㅇㅇㅇㅇㅇㅇㅇㅇㅇㅇ
∨∨∨∨ ∨∨∨∨(1)∨ㅇㅇㅇㅇㅇㅇㅇㅇㅇㅇㅇ
∨∨∨∨ ∨∨∨∨ ∨∨(가)∨ㅇㅇㅇㅇㅇㅇㅇㅇㅇㅇㅇ
2.∨ㅇㅇ
ㅇㅇㅇㅇㅇㅇㅇㅇㅇㅇㅇㅇㅇㅇㅇㅇㅇㅇ

※기타(∨∨표시)는 한글 1자, 영문·숫자 2자에 해당함.

○○유치원

수신 내부결재
제목 민방위 대피시설 관리(지정)카드

1. 관련: 행정지원과-32970(20○○. ○○. ○○.)
2. 위 호와 관련하여 민방공 대피 훈련 시 유아들이 대피할 수 있는 지하 대피시설을 확보하고 평상시 실질적인 훈련을 강화하기 위하여 붙임과 같이 민방공 대피시설을 지정합니다.

붙임 1. 민방공 지하 대피시설 지정카드 1부. 끝.

사무 ○○○ 유치원감 ○○○ 유치원장 ○○○
시행 ○○ 유17-31(20○○. ○○. ○○.) 접수
우 000-000 ○○ ○○○ ○○○로 000/http://www.000000.or.kr
전화 000-000-0000 전송 000-000-0000/0000000@hanmail.net/공개

[그림 11-1] **내부결제 기안 예**

○○유치원

수신 ○○유치원(○○시 ○○로 32) (○○동)
(경유)
제목 전학 서류 송부

1. 관련: ○○유치원-6204(20○○. ○○. ○○.)
2. 본 유치원에서 재원 중이던 유아(○○○)가 ○○유치원으로 전입학하여 전학 서류 일체를 송부합니다.

가. 인적사항

유아명	반명	성별	본원퇴소일	생년월일	보호자	비고
○○○	○○○반	여	20○○.○○.○○.	20○○.○○.○○.	○○○	

붙임 1. 출석부 사본(3월~11월) 1부.
2. 유치원 생활기록부 전산자료(이메일 송부) 1부.
3. 유치원 생활기록부 출력자료 1부.
4. 영유아 건강검진 결과서(학부모 미제출). 끝.

사무 ○○○ 유치원감 ○○○ 유치원장 ○○○
시행 ○○ 유17-31(20○○. ○○. ○○.) 접수
우 000-000 ○○ ○○○ ○○○로 000 / http://www.000000.or.kr
전화 000-000-0000 전송 000-000-0000 / 0000000@hanmail.net / 공개

[그림 11-2] **발송 공문 기안의 예**

(3) 문서 기안

문서의 기안은 업무 분장에 따라 그 업무를 담당하는 자가 작성한다. 문서 작성의 기본 원칙을 정리하면 다음과 같다.

① 글자: 문서는 한글로 작성하되, 쉽고 간명하게 표현하고, 뜻을 정확하게 전달하기 위하여 필요한 경우에는 괄호 안에 한자나 그 밖의 외국어를 넣어 쓸 수 있다. 특별한 사유가 있는 경우를 제외하고는 가로로 쓴다.

② 문안: 일반화되지 않은 약어와 전문용어 등의 사용을 피하여 이해하기 쉽게 작성한다.

③ 숫자: 아라비아 숫자로 쓰고, 수를 적을 때는 만(萬) 단위로 띄어 쓰며, 단위를 나타내는 명사는 앞말과 띄어 쓴다.

예 이십오명 (×), 25명 (O)

예 30,000,000원 (O), 3,000만 원 (O), 3천만 원 (O)

예 5만톤 (×), 5만 톤 (O)

④ 날짜: 숫자로 표기하되 년·월·일의 글자는 사용하지 않고 년·월·일 대신 온점(.)을 모두 찍어 표시하며 십 미만의 월·일에는 0을 넣지 않는다.

예 2018년 3월 1일 (×)

예 2018. 3. 1. (O)

예 2018. 03. 01 (×)

⑤ 시간: 24시간제에 따라 숫자로 한다. 시·분의 글자는 사용하지 않고 그 사이에 쌍점(:)을 찍어 구분하며 '분'없이 '시'만 표기할 때는 숫자 다음에 '시'를 쓴다.

예 오후 3시 20분 (×)

예 15:20 (O)

예 15시 (O)

⑥ 금액: 문서 및 유가증권에 금액을 표시하는 때에는 아라비아 숫자로 쓰되, 숫자 다음에 괄호를 하고 한글로 기재한다.

예 금 327,500원(금삼십이만칠천오백원) (O)

3) 문서 보존

① 문서를 포함한 기록물의 보존 기간, 보존 방법, 보존 장소 등 기록물의 보존 분류는 기록물 분류기준표를 근거로 한다.

② 보존 기간은 1년, 3년, 5년, 10년, 20년, 준영구, 영구로 구분된다.

③ 각 기록물의 보존 연한은 계속 변경되고 있으므로 최근 관련법을 참고하도록 한다.

생각해 보세요

활동 1 **다음 빈칸을 채워 보세요.**

유아의 유치원 생활 전반에 대하여 기록하는 (____________)는 공공기록물 관리에 관한 법률에 의하여 준영구 보존되어야 하는 법적 기록물의 성격을 가지고 있다.

활동 2 **유아에게 투약 시의 유의 사항을 제시하세요.**

____

____

활동 3 **사고 보고서 작성 방법을 제시하세요.**

____

____

활동 4 **문서기안 작성법 중 맞는 것에 ( )안에 ○표 하세요.**

① 이십오명( ), 25명( )

② 30,000,000원( ), 3,000만 원( ), 3천만 원( )

③ 5만톤( ), 5만 톤( )

④ 2018년 3월 1일( ), 2018. 3. 1.( ), 2018. 03. 01( )

⑤ 오후 3시 20분( ), 15:20( ), 15시( )

⑥ 금 327,500원(금삼십이만칠천오백원)( )

참고문헌

교육부(2015). 2015 유치원 시설안전 관리 매뉴얼. 교육부.

박은혜, 곽아정, 김난실, 김현주, 김희진, 유청옥, 이혜경(2015). 교직실무. 서울: 창지사.

민중서림편집국(2011). 민중엣센스 국어사전 제6판. 민중서림.

유치원 생활기록부 작성 및 관리지침([시행 2014.09.29] [고시 제2014-50호, 2014.09.29., 일부 개정].

부록

생각해 보세요 답안

1장 답안

활동 1 **유치원 교사의 직무 중 가장 흥미 있는 직무를 기록해 보세요.**

예 교사의 직무 중 가장 흥미있는 직무는 교수-학습실제에서 자유선택활동지도이다. 이유는 유아들이 자유선택활동을 가장 좋아하고 교사도 유아들과 함께 게임 등을 직접하고 놀이상황을 관찰할 수 있어서 흥미있다.

활동 2 **유치원 교사의 직무 중 가장 어렵다고 생각되는 직무를 기록해 보세요.**

예 교사의 직무 중 가장 어려운 직무는 교수-학습 평가에서 유치원 평가라고 생각한다.
그 이유는 유치원 평가의 과정과 내용에 대해 알지 못하기 때문이다.

2장 답안

활동 1 **좋은 교사가 되려면 유아들에게 인정받는 것이 중요할까요? 학부모에게 인정받는 것이 중요할까요? 기록해 보세요.**

예 유아에게도 인정을 받아야 되고 학부모에게도 인정을 받아야 한다.
왜냐하면 유아들이 유치원을 즐겁게 다니도록 지도하는 것도 중요하지만 유치원을 선택하는 사람은 학부모이기 때문이다.

활동 2 **좋은 교사가 되기 위해 중요하다고 생각하는 것을 기록해 보세요.**

예 좋은 교사가 되기 위해 중요한 것은 유아 스스로 학습할 수 있는 능력을 가지고 있음을 인정하고, 유아가 스스로 탐구할 수 있는 환경을 마련하고, 지지해 주고, 인정해 주는 것이라고 생각한다.

활동3 **유아들에게 유치원 교사는 어떤 존재라고 생각하는지 기록해 보세요. 자신이 되고 싶은 유치원 교사는 어떤 교사인지 기록해 보세요.**

예 유치원 교사는 엄마와 같은 존재이다.
왜냐하면 유아들은 아직 어리기 때문에 엄마처럼 따뜻하고 세심하게 보살피고 지도해야 하기 때문이다. 나는 엄마처럼 따뜻하고 친절한 교사가 되고 싶다.

3장 답안

활동 1 **( )안에 알맞은 말을 넣으세요.**

유치원 교사 강령은 교사와 (유아), 교사와 (가정), 교사와 (사회), 교사의 책무를 기준으로 제시한 것으로 유치원 교사가 딜레마 상황에 직면했을 때 의사결정을 도와주는 지침으로써의 역할을 한다.

활동 2 **윤리적 딜레마 상황을 설정한 후 윤리강령에 근거한 의사결정과 문제해결과정을 적어 보고 동료들과 이야기 나누어 보세요.**

정답은 없습니다. 교재 그림 3-2를 참고하여 윤리강령에 근거한 자신의 명확한 판단근거를 밝히면 됩니다.

4장 답안

활동 1 **시간 관리를 위한 전략을 제시하세요.**

① 일의 우선순위를 정한다.
② 월간, 주간, 일일 계획을 세운다.
③ 당장 시작한다.

활동 2 **성공적인 계획을 세우기 위한 5가지 원칙을 ( )안에 제시하고 이를 근거로 올 한 해에 실천할 수 있는 계획을 기술해 보세요.**

구체적이고 명확하게, 측정할 수 있게, 성취 가능하게, 현실적으로, 시간 단위의

활동 3 **기존 장학과 컨설팅 장학을 비교하여 설명하세요.**

기존 장학이 지도·점검 위주의 담임 장학이었다면 컨설팅 장학은 지원위주의 장학이다. 기존 장학은 전반에 대한 상급기관의 감독, 지도, 평가의 성격을 가지며 컨설팅 장학은 기관이나 교사가 해결하기를 원하는 구체적인 문제나 상황 중심의 컨설팅 성격을 갖는다. 기존 장학은 상급기관(교육청 등)에서 장학의 영역과 방법을 결정하나 컨설팅 장학은 컨설팅을 의뢰하는 기관과 교사가 주체가 되어 컨설팅을 받고자 하는 영역과 방법을 결정한다. 또한, 기존 장학은 상급기관의 의견 및 지도를 준수하며 격식과 일정에 따라 진행을 하나 컨설팅 장학은 컨설팅

을 요구한 교사 및 기관과 컨설턴트 사이의 관계가 평등하여 의뢰인의 요구수준을 고려하여 융통성 있게 기존의 절차를 생략하고 간소화한다.

5장 답안

활동 1 교사다운 외모와 옷차림은 무엇인지 기록해 보세요.

1) 머리: 긴머리는 단정하게 묶거나 핀으로 고정하여 얼굴을 가리지 않도록 하고 원색적인 염색은 하지 않는다.
2) 화장: 엷고 화사하게 한다.
3) 손톱: 요란한 색의 매니큐어는 피하고 깨끗하게 관리하는 것이 좋다. 손톱의 길이도 길지 않고 적당한 길이를 유지하는 것이 안전하다.
4) 옷차림: 가슴이 많이 파인 옷이나 너무 짧은 치마, 몸에 딱 붙는 청바지 등은 피하고 단정하면서도 품위 있는 옷차림이 좋다.
5) 장신구: 너무 많은 장신구는 하지 않는 것이 좋다. 유아를 안는 등의 스킨십을 할 때 상처를 낼 수 있다.

활동 2 자유선택활동 시 교사가 해야 하는 활동과 해서는 안 되는 활동을 기록해 보세요.

1) 예 자유선택활동 시 교사가 해야되는 활동은 유아들과 같이 게임을 하거나, 책을 읽어 주거나, 놀이하는 유아들을 관찰하는 행동 등이다.
2) 예 자유선택활동 시 교사가 해서는 안되는 행동은 수업 준비를 하거나, 컴퓨터를 하는 행동, 실외놀이시간 다른 반 교사와 이야기를 나누는 행동, 핸드폰을 하는 행동 등이다.

6장 답안

활동 1 4차 산업혁명시대의 도래에 따른 유아교사의 직무에 대해서 써 보세요.

4차 산업혁명이란 기계의 지능화를 통해 생산성이 고도로 향상되어 산업구조 근본이 변하는 것으로, 로봇이나 인공지능을 통해 실재와 가상이 통합되어 사물을 자동적으로 제어할 수 있는 가상 물리 시스템의 구축을 가져올 것이며 이에 수반되는 경제·사회 구조의 대변혁과 이로 인한 일과 삶의 총체적 변화를 포괄하는 개념이다. 교육현장에서도 교육방법, 학습환경과 교사의 역할, 그리고 교육 형태에도 많은 변화가 있으리라 예상된다.

그러나 지능정보사회의 도래에 따른 학교 교육의 변화와, 인공지능으로 대변되는 미래의 기술은 유아 교사의 직무 수행을 보조할 수 있을 뿐 그 역할을 대치할 수는 없을 것이다. 이는 유아의 발달 특성과 구체적 경험, 전인적 인격체로서의 만남을 통한 역동적 교육의 수행이라는 유아 교사의 직무 특성에 따른 것이다. 4차 산업혁명시대의 유아교사 역할을 정리하면 다음과 같다.

첫째, 유아교사 자신이 지능정보 처리 능력을 갖추고 이를 유아를 위한 효과적인 교수-학습 전략으로 적용할 수 있는 능력을 습득, 개발해 가는 작업이 유아 교사의 중요한 직무가 되어야 한다.

둘째, 미래 사회의 주역으로서, 유아의 지능정보 처리 역량의 함양을 돕는 노력이 요구된다. 그러나 발달 특성상 구체적으로 조작하는 경험이 필요한 유아에게 스마트폰과 태블릿 PC가 미칠 수 있는 신체적, 정신적 유해성에 대한 논의는 계속되어야 한다.

셋째, 생활 곳곳에 첨단기기가 들어와 있기 때문에 애착과 신뢰, 사회성, 인성을 제대로 형성하도록 교육하여 기계들과 구분되는 사람다운 사람으로 만드는 노력이 더 중요해지며 이에 사회·정서적 발달을 지원할 교사의 직무가 더 강조되어야 한다.

활동 2 다중지능이론의 대두에 따른 유아교사의 직무에 대해서 써 보세요.

가드너는 다중지능이론을 통해 인간의 지능이 언어지능, 논리·수학적 지능, 신체·운동지능, 공간지능, 음악지능, 대인관계지능, 개인이해지능, 자연탐구지능 등 여러 가지 요인으로 구성되며 각 지능 요인들의 결합 형태에 따라 개인의 독특성이 결정된다고 주장하였다. 각 지능은 비교적 독립적이어서 한 영역의 지능이 높다고 해서 다른 영역의 지능도 높다고 해석하지 않는다.

다중지능이론의 교육적 시사는 전인적 발달을 위한 통합적 교육, 개인차를 고려한 교육이라는 유아교육의 특성에 부합하는 것으로, 기본에 충실한 유아교육의 수행자로서 교사의 직무 수행을 지지한다고 할 수 있다. 덧붙여, 특정 영역의 능력으로 유아의 능력을 쉽게 판단해서는 안 되며 유아를 위한 교육 과정에서 다양한 영역의 다양한 형태의 학습기회를 제공하는 노력이 더욱 요구됨을 시사한다. 따라서 유아기에 특정영역의 우수성이 쉽게 드러난다고 볼 수 없으며, 다양한 경험을 통해 각 유아가 적절한 학습방법을 찾고, 이러한 방식을 극대화하여 유아가 선호하는 학습방법에 맞춰 개별화된 학습기회를 제공받을 수 있도록 하는 교사의 역할이 중시되어야 한다.

활동 3 **다음 ( )를 채워 보세요.**

1) ① (저소득), ② (다문화), ③ (특수아동)

2) ① (비상연락망), ② (응급처치 동의서), ③ (사고 보고서), ④ (상해보험)

7장 답안

활동 1 **교우도 검사를 하면 무엇이 좋을까요?**

유아가 친구들을 어떤 방식으로 사귀는지(친구를 넓게 사귀는지, 깊게 사귀는지), 어떤 친구와 친한지 알 수 있으며, 학급의 교우관계를 파악할 수 있다.

활동 2 **윤○○가 좋아하는 친구와 윤○○를 좋아하는 친구의 예시를 보고 교우도를 작성해 보세요.**

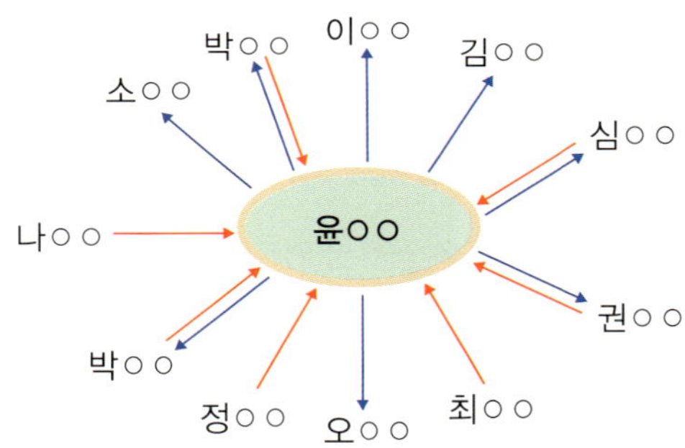

8장 답안

활동 1 **학부모 관리 중 학년시작 전에 학부모 관리를 위해 해야 할 일을 써 보세요.**

학부모 오리엔테이션, 학급별 SNS 그룹 만들기, 학부모 상담계획 수립, 부모교육계획 수립

활동 2 **학부모 상담 중 전화상담 시 전화를 걸때 지켜야 할 예절에 대하여 써 보세요.**

① 아침 일찍, 밤늦게, 식사시간, 휴일은 피해서 전화를 건다. 피치 못할 사정으로 아침 일찍 또는 밤 늦게 전화를 걸었을 때는 사과인사를 한다.

예 아침 일찍(밤 늦게) 정말 죄송합니다.

② 상대방이 수화기를 들면 먼저 인사를 하고 자신을 밝힌다.

예 안녕하세요? 저는 ㅇㅇ반 교사 ㅇㅇㅇ입니다.

③ 원하는 상대방이 없으면 메모를 부탁한다.

예 그럼 ㅇㅇㅇ어머님에게 ㅇㅇ반 교사 ㅇㅇㅇ에게서 전화왔었다고 메모 부탁드립니다.

④ 전화하는 상대방을 알지 못할 경우 목소리가 젊게 느껴져도 높임말을 사용한다.

⑤ 통화는 되도록 간단하게 하고, 통화를 끝낼 때는 끝맺음 인사를 하고 전화를 건 쪽이 먼저 끊는다. 그러나 상대방이 윗사람이거나 감사를 표해야 할 경우에는 상대방이 전화를 끊은 후 수화기를 내려놓는다.

활동 3 학부모 면담 중 개별면담 시 준비할 사항을 써 보세요.

① 예정된 면담 기간 2~3주 전에 부모에게 안내문을 보낸다. 부모에게 면담을 희망하는 일자와 시간대, 상담하고 싶은 내용을 기록하여 보내도록 요청한다.

② 면담 시간표를 작성한다.

- 각 부모의 요구를 기초로 시간이 겹치지 않도록 조정하고, 한 무모 당 20~30분 정도 시간을 배당하여 계획한다.

③ 정해진 면담시간은 가정통신문, SNS, 문자 등을 통해 부모에게 알린다.

④ 부모가 상담하고 싶은 내용과 교사가 부모와 상담하고 싶은 내용을 확인하여 자료를 준비한다(유아 관찰일지, 유아 작품 등).

⑤ 면담 당일에는 교실의 문 앞에 면담 시간표를 게시하고 대기하는 장소에 의자와 책, 차와 간단한 간식 등을 준비한다.

⑥ 면담 책상은 교사와 학부모가 마주 앉을 수 있도록 하되 정면보다는 비슷하게 앉도록 한다.

⑦ 면담 중 시간을 확인할 수 있도록 시계를 준비한다.

⑧ 부모들이 주로 하는 질문을 정리하고 경력교사의 도움을 받아 사전에 답변을 만들어 보는 것도 필요하다.

활동 3 학부모 집단 면담 시 진행 방법에 대해 써 보세요.

① 부모들이 서로의 얼굴을 볼 수 있도록 원이나 반원 등으로 앉도록 한 후 시작한다.

② 학급 구성, 교육 과정 등에 대해 간단히 안내한다.

예 학급의 남녀 비율, 1년 동안 이루어지는 건강신체·운동, 의사소통, 예술경험, 사회관계, 자연탐구 영역별로 중점적으로 지도하는 내용 등을 안내한다.

③ 집단면담의 취지와 진행 방법을 간단히 안내하고 적극적 참여를 부탁한다.

예 집단면담의 가치를 중심으로 취지를 설명하고 진행 방법을 안내한다.

④ 집단면담의 주제를 간단히 설명한다.

예 안내해 드린 바와 같이, 오늘 함께 생각해 볼 주제는 '자녀와 효과적으로 대화할 수 있는 방법'입니다.

⑤ 주제를 중심으로 부모 간 의견을 나누도록 하되, 그 외에 유아의 친구관계나 기본생활습관 지도에 대한 고민 등에 대해서도 공유할 수 있도록 지원한다.

예 친구관계에서 궁금한 내용, 가정에서 자녀를 지도할 때 어려웠던 점 등에 대해 문제를 제기하면 부모들이 서로의 경험담을 나눌 수 있도록 유도한다.

⑥ 부모에게 골고루 이야기할 기회를 제공하고 편안하고 개방적인 분위기가 유지되도록 한다.

9장 답안

활동 1 유치원 행사의 개념을 간략히 정리해 보세요.

유치원이 주체가 되어 정규적 교육활동 및 기념일, 명절 등에 특별히 계획하여 진행하는 교육활동

활동 2 유치원 행사 유형 네 가지를 써 보세요.

① 학사일정에 따른 정규적인 행사

② 국가 및 지역사회 연계 행사

③ 기관 설립목적 관련 행사

④ 특별한 날 행사

활동 3 유치원 행사 운영 시 고려할 점을 써 보세요.

- 연간 교육 과정을 고려하여 연간계획부터 수립, 진행해야 한다.
- 학사 일정 및 공휴일 등을 고려하여 계획, 진행해야 한다.
- 유아의 발달, 유치원의 인적·물적 환경과 여건에 적절해야 한다.
- 부모 및 지역사회와의 긴밀한 협력과 지원체제 구축을 지원해야 한다.
- 유아·교사·부모의 신체적, 물적, 심리적 부담을 최소화해야 한다.
- 행사의 과정 및 결과에 대한 평가를 추후 계획에 반영해야 한다.

활동 4 **현장학습의 교육적 가치를 써 보세요.**

유치원 현장학습이란 교육 과정의 생활주제와 연관 지어 학습내용을 의미 있고 흥미롭게 전개하기 위해 특별히 계획하여 진행하는 교육활동이다. 유치원 밖의 환경에서 일어나는 실제의 사건이나 사물을 직접 체험하거나 관찰하는 등 실제적이고 풍부한 경험을 통해 의미 있는 학습의 기회를 제공한다는 점에서 교육적 가치가 있다.

활동 5 **현장학습의 가치를 실현시키기 위한 목적을 써 보세요.**

- 유아와 세상(실제 삶)을 연계하기
- 유아의 시각을 깊고 넓게 하기
- 평생 지속될 수 있는 흥미 개발하기
- 학습하는 주제에 대한 개념 형성 및 지식 확장하기
- 시민의식 함양하기

10장 답안

활동 1 **유치원 교사 신규임용에 관한 다음 문장의 ( )를 채워 보세요.**

① (신원진술서), ② (신체검사결과), ③ (교원자격증 원본), ④ (성범죄 경력조회)

활동 2 **다음 조건의 유치원 교사 호봉을 획정해 보세요.**

호봉=(학령-16)+가산연수+기산호봉+경력

1) (16-16)+1+8=9호봉

2) (16-16)+0+8=8호봉

3) (15-16)+0+8=7호봉이며 경력 2년의 2호봉을 더하면 3년차에는 8호봉이 된다.

활동 3 **다음 문장의 빈칸을 채워 보세요.**

① (공무원 연금), ② (사립학교 교직원 연금)

11장 답안

활동 1 다음 빈칸을 채워 보세요.

생활기록부

활동 2 유아에게 투약 시의 유의 사항을 제시하세요.

- 투약 의뢰서 없이 약만 보내온 경우 반드시 부모에게 문의하여 정확한 투약 용량을 확인한 경우에만 투약한다.
- 약의 보관 방법을 반드시 지킨다(냉장 보관, 실온 보관).
- 약은 유아의 손이 닿지 않으면서 교사가 잘 볼 수 있는 곳에 둔다.
- 투약을 하지 못한 경우에는 유아의 건강을 위하여 부모에게 바로 연락한다.
- 투약할 유아가 많을 경우 약이 섞이지 않도록 한 명씩 먹이고 이를 바로 기록한다.

활동 3 사고 보고서 작성 방법을 제시하세요.

사고 발생 24시간 이내, 사고 발생 시 사고처리 후 가능한 바로 육하원칙에 의거하여 구체적이고 사실적으로 정확히 기록하여야 한다.

활동 4 문서기안 작성법 중 맞는 것에 ( )안에 ○표 하세요.

① 이십오명 ( ), 25명 (O)

② 30,000,000원 (O), 3,000만 원 (O), 3천만 원 (O)

③ 5만톤 ( ), 5만 톤 (O)

④ 2018년 3월 1일 ( ), 2018. 3. 1.(O), 2018. 03. 01 ( )

⑤ 오후 12시 20분 ( ), 15:20 (O), 15시 (O)

⑥ 금 327,500원(금삼십이만칠천오백원) (O)

저자소개

심성경
이화여자대학교 사범대학 유아교육과 학사
이화여자대학교 일반대학원 유아교육과 석사, 박사
한국 유아교육학회 전북지회 초대회장 역임
(사)한국 육아지원학회 7대 회장 역임
현) 원광대학교 사범대학 유아교육과 교수
현) 원광대학교 사범대학 부속유치원장

백영애
광주대학교 인문사회대학 유아교육학과 학사
원광대학교 교육대학원 유아교육과 석사
원광대학교 일반대학원 유아교육과 박사
현) 전남과학대학교 유아교육과 교수

이선경
원광대학교 사범대학 유아교육과 학사
이화여자대학교 일반대학원 유아교육과 석사
원광대학교 일반대학원 유아교육과 박사
현) 송원대학교 유아교육과 교수

함은숙
원광대학교 사범대학 유아교육과 학사
원광대학교 교육대학원 유아교육과 석사
원광대학교 대학원 유아교육과 박사
현) 원광대학교 사범대학 유아교육학과 겸임교수
현) 원광대학교 사범대학 부속유치원 교사

변길희
원광대학교 사범대학 유아교육과 학사
원광대학교 교육대학원 유아교육과 석사
원광대학교 일반대학원 유아교육과 박사
한국 유아교육학회 전북지회 12대 회장 역임
현) 서원대학교 영유아보육학 전공 교수

초임 유치원 교사를 위한

교직실무

초판 1쇄 발행 2018년 3월 5일
초판 2쇄 발행 2020년 9월 1일

지 은 이 | 심성경 · 백영애 · 이선경 · 함은숙 · 변길희
펴 낸 이 | 김기섭
편 집 인 | 이초롱
펴 낸 곳 | 창지사 www.changjisa.com
08589 서울시 금천구 가산디지털 1로 83 파트너스타워 1차 9층
전화 (02)719-2211~3
팩스 (02)701-9386
등 록 | 1977년 4월 28일 · 제1-421호

ISBN 978-89-426-0994-9 (93370)

값 19,000원

이 도서의 국립중앙도서관 출판예정도서목록(CIP)은 서지정보유통 지원시스템 홈페이지(http://seoji.nl.go.kr)와 국가자료공동목록시스템(http://www.nl.go.kr/kolisnet)에서 이용하실 수 있습니다(CIP제어번호: CIP2018006836).